JILPT 第 4 期プロジェクト研究シリーズ *No.7*

働き方改革、働き過ぎの、「今」
－ 課題解消の手掛かりを求めて

池添弘邦・小倉一哉・高見具広・藤本隆史

独立行政法人 労働政策研究・研修機構

第4期プロジェクト研究シリーズの刊行にあたって

　本「プロジェクト研究シリーズ」は、JILPT の第4期中期目標期間（2017 年度～2021 年度）の5年間で進めてきたプロジェクト研究の中から、特に関心が高く重要と思われるテーマを取り上げ、多くの方々により読みやすい形で成果を提供するために取りまとめたものである。

　JILPT は労働に関する政策研究機関として「働く人の幸せ」と「経済の発展」に寄与するという観点から、労働政策の企画立案に貢献するため、さまざまな構造変化の影響に関する実態把握、労働政策の課題についての調査・研究を継続して行っている。その中心として行っているのがプロジェクト研究であり、経年変化の動向や国際比較も交えつつ、客観的なデータやエビデンスを提供するため、具体的な労働政策の課題に対し中長期的な視点から学術的、学際的な分析を進めている。

　プロジェクト研究の成果は、労働政策研究報告書や調査シリーズ、研究双書等として刊行するとともに、研究成果の報告会や労働政策フォーラムを開催し、広く普及に努めている。

　少子高齢化による人口減少社会の進行、グローバル化の進展、第4次産業革命下におけるビックデータ・AI などの技術革新、働き方や就業意識の多様化によって、我が国の労働市場を取り巻く環境は大きく変化している。また、労働政策がカバーする範囲も拡がっており、今般の新型コロナウイルス感染拡大のように喫緊の課題に対して柔軟かつ的確に対応する必要も生じている。

　変化を続ける経済社会の実態を把握するための調査やヒアリングにご協力いただいたすべての皆様にあらためて心から御礼申し上げたい。

　本シリーズが政策担当者をはじめ、企業や労働組合の関係者、そして多くの一般読者などに活用され、今後の労働政策・労働問題を考えるための参考になれば幸いである。

　2023 年 3 月

独立行政法人　労働政策研究・研修機構

理事長　樋　口　美　雄

は　し　が　き

　本書は、プロジェクト研究のテーマである「労働時間に関する調査研究」の成果を基に構成されたものである。

　労働時間に関する社会的問題は古く、そして、新しい。

　振り返ってみれば、日本を含め諸外国の労働法政策は、女性や年少者の長時間労働規制という形で進められ、後にそれが労働者一般へと適用対象が広げられた。やがて、日本の労働者全体での長時間労働の傾向が明らかになったとき、ソーシャルダンピングとして諸外国から非難され、労働時間に関する法的規制は強められてきた。労働時間規制は、当初は労働者の健康確保のために、その後は経済的問題として取り上げられてきたと言ってよい。

　そして今、労働時間を巡る社会的問題は、再び労働者の健康確保へと重心を移しつつ（しかしそれだけではないが）、法政策が進められている状況にある。近年では特に、長時間労働による過重負荷、いわゆる働き過ぎの問題とそれへの政策的対処、そして、経済市場・労働市場における諸問題と結びつき、実行に移された、働き方改革による労働基準法等関連諸法規の改正がなされた。

　「労働時間に関する調査研究」では、労働時間を巡って、近年の働き方改革、労働者の健康を軸に、アンケート調査やヒアリング調査を実施し、また、労働安全衛生総合研究所との共同研究という形で、行政資料に基づく労災認定事案の分析を進めてきた。本書各章として収めた研究の成果は、それら主たる論点についての、社会科学の幾つかの分野からの研究成果である。各章では、会社が取り組むべきことや留意点、上司（管理職）が置かれている現状、またそのあるべき役割、さらには、法的規制の履行確保の在り方など、検討の結果が多岐にわたって示されている。本書は、「今」を切り取った検討の結果を示したものではあるが、多方面の多くの方にお読み頂き、実務や政策の参考となるなら幸いである。

　最後に、本調査研究のアンケート調査やヒアリング調査にご協力頂いた方々、また、本調査研究に関与しご協力頂いた多くの方々に、心よりお礼を申し上げ、本書をお示ししたい。

2023 年 3 月

執筆者を代表して
労働政策研究・研修機構　多様な働き方部門
副統括研究員　池添弘邦

≪目　次≫

序 章　〜本書の問題意識と検討内容〜

1　はじめに〜労働時間研究への問題意識

　日本において労働時間が社会政策上の課題として認識されてから久しい。古くは明治時代の繊維産業において、1日18時間あるいはそれを超える実労働時間が観察されている[1]。現代においても、総務省・労働力調査を時系列かつ属性別で見たときに、青年・壮年世代の男性フルタイム労働者の年間平均総実労働時間は2,000時間を超える状況が過去20年以上にわたって続いている。

　制度政策上は、明治44年（1911年）の工場法による規制に始まり、大正5年（1916年）の工場法施行令を経て、昭和22年（1947年）に労働基準法が制定されて、1日あたりの最長労働時間を規制するとともに、法令の適用対象を女性や年少者から全労働者へと拡張した。のちに労働基準法は、昭和62年（1987年）に労働時間法制の大改正により、1日8時間、1週間40時間が労働時間の原則とされた。このとき同時に、変形労働時間制・フレックスタイムといった柔軟な労働時間規制が導入され、また、社会経済構造の変化によって働き方が変わってきたことに伴い、実労働時間の規制とは切り離して自律的に働くことを可能としうる裁量労働制などのみなし労働時間制度が導入された。したがって制度政策上は進展していると理解でき、また、変わっていく社会の実情に適合的な労働時間制度を整えているといえる。

　現代においては、明治時代の18時間労働などといった超長時間労働は、過労死に該当するような事案を除けば、一般的ではなくなってきているといえるであろう。それでもなお、長時間労働や働き過ぎによる社会政策的問題は解消されていない。これはなぜだろうか？　また、長時間労働や働き過ぎを解消していくためにはどのような仕組みや取り組みが必要なのであろう

---

[1]　犬丸義一校訂『職工事情（上）』（岩波書店、1998年）p.35.

か？　我々が問題としてきたのは、また、これからも問題意識として持ち続けていくのは、このような働き過ぎが生じる"なぜ"である。

　人々は時間の流れの中で生きている。時間とは、大きく、生活のための時間、生活していくための糧を得る働く時間という二つに分けられる。前者は特に、ふだんの生活のための時間、育児・介護のための時間、睡眠のための時間に分けられるであろう。すると、このような目的別の時間配分が人々にとって適正になされているのか否か、働く時間が思うより長すぎて生活のための時間を少なくしていないのか、いわゆるワーク・ライフ・バランス（以下、図表の表題を含め"WLB"という。）の視点から問題となり得る。働くことは自己実現的な意味もありうるが、究極的には生活の糧を得るための手段である。したがって、労働時間が長く、自らの生活の蔑ろにしている状況があるとすれば本末転倒となる。加えて、労働時間の長さが労働者の健康に侵襲している場合には、働くことの本来の目的である生活の糧を得ることさえ困難にしかねず、そうした働き方が好ましいとは到底考え難い[2]。

　一方で、働くことを通じた自己実現、具体的には、所属している企業の経済的な成長・成功や、自己研鑽によるキャリアアップ、あるいは、やりがいの実現といったことも、働くことそれ自体に対する動機付けになるとも考えられる。こうした個人的背景事情から、長い時間働くことを一概に否定すべきではないのかもしれない。

　このように考えてくると、法令の遵守を前提とした適正な労働時間の在り方、特に、それに向けた企業の取り組み、個々の職場での上司（管理職）の対応、働く労働者本人の意識のありよう、といったことのバランスが取れているのかどうかがたいへん重要になるのではないだろうか。労働政策研究・研修機構（以下、"JILPT"という。）が行っている労働時間研究は、こうした労働時間の適正なバランスの在り方を調査研究することを課題としている。

　ただ、働く人々の考え方や生活・仕事の状況は一様ではなく、一時的・断片的な情報から即断することは憚られる。したがって我々は、　JILPT 第4

2　平成26年（2014年）の過労死防止対策推進法に基づいて労働安全衛生総合研究所が過労死等
予防研究に着手した背景には、働き過ぎによる労災事案の増加があると考えられる。

期中期計画（平成 29〜令和 3 年度（2017〜2021 年度））の間、先の課題に応えるための情報を得ることとし、管理職に対するヒアリング調査を行って、働き方改革の浸透状況や、職場管理・業務改善状況を把握することに努めるとともに、労働者個人に対するアンケート調査を実施した[3]。また、労働安全衛生総合研究所との共同研究という形で、労災認定事案の調査復命書等関連資料を閲覧することなどから、働き過ぎによって労働者本人や職場に何が生じていたか、その結果としてなぜ労災事故が発生したのかを検討した。以下の各章に掲げている分析は、こうした論点についての検討結果である[4]。

　なお、本書では、長時間労働や働き過ぎの定義を特に掲げていない。労災認定基準を除けば、これらは相対的かつ結果的に把握・認識されるものであると考えるためである。

2　働き方改革の内容とその実態の一断面

　我々が調査研究を行う間、大きな政策動向として働き方改革が見られた。ここでは、働き方改革として平成 29 年（2017 年）に閣議決定され、同 30 年（2018 年）に労働基準法等（以下、「労基法等」という。）の改正として結実した、労働時間関係法令の改正状況を述べる。その上で、 JILPT が令和 2 年（2020 年）に実施した労働者個人に対するアンケート調査結果に基づいて、働き方改革に関連した調査結果の一部を示す。

3　以下、本文や図表で表記される「Q ○○」は、労働者個人アンケート調査の調査票で用いている質問番号である。調査票の詳細は、次の注に掲げている労働政策研究報告書 No.217 又は JILPT 調査シリーズ No.222 の末尾に掲げている調査票を参照されたい。

4　研究メンバーは、池添弘邦（JILPT 副統括研究員）、小倉一哉（早稲田大学教授）、髙見具広（JILPT 主任研究員）、藤本隆史（JILPT リサーチアソシエイト）、石井華絵（JILPT アシスタントフェロー）である。また、これまでの調査研究の成果である報告書、調査シリーズ、資料シリーズは、 JILPT の HP に掲げられている（https://www.jil.go.jp/index.html）。公表成果物のタイトル等は次のとおりである。『労働時間の研究』（労働政策研究報告書 No.217、2022 年）、『働く人の仕事と健康、管理職の職場マネジメントに関する調査結果』（JILPT 調査シリーズ No.222、2022 年）、『管理職ヒアリング調査結果』（JILPT 資料シリーズ No.254、2022 年）、『「労働時間制度に関する調査結果」の分析』（JILPT 資料シリーズ No.245、2021 年）、『過重負荷による労災認定事案の研究　その 1』（JILPT 資料シリーズ No.223、2020 年）、『過重負荷による労災認定事案の研究　その 2』（JILPT 資料シリーズ No.234、2020 年）、『過重負荷による労災認定事案の研究　その 3』（JILPT 資料シリーズ No.246、2021 年）。

⑴ 働き方改革による労基法等法改正の概要

　まず、改正された労働基準法の概略を以下で述べておこう。

　法定労働時間である1日8時間、1週間40時間を超える労働については、これまで法律の条文による規制はなかった。あったのは、厚生労働大臣告示として示されていた、いわゆる"労働時間の延長限度基準"（平10労告154号）である。この基準では、1ヶ月45時間、1年間360時間が法定時間外労働の上限として示されていた。このような法定時間外労働を行わせる前提として、使用者は従業員の過半数を代表する者と、いわゆる36協定を締結しなければならない。法定時間外労働の時間数（事業場ごとに異なりうる。）は、この36協定に書き込まれることになっている。

　働き方改革による労働基準法の改正によって、延長限度基準の上限時間数である1ヶ月45時間、1年間360時間が法定された（労基法36条4項）。

　また、延長限度基準では、予見不可能な業務上の事態に対応するため、36協定の"特別条項"として、延長限度のない法定時間外労働も許容されていた。しかし改正労基法は、法定時間外労働の上限として、単月100時間未満、6ヶ月平均で80時間以下としなければならないこととされた（労基法36条6項2号3号）。この場合、法定休日労働における実労働時間数も含めることとされており（労基法36条6項本文）、罰則の適用も予定されている（労基法119条1号）。36協定で法定時間外労働を定める場合も、これら時間数が上限とされる。

　労基法では、また、使用者の労働者に対する年5日の年休付与義務が法定された。労基法では、通常の年休取得（労基法39条5項）、過半数労使協定による計画的年休取得（労基法39条6項）、時間単位の細切れ年休の取得（労基法39条4項）が認められている。このうち、通常の年休と計画的年休による年休取得で、年間5日に満たない年休しか取得していない労働者に対して、使用者は、その満たない分の日数の年休を当該労働者に付与しなければならない（労基法39条7項）。この義務の不履行については罰則の適用が予定されている（労基法120条1号）。

　そして、労働安全衛生法では、従来はガイドライン[5]によって使用者が把握すべきとされていた労働者の労働時間の状況の把握が法定、義務化された（労安衛法66条の8の3）。この規定は、法定外労働時間が1ヶ月あたり80時間を超え、かつ、労働者に疲労の蓄積が認められる場合に行わなければならない使用者の義務として、医師の面接指導が法定されている（労安衛法66条の8、労安衛法施行規則52条の2）こと、また、法定外労働時間の限度時間等（労基法36条3項から6項）の規制が適用されない研究開発業務従事者（労基法36条11項）については、労働者の疲労の蓄積の有無にかかわらず、法定外労働時間が1ヶ月あたり100時間を超える場合には、使用者の義務として労働者に医師の面接指導を受けさせなければならない（労安衛法66条の8の2、労安衛法施行規則52条の7の2）ことの前提として定められたものである。

　こうした法改正の全てについて調査したわけではないが、次に、働き方改革、特に労働時間の状況を労働者個人調査結果から見ていこう。

⑵　働き方改革の一断面〜労働者個人調査結果から

　ここでは、労働者個人調査結果から、働き方改革に関連するトピックを概説していく。調査の概要は本書末に掲載しているので参照されたい（以下の各章概説及び各章での分析についても同様）。

　まず、企業が行った働き方改革の効果や影響の観点から、月当たり実労働時間とのクロス集計表を見よう。

　図表序-1を見ると、全般的に「160〜180時間未満」のカテゴリの割合が高いが（全体で40.0％）、中でも比較的高い割合となっているのが、「残業が減った」（42.5％）、「取引先や顧客からの無理な要求が少なくなった」（40.5％）である。他方、「200〜240時間未満」のやや長めの実労働時間のカテゴリでは、企業の働き方改革による変化として、「サービス残業や持ち帰りの仕事が増えた」（28.4％）、「休憩時間が減った／休憩を取れなくなった」（27.4％）が、他の事項に比べて高い割合となっている。職場での働き方改

5　労働時間の適正な把握のために使用者が講ずべき措置に関するガイドライン（2017年1月29日策定）。

図表 序-1　企業の働き方改革による変化（Q36, 多重回答）と月当たり実労働時間（Q15）

	160時間未満	160〜180時間未満	180〜200時間未満	200〜240時間未満	240時間以上	合計	N	平均（時間）
残業が減った	17.3%	42.5%	18.0%	17.2%	5.1%	100.0%	1632	177.7
こなすべき業務量が減った	18.1%	38.4%	19.4%	17.2%	6.9%	100.0%	536	180.5
仕事の効率が上がった	16.5%	38.5%	20.3%	18.8%	5.9%	100.0%	966	179.7
職場でお互いに協力し合うようになった	17.2%	36.9%	20.7%	18.8%	6.2%	100.0%	945	179.8
所定の休日や年次有給休暇を取れるようになった	17.0%	37.9%	19.8%	18.1%	7.2%	100.0%	1153	181.7
取引先や顧客からの無理な要求（納期など）が少なくなった	11.0%	40.5%	16.5%	24.5%	7.5%	100.0%	200	184.6
こなすべき業務量が増えた	13.3%	32.5%	21.4%	23.7%	9.1%	100.0%	738	186.1
業務配分のムラが大きくなった	15.8%	30.0%	23.4%	23.4%	7.4%	100.0%	444	183.1
給料が下がった	17.3%	37.6%	19.9%	18.6%	6.6%	100.0%	727	180.1
休憩時間が減った／休憩を取れなくなった	12.8%	30.7%	22.5%	27.4%	6.7%	100.0%	329	184.5
サービス残業や持ち帰りの仕事が増えた	11.0%	28.0%	22.0%	28.4%	10.7%	100.0%	328	189.9
その他	31.0%	17.2%	31.0%	13.8%	6.9%	100.0%	29	173.3
特にない	18.6%	41.0%	17.3%	17.4%	5.7%	100.0%	4804	178.3
わからない	21.9%	41.8%	15.7%	14.8%	5.8%	100.0%	1066	175.2
合計	18.0%	40.0%	18.1%	18.0%	6.0%	100.0%	10354	178.9

革が首尾よく浸透しておらず、一部の労働者にはしわ寄せが生じているようである。

　次に、36 協定がある職場で働く者で、36 協定の内容を「知っている」と回答した者に対して具体的な時間数を尋ね、回答状況をカテゴリ化した結果を見てみよう（図表序-2）。すると、「45 時間未満」が 44.3%、「45 時間」が37.2% であった。回答者の 8 割超は、改正労基法により定められた時間外労働上限時間数の 45 時間以下の 36 協定の適用下にあるようである[6]。

6　改正労基法に基づく時間外労働の上限規制は 2019 年 4 月 1 日から適用されており（中小企業は 2020 年 4 月から適用。ただし、経過措置として、2020 年 3 月 31 日を含む期間について定め

図表 序-2　36 協定が定める 1 か月当たりの時間外労働（通常）の
　　　　　　上限時間数のカテゴリ（Q22SQ1_1）

	%	N
45 時間未満	44.3%	1172
45 時間	37.2%	982
45 時間超 80 時間未満	7.7%	204
80 時間以上	10.8%	285
合計	100.0%	2643

図表 序-3　36 協定が定める時間外労働時間数（通常）（Q22SQ1_1）の
　　　　　　カテゴリと実労働時間（Q15. 2020 年 10 月）カテゴリの
　　　　　　クロス表

実労働時間（→）〔36 協定時間外労働時間数（↓）〕	160 時間未満	160～180 時間未満	180～200 時間未満	200～240 時間未満	240 時間以上	合計	N	平均時間
45 時間未満	16.1%	37.4%	22.4%	19.0%	5.1%	100.0%	1097	178.9
45 時間	13.8%	31.3%	23.5%	25.6%	5.8%	100.0%	947	183.4
45 時間超 80 時間未満	17.3%	29.4%	17.3%	25.4%	10.7%	100.0%	197	187.3
80 時間以上	15.3%	29.8%	20.4%	22.9%	11.6%	100.0%	275	187.2
合計	15.3%	33.6%	22.2%	22.4%	6.5%	100.0%	2516	182.2

　続いて、36 協定が定める時間外労働時間数と実労働時間数との関係を見よう。図表序-3 は通常の時間外労働時間数との関係を見たものである。協定時間数カテゴリ「45 時間未満」では、実労働時間数カテゴリ「160～180 時間未満」で 37.4%と、他の協定時間数カテゴリよりもやや高めの割合になっている。そして、実労働時間数カテゴリ「180～200 時間未満」「200～

　た 36 協定については、その協定の初日から 1 年間は引き続き従前の規制が適用されていた。）、通常の法定時間外労働の上限は 1 か月当たり 45 時間とされている（労基法 36 条 4 項。ただし、建設、自動車運転、医師等については、2024 年 3 月 31 日まで適用を猶予されており、新技術・新商品等の開発研究業務については、適用が除外されている。）。JILPT2020 調査の実査は 2020 年 11 月下旬以降であるため、経過措置の適用下にあった一部の中小企業や、適用を猶予されている職種等を除き、回答時点での 36 協定の通常の法定時間外労働の上限時間数は 45 時間のはずである（36 協定の対象期間は 1 年間とされているため（労基法 36 条 2 項 2 号））。しかし、図表序-2 に見るように、2 割弱程度の回答者は 36 協定の上限時間数（通常）を 45 時間超と回答している。特別条項を締結せずに、36 協定の上限時間数を、1 か月当たり 45 時間を超える時間数としていた場合、労働基準監督署は当該協定を受理していないため、誤回答の可能性が高いと考えられる。

240時間未満」「240時間以上」と時間数が長いカテゴリになるほど協定時間数「45時間未満」に占める割合は低下している。一方、協定時間数カテゴリ「45時間」「45時間超80時間未満」「80時間以上」でも、実時間数カテゴリ「160〜180時間未満」で最も高い割合になっている。しかし、協定時間数カテゴリ「45時間未満」と異なり、実労働時間数カテゴリ「180〜200時間未満」で一旦割合は低下するものの、「200〜240時間未満」カテゴリでは割合が上昇している。そして、協定時間数カテゴリ「45時間超80時間未満」「80時間以上」では、実労働時間数カテゴリ「240時間以上」で、10％を超える割合となっており、協定時間数カテゴリ「45時間未満」「45時間」で見られる5％台の2倍ほどの割合となっている（10.7％、11.6％）。すると、協定時間数が長い方が実労働時間が比較的長くなる傾向にあるといえそうである。また、平均時間を見ても、協定時間数が短いカテゴリから長いカテゴリになるにしたがって時間数が長くなる傾向にある。

　36協定の役割の一つには、法定労働時間の原則から離れて労基法の罰則の適用を免れ、法定労働時間を超える時間に働くことを可能とすることによって柔軟な事業運営を可能とすることがある。図表序-3は因果関係を表したものではないが、今回の調査結果を見ると、36協定が定める時間外労働時間数の長さが実労働時間の長さに影響を与える場合があるといえそうであり、協定時間数が長くなると実労働時間も長くなる場合がありそうである。実労働時間が長くなることによって労働者に生じうる様々な負の影響は可能な限り避ける必要があると考えれば、企業において36協定の適正な運用をよく考えていく必要があろう。

　続いて図表序-4から、残業の理由別で見た実労働時間カテゴリの分布を見ていく。目を惹くセル（比較的割合や数値が高いセル）を挙げると、「予定外の仕事が突発的に飛び込んでくるから」の「160〜180時間未満」で28.3％、「残業手当を増やしたいから」の「180〜200未満時間」で30.1％、「仕事が面白いから」の「200〜240時間未満」で30.1％、そして、「能力や技術を高めて自分が成長するため」の「200〜240時間未満」で37.7％となっている。ここに挙げた四つの残業理由のうち、最初の"予定外の仕事"は業務上の理由による残業だが、残りの三つは、業務ではないとは割り切れない

図表 序-4　残業の理由（Q18SQ）と
　　　　　　実労働時間カテゴリ（Q15. 2020 年 10 月）のクロス表

	160時間未満	160~180時間未満	180~200時間未満	200~240時間未満	240時間以上	合計	N	平均時間
仕事量が多いから	10.2%	24.7%	25.2%	29.4%	10.4%	100.0%	3779	190.6
仕事の性格上、所定時間外でないとできない仕事があるから	11.1%	25.2%	25.0%	28.2%	10.6%	100.0%	1398	190.4
上司の指示や手順が非効率的で仕事の進め方にムダが多いから	8.9%	24.5%	27.8%	28.2%	10.5%	100.0%	493	191.0
仕事の締め切りや納期にゆとりがないから	10.2%	23.6%	27.4%	28.8%	10.0%	100.0%	1204	190.5
仕事が面白いから	8.1%	25.4%	25.4%	30.1%	11.0%	100.0%	209	191.9
予定外の仕事が突発的に飛び込んでくるから	11.2%	28.3%	25.7%	26.4%	8.4%	100.0%	1830	187.4
仕事をきちんと仕上げたいから	9.7%	27.8%	28.7%	25.4%	8.5%	100.0%	1061	188.2
残業手当を増やしたいから	10.4%	28.9%	30.1%	25.6%	5.1%	100.0%	336	185.0
能力や技術を高めて自分が成長するため	9.4%	18.1%	22.5%	37.7%	12.3%	100.0%	138	192.5
その他	11.7%	34.0%	20.4%	28.4%	5.6%	100.0%	162	186.9
合計	11.1%	28.2%	25.1%	26.6%	8.9%	100.0%	5926	188.0

が、どちらかといえば個人的理由による残業である。平均時間を見ると、「仕事が面白いから」と「能力や技術を高めて自分が成長するため」が192時間前後と比較的長い時間となっていることからも、個人的理由による残業は労働時間を長くする要因の一つであると考えられる。しかしなお、業務関連理由として、「上司の指示や手順が非効率的で仕事の進め方にムダが多いから」も 191 時間と、残業理由全体の中では残業時間が長くなる要因の一つと考えられる。

　日々の業務遂行では、職場で上司の指示を受けて行うことが多いであろう。すると、上司がどのように、どのような指示を出すのかが部下の労働時間の長さに影響していよう。例えば図表序-5 を見ると、上司が「残業を前提に仕事の指示をする」と実労働時間カテゴリとのクロス集計表である。すると、「あてはまる」場合は部下の労働時間を明らかに長くしていることが分かる。

　労働者自身が WLB を保つために心がけていることを尋ねた多重回答の回答結果と実労働時間カテゴリとのクロス集計の結果を見る。図表序-6 を見

図表 序-5　残業を前提とした上司の指示（Q33E）と実労働時間カテゴリ（Q15. 2020年10月）のクロス表

	160時間未満	160～180時間未満	180～200時間未満	200～240時間未満	240時間以上	合計	N	平均時間
あてはまる	12.7%	31.0%	21.2%	25.6%	9.5%	100.0%	2686	186.7
あてはまらない	19.8%	43.1%	17.0%	15.3%	4.8%	100.0%	7668	176.1
合計	18.0%	40.0%	18.1%	18.0%	6.0%	100.0%	10354	178.9

図表 序-6　WLBを保つために心がけていること（Q52. 多重回答）と実労働時間カテゴリ（Q15. 2020年10月）のクロス表

		160時間未満	160～180時間未満	180～200時間未満	200～240時間未満	240時間以上	合計	N	平均時間
仕事には必要以上に手間をかけない	あてはまる	19.3%	40.8%	17.5%	16.8%	5.5%	100.0%	3362	177.6
	あてはまらない	17.3%	39.6%	18.3%	18.5%	6.3%	100.0%	6992	179.5
上司の指示でも、場合によってはやり過ごす	あてはまる	14.8%	37.4%	21.0%	20.0%	6.7%	100.0%	1943	182.1
	あてはまらない	18.7%	40.6%	17.4%	17.5%	5.9%	100.0%	8411	178.1
所定の休憩（昼休み・中休み）はきっちり取る	あてはまる	20.7%	41.3%	18.5%	15.4%	4.1%	100.0%	3567	175.8
	あてはまらない	16.5%	39.3%	17.8%	19.3%	7.1%	100.0%	6787	180.5
自分の仕事が終わったら早々に帰る	あてはまる	21.0%	41.7%	17.6%	14.8%	5.0%	100.0%	4362	176.4
	あてはまらない	15.8%	38.7%	18.4%	20.3%	6.8%	100.0%	5992	180.6
所定の休日はきっちり取る	あてはまる	20.1%	40.9%	19.1%	15.5%	4.5%	100.0%	4548	176.4
	あてはまらない	16.3%	39.2%	17.1%	19.9%	7.3%	100.0%	5806	180.8
仕事の合間をみて積極的に年次有給休暇を取る	あてはまる	21.9%	42.4%	17.7%	13.6%	4.5%	100.0%	2622	174.8
	あてはまらない	16.6%	39.1%	18.2%	19.4%	6.6%	100.0%	7732	180.2
休みの日に仕事関係のメールや電話があっても極力対応しない	あてはまる	19.4%	36.5%	19.8%	18.0%	6.4%	100.0%	1130	179.9
	あてはまらない	17.8%	40.4%	17.8%	18.0%	6.0%	100.0%	9224	178.7
プライベートでは勤務先や仕事関係の人と交流しない	あてはまる	18.5%	38.2%	19.1%	18.5%	5.7%	100.0%	2314	179.5
	あてはまらない	17.8%	40.5%	17.8%	17.8%	6.1%	100.0%	8040	178.7
職場を離れたら（退社したら）仕事のことは考えない	あてはまる	19.3%	40.9%	19.3%	15.3%	5.1%	100.0%	2498	177.2
	あてはまらない	17.5%	39.7%	17.7%	18.8%	6.4%	100.0%	7856	179.4
その他	あてはまる	29.4%	5.9%	52.9%	5.9%	5.9%	100.0%	17	177.2
	あてはまらない	18.0%	40.0%	18.0%	18.0%	6.0%	100.0%	10337	178.9
特にない	あてはまる	17.4%	40.6%	16.7%	18.3%	7.0%	100.0%	2175	179.2
	あてはまらない	18.1%	39.8%	18.4%	17.9%	5.8%	100.0%	8179	178.8
合計		18.0%	40.0%	18.1%	18.0%	6.0%	100.0%	10354	178.9

ると、全体的には、「あてはまる」回答割合は、実労働時間カテゴリ「200〜240時間未満」「240時間以上」で、「あてはまらない」回答割合よりも低めの傾向にある（「特にない」の選択肢は逆の聞き方なので「あてはまらない」に着目している。）。また、各設問の平均時間を見ても、多くの場合、「あてはまる」方が「あてはまらない」よりも時間数が短くなっている。

このように、労働者の仕事や生活に対する意識も、労働時間の長さに影響を与えているといえそうである。個々人でどのような考え方を持つことが労働時間の長さを規定する上で妥当であるのかまでは一概に言えない。しかし、仕事に対して節度ある適切な"距離感"が長い（長めの）実労働時間を抑制するといえるのではないだろうか。

ところで、労働時間関係法令上の責務は企業に対して課されたものである。しかし、労働者側に視点を移してみるとき、勤労の義務（憲法27条1項）を首尾よく果たし、健康で文化的な最低限度の生活を営む権利（同25条）を自ら実現していくことは、労働者の道義的な意味での責務であると考えることができるのではないだろうか。そのように解するならば、自ら、長い労働時間を短くしたり、過重労働とならないようにすることは、道義的な意味における公序良俗（民法90条）と考えることができるであろう。労働者は自らの働き方、働きぶりを顧みて、道義的な規範的価値に則った振る舞いが求められているといえよう。

3　各章の概要

労働時間に関わる検討課題は多岐にわたるが、本書では、特に労働者個人調査結果を基に分析した、働き方改革の職場への影響や効果（第1章）、管理職の職場マネジメントに関わる問題（第2章）、労働者のメンタルヘルス等健康問題（第3章）、を掲げている。また、労災認定事案の調査復命書等の資料を基に検討した、労災認定事案に見る職場管理の実情（第4章）、長時間労働が問題とされた精神障害発症の労災認定事案の検討（第5章）も掲げている。これら各章が、平成29年（2017年）から令和3年（2021年）の主な研究成果であり、また、働き方改革と働き過ぎの「今」を表し、「これから」を考えていくきっかけになると考えている。

序章の最後に、第1章から第5章における検討結果の概略を以下に示し、読者の標としたい。

第1章：労働時間研究と働き方改革の影響

　第1章については特に、働き方改革の影響について、労働者個人調査に基づく分析結果を示す。

　勤務時間制度については、「通常の勤務時間制度」に対して、「裁量労働等」と「管理監督者扱い」は労働時間が長い。始業・終業時刻の決定など勤務時間制度が形式的に自由であっても、実際には労働時間を長くしている。

　管理職に関する属性は、労働時間に明確に有意な影響を与えているとは言えない。ただしこの結果は、分析対象が管理職のみであるせいかもしれない。非管理職と比較すれば、管理職が一般社員よりも有意に長いと示されているように、多くの管理職は労働時間が長いという結果もある。

　働き方改革の取り組みでは、「翌日の出勤時刻を遅くする」「ペーパーワークを減らす」「会議を見直す」「進捗管理や情報共有をする」は、良好な結果となった。他方で、「ノー残業デー」「声を掛けて退勤を促す」「強制消灯・強制施錠する」「長時間労働の者に注意を促す」「管理職自身が働く時間を減らす」「成果で評価される仕組み」「業務量を減らす」「業務配分のムラをなくす」「在宅勤務・テレワーク」「管理職研修」「無理な発注を改める」などについては、長短両方の効果があり、業務量の適切な配分や労働時間管理の効果的な運用などに注意を払うことが重要であることが示唆された。

　また、今後の研究課題については、労働時間の分析に関し、分析モデルの説明力が低かった。これは、誤差項（説明変数以外の要因）が与える影響が大きいということであり、より適切な分析モデル、そのための適切な説明変数（調査項目・調査内容）が、求められる。

　労働者に対するアンケート調査という性質上、主観的な回答から一定の成果を得られたが、勤務先の労働時間、業務量、生産性などのより客観的な状況を知ることができない。それゆえ、管理職の役割が統括する部下の労働時間や働き方へどのような影響を与えているか、また、働き方改革の取り組みの効果について、十分に実態を解明することができなかった。今後は、勤務

先の客観的な状況を回答者個人と同時に調査した、マッチング・データを用いることが重要であろう。

　さらに、論理的に因果関係を説明することができるもの（勤務時間制度が労働時間に与える影響）もあるが、仕事の特性（「拘束時間が長い」「時間内に仕事が処理しきれない」）などの場合、労働時間との因果関係が逆である可能性も否定できず、クロスセクション分析では限界がある。マッチング・データで、かつ、パネルデータを整備することは、簡単ではないが、より精緻な研究のためには、重要である。

第2章：管理職の職場マネジメント時間の不足要因について

　第2章では、組織における管理職のマネジメント時間が不足する要因を中心に分析した。

　管理職の働き方について、一般社員と比べて労働時間が長く、残業の頻度も高く、所定時間外に仕事をする頻度も高いなど、仕事の負荷が高い傾向が見られた。また、仕事の負荷が高い要因の1つとしてプレイング業務の多さが指摘されるが、プレイング業務を一定以上抱えていると労働時間も長くなり、マネジメントに使う時間が足りなくなる傾向がある。

　マネジメントに使う時間の過不足を被説明変数とした分析について、回帰分析の結果から得られた傾向を中心にまとめると、まず管理職の個人属性については、管理職本人の年齢が若く、管理職としての経験年数が短い課長相当がマネジメント時間が不足していると感じている。管理職全体で共通しているのは、労働時間が長いほうがマネジメント時間が不足していること、「仕事以外の時間も大切」と考えている人のほうがマネジメント時間が足りていることである。「課長相当」と「部長相当」に分けて行った分析では、「課長相当」はプレイング比率は高いほうが不足しているが、「部長相当」ではプレイング比率の影響は見られなかった。プレイング比率の結果の違いは、「課長相当」のほうがプレイング比率が高いという、職場での役割の違いが反映されている。

　次に管理職の仕事特性との関係について、管理職全体で共通しているのは、「時間内に仕事が処理しきれない」や「一生懸命働かなければならない」

13

など仕事の負荷が高いとマネジメント時間も不足する傾向がある。「課長相当」と「部長相当」の違いは、「課長相当」では、「仕事の範囲や目標が明確」な人はマネジメント時間は足りていて、「部長相当」では、「自分のペースで仕事ができる」や「仕事の順番・やり方を決めることができる」といった人はマネジメント時間が足りている。このことから、「課長相当」は仕事の範囲や目標が明確であること、「部長相当」は仕事の進め方の裁量性（自律性）がマネジメント時間に影響していることが示唆される。

　職場の状況（「部下」「職場」「上司」）との関係で一貫して得られた傾向は、「職場の人数に比べて仕事の量が多い」とマネジメント時間が不足する傾向である。人員配置が適切に行われないことは職場全体の仕事の負荷を高めることになり、マネジメント時間にも影響する。「課長相当」と「部長相当」の違いについて、「部下の現状」では、「課長相当」は「部下が育たない」や「管理職が部下の業務をフォロー」で不足していて、「部長相当」は「部下の能力のばらつきが大きい」で不足している。「課長相当」で「管理職が部下の業務をフォロー」の影響があるのは、プレイング比率が高いこととも関係するだろう。また「職場の現状」については、「課長相当」のみ「特定の人に仕事が偏っている」ことの影響があり、「直属の上司の現状」についても、「課長相当」のみ「残業を前提に仕事の指示をする」ことが影響している。したがって、仕事の量と人員の配置がマッチしていないこと、部下の能力が十分ではなくて業務がこなせないこと、上司が仕事量の調整をしないことなどがマネジメント時間の不足に影響を与えていることが分かった。

　さらに、部下の能力がマネジメント時間の不足に影響していることに関連して、管理職としての自己評価について分析したところ、「統括する部署の管理（マネジメント）の自己評価」に比べて、「部下の指導や育成の自己評価」が相対的に低く、部下の育成が思うようにできていないことが示唆された。

　最後に、職場改善の取り組みとの関係について、「管理職としての取り組み」では、管理職全体では、「他部署や上司、顧客と話し合って可能な限り業務量を削減している」場合にマネジメント時間が不足していて、「部下になるべく仕事を任せ、管理職の業務に専念できるようにしている」でマネジ

メント時間が足りている傾向が見られた。しかし、「課長相当」と「部長相当」それぞれの分析では、「部下になるべく仕事を任せ、管理職の業務に専念できるようにしている」について「課長相当」のみが有意であり、「部長相当」ではいずれの項目も有意な結果が得られなかった。この結果も、プレイング比率の違いが関係しているかもしれない。「働き方改革の取り組み」については、「時間・休暇に関する取り組み」で、一貫して「管理職自身が働く時間を減らしたりする」でマネジメント時間が足りている傾向が見られた。「職場管理・業務遂行に関する取り組み」では、管理職全体と「部長相当」で、「業務量を減らす」、「課長相当」では、「ペーパーワークを減らす」でマネジメント時間が不足している傾向が見られた。管理職がマネジメント時間を十分に確保するためには、状況に応じて様々な取り組みが必要だが、今回の分析では、仕事を任せることのできる部下がいること、管理職自身の働く時間を減らすことがマネジメント時間の過不足に影響していることが分かった。

　管理職全体を通して、マネジメント時間の不足に影響している主な要因は、業務量が多いこと、業務量に対して適切な人員配置がなされていないこと、上司が業務量の調整を怠っていること、部下がこなせない業務の肩代わりをしていること、管理職自身が時間制約を意識しているかどうかなどである。

　今回の分析対象は「管理職」として一律の扱いにしたが、管理職といっても様々な職場・現場で働いているため、働き方の特徴を加味した分析が必要である。また、職場の状況に関しては、職場での部下や上司とのより具体的な関わりについて調べる必要があるだろう。

第3章：労働者の健康・メンタルヘルスと労働環境の課題

　第3章では、労働者の健康状態（身体的健康、メンタルヘルス）について、個人アンケート調査を基に概観し、メンタルヘルスに関わる業務負荷について分析した。

　労働者の健康・メンタルヘルスの状態は、主観的健康感や、身体的な自覚症状、健診での異常の有無、K6スコアで示されるように、個人差がある。

性別や年齢による違いがあるほか、労働時間の長さによる相違も見られた。また、健康状態による仕事への影響について、業務効率の低下を認識している割合は、長時間労働者で相対的に多く見られた。

メンタルヘルス不調に関わる要因について検討した結果、長時間労働、過重なノルマ、パワーハラスメント、顧客クレーム等の業務上の出来事が関係することがわかった。こうした出来事単独で心理的負荷を生じさせるほか、複数の出来事を経験することでストレス要因となる場合もある。

業務上の出来事経験に関わる業務負荷類型をもとに検討したところ、業務負荷の有無・内容には、年齢等の個人属性のほか、業種・職種などの職業特性、役職、転職経験などのキャリア特性が関係することが示された。特に、若年者、主任〜課長代理相当の者、転職2回以上の者に、特定のストレスフルな出来事が経験されやすかった。メンタルヘルスの状態でも、年齢、役職、転職有無による違いがあるが、これは、そうした属性の者が、業務で強いストレスを伴う出来事を経験しやすいことによって説明される部分があった。

健康・メンタルヘルスは、個人の生活習慣や性格特性等、業務以外の要素が関わる部分もあり、私生活やプライバシーの領域に対しては労務管理が難しい。しかし、健康・メンタルヘルスについては業務上のストレス要因もきわめて重要であり、職務ストレスの低減が働く者の健康にとって重要であることがあらためて確認される。

「過重労働」の問題について議論する際に、長時間労働に議論が焦点化されがちであるが、健康・メンタルヘルスに関わる業務負荷は労働時間の長さばかりではない。労働者にとってストレスとなりうる多様な業務負荷要因に十分留意し、働く者の健康を阻害しうる労働環境を是正していくことが切に求められる。法制度において、長時間労働を防止するための法令遵守、行政による監督指導の徹底が求められるとともに、企業の労務管理においても、ハラスメントの防止等、注意すべき点を示している。

第4章：労災認定事案に見る職場管理の実情

第4章では、労働時間の長さに着目して労災事故発生の要因を職場管理の

視点から検討した。検討の具体的な視点は、労働者の「職位」、「出退勤管理方法」、「労働組合」、「過半数従業員代表」、「36協定」である。検討の結果、脳・心臓疾患／精神障害事案が発生した職場については以下のように考えられる。

　職位については、その上昇とともに職場管理が職責として付加され、かつ、業務の幅が広がり、責任も重たくなると考えられるところ、こうした理由により長時間労働・過重負荷が生じているものと考えられる。管理職は管理職としての役割を果たすべく、企業組織において業務の改善が図られる必要がある。このことが、管理職自身、そしてその配下の労働者の長時間労働・過重負荷の抑制・軽減につながるものと考えられる。

　出退勤管理、特にタイムカードについて、実労働時間の把握においては有効に活用されていると考えられるものの、記録した実労働時間の実態を長時間労働・過重負荷の予防・抑制には活用されていないと考えられるため、実務において、また、制度政策において適切な活用方法が工夫、議論される必要がある。

　労働組合、特に過半数労働組合について、法的に認知されている「労働条件の維持改善」を目指して活動する必要があるところ、特に企業や職場の労働条件を具体的に規制しうる社会的意義ある存在として、長時間労働・過重負荷の予防・抑制に向けて活動することが求められる。

　過半数従業員代表について、労災認定事案の状況に鑑みれば、また、36協定の締結主体としての法定手続の帰結（責任の重さ）に鑑みれば、単に36協定の締結に関与するだけでなく、協定内容の遵守についても責任を負うよう制度政策議論を行う必要がある。

　36協定が締結されている事業場であっても、必ずしも長時間労働・過重労働の予防・抑制が図られていない事案がみられる。このため、人事管理の実務においては、36協定が労働時間管理に係る自主的規制であることを踏まえ、適切に労働時間・職場の管理を行うことが求められていると言える。

第5章：精神障害の労災認定事案
―長時間労働との関係から検討する

　第5章では、精神障害の労災認定事案のうち、長時間労働が負荷の主要部分を占める事案について検討した。具体的には、精神障害の労災認定基準に即して、長時間労働が関わる事案（長時間労働関連事案）をまず定義した。その上で、労災認定事案全体に占める割合のほか、年齢・性別・業種・職種・勤続年数・勤め先経験数などの属性について、生存事案と自殺事案の長時間労働関連事案を比較し、生存事案の被災者属性の特徴を検討した。また、調査復命書等の記述内容の分析から、長時間労働の環境下で精神障害発病がどのように生じるのか、事案経過を見ることで検討した。

　精神障害の労災認定事案のうち、長時間労働が関連する事案は少なくない割合を占めている。生存事案と自殺事案ではその割合や内訳は異なる。特に、量的検討においては、被災者属性において、職種や、勤続年数、勤め先経験数が異なるという特徴が見られた。

　事案の質的分析の結果、仕事・職場への適応困難が体調悪化に関わる事案、業務責任・達成義務を本人が強く感じたことが体調悪化に関わる事案、体調悪化に関わる業務困難性について本人・職場関係者の認識の共有がある事案という形で、いくつかの特徴が見られた。長時間労働それ自体というより、むしろ、環境変化、対人関係、職場での出来事等に焦点があたっている場合も少なくない。長時間労働は発病の重要な背景を成しているが、被災者の認識過程、職場での社会関係が、発病プロセスの検討の際に重要な要素であることがわかる。ただ、長時間労働が精神障害発病のきっかけとなる事象・認識を生む「土壌」となっていることも見逃してはならない。

　精神障害による労災請求・認定件数は、いまだ多くを数えている。長時間労働は、様々な過程を経て労働者の精神的健康を著しく阻害しうる。企業における法令順守、行政による監督指導強化等によって、長時間労働の是正が強く求められる。

第1章　労働時間研究と働き方改革の影響

第1節　日本の長時間労働に関する研究

　小野（2016）は、日本の長時間労働は、人的資本の生産性、少子高齢化、ダイバーシティ、イノベーション、労働者の心身の健康などへ悪影響を及ぼすことが問題であると指摘している[1]。その上で、長時間労働の主な原因が「観察と計測困難な社会規範や雇用慣行」にある点を重視し、次の6点について詳述している[2]。①インプット重視社会、②人的資本よりシグナリングが重要、③集団意識と上下関係、④内部労働市場、⑤曖昧な職務内容、⑥男女間性別役割分業である。

　①インプット重視社会とは、成果を上げるために長時間労働をするということであり、労働時間が長いほうが昇進確率が高まるという実証研究を紹介している。②人的資本よりシグナリングが重要とは、自分の市場価値を積極的にアピールするという人的資本理論が想定する行動よりも、年功賃金や長期雇用慣行の下で、自分がいかに努力しているかを示すシグナルを出す（長時間労働がシグナルとなる）、という意味である。実際、筆者の調査経験でも、アンケート調査では「労働時間の長さはあまり評価しない」と回答する企業がかなりあるものの、インタビュー調査などでは、「がんばっていること」自体は評価されがちであるとよく聞く。だからこそ、働き方改革の一つの方法として、管理職の人事評価に部下の労働時間の長さという定量的な指標を入れる企業もある[3]。③集団意識と上下関係とは、山本・黒田（2014）の研究成果を紹介し[4]、いわゆる「付き合い残業」が日本的である点を指摘す

1　小野（2016）pp.16-17.
2　小野（2016）pp.18-23.
3　小倉（2019）p.48.
4　黒田・山本（2014）第6章。

19

る。④内部労働市場では、人材育成を行う上司の部下に対する指導時間の長さを指摘している。⑤曖昧な職務内容とは、仕事の範囲と責任が曖昧なため、本来の自分の仕事とは直接関係のない業務を行うために、労働時間が長くなるという問題である。⑥男女間性別役割分業とは、男性が労働、女性が家事という伝統的な慣習が、男女の労働・家庭生活の違いをもたらし、男性の長時間労働が発生しやすくなるという意味である。

このように、小野（2016）は、日本の長時間労働の原因を、定量的なものだけではなく、労働市場の性質や日本企業の雇用慣行、さらには日本人の意識などの広範な問題に求めた。さらにいえば、長期休暇が習慣づいていないこともあるだろう。法的な権利である年次有給休暇がすべて取得されているわけではないため、長時間労働に寄与してしまっているという問題である[5]。

また、鈴木（2016）は、Berg, Bosch and Charest（2014）が分類した、各国の労働時間の規制タイプを用いて、日本が「使用者裁量型」であると指摘している[6]。これは、法定労働時間の実効性が限定的で時間外労働規制が弱いこと、法定の年次有給休暇や育児休業制度が、スウェーデンやフランスに比べると格段に低い水準であること、労使の団体交渉の適用範囲が限られ、労働協約の拡張適用がないことなどを背景に、労働時間の長さや柔軟性が企業側のニーズに合わせて一方的に決められるタイプのことである。労働組合の交渉力が時短へ影響することは、欧州のいくつかの国を見れば容易に想像し得るが、ほぼ使用者の裁量に委ねられているとすれば、労働者にとって望ましい結果にはなりにくいということだろう。

成果主義的な人事制度との関連を指摘する研究もある。守島（2010）は、複数の成果主義的な制度が労働時間の増加感と関連しているが、成果と賃金の連動が労働時間の増加感と関係しているのではなく、目標管理制度や多面評価などの補完施策がより強い関係を持つことを示した。つまり、成果主義的な評価・賃金制度そのものよりも、職場での目標管理や多面評価などの仕組みの導入とその運用が、労働者に労働時間の増加感を与えていると言える。また戸田・安井（2009）も、35歳時点での賃金のばらつきや目標管理

5　小倉（2012）が詳しい。
6　鈴木（2016）及び Berg, Bosch and Charest（2014）。

制度が労働時間を長くしていることを検証し、ここでも成果主義人事そのものよりも、その結果である賃金格差や目標管理が労働者にプレッシャーを与え、労働時間を長くすることが示唆される。小倉（2016）も、事業所と従業員のマッチングデータを使用し、成果主義人事と労働時間の関係を検証している。この中では、事業所が「成果・業績で賃金カーブが大きく変動する」と回答した場合、最低評価の正社員の措置として「解雇」を選択した場合、労働者の主観的に見た目標管理の種類が「利益目標が設定されている」や「売上目標が設定されている」場合、及び個人間の競争が激しい場合などに、労働時間が長くなることを示している。目標管理の運用やその結果が労働時間に影響している点は、戸田・安井（2009）と整合性がある。

　経済学的には、山本（2019）が需要・供給双方の観点から検討している。まず労働需要側の要因として、労働の固定費の大きさと人的資源管理の非効率がある[7]。前者については、日本企業は相対的に人件費が高いため、人数よりも労働時間で雇用調整をする傾向にあることが示されている。後者については、残業や休日出勤に応じる人が高く評価される、上司が業務量や重要な業務が特定の部下に偏らないように配慮していない、上司と部下とのコミュニケーションがよくとれていない、上司が部下のワーク・ライフ・バランス（以下、図表を含め "WLB" と表記することがある。）に配慮していないなどの特徴を示している。さらに労働供給側の要因については、健康を害するほど長時間労働をする「自信過剰バイアス」が影響している可能性、及び長い労働時間で就業する人が多いとさらに多くの人が長時間労働するようになるという、「ピア（同僚）効果」の可能性、さらに企業特殊スキルを身につけた日本の労働者は、移動（転職）費用の高さから労働時間を自由に選択することが困難であり、結果的に需要側の欲する労働時間に従わざるを得ないことも説明している[8]。

　JILPT は、以前から労働時間に関する調査研究を実施してきた。小倉・藤本（2010）は、アンケート調査によってたびたび長時間労働の原因と回答者から指摘される、「業務量の多さ」や「きちんと仕上げたい」という意識

7　山本（2019）。
8　山本（2019）pp.30-33.

を、労働者に対するインタビュー調査によって、詳細に把握した[9]。その結果、①仕事の進め方や顧客などとの関係性という「仕事特性」、②要員量や労働時間管理という会社の「要員管理の問題」、③仕事に対する積極性などの「個人特性」が、労働時間に影響することが示唆された。このうち、個人に対して定量的に把握可能な①仕事特性と③個人特性、及び新たに管理職特性を追加し、アンケート調査を行った結果が、労働政策研究・研修機構（以下、"JILPT" という。）（2011）である[10]。分析の結果、「仕事特性」については、他社・他者との関係性の強さが労働時間を長くすること、自らの業務目標の明確さや進め方の裁量度の高さが労働時間を短くすること、上司が残業を当然と考えていると労働時間が長くなること、上司が個々の部下の業務負担等を考慮していないと労働時間が長くなることがわかった。また、「個人特性」については、自らの仕事や役割に対する目標設定の高さ（まじめさ）が労働時間を長くすること、自らの仕事の出来に関して自己評価が高いと労働時間が長いこと、仕事志向が強いほど労働時間が長いことがわかった。さらに、「管理職特性」については、プレイヤーの度合いが高いほど労働時間が長いこと、部下の人数が多いほど労働時間が長いこと、指導が必要な部下が多いほど労働時間が長いことがわかった。

　こうした労働時間の調査研究の延長線上に、2020 年に実施した調査がある。その結果は JILPT（2022a）にまとめられているが[11]、本章ではそのなかの「働き方改革」に関連する部分を改めて紹介し、分析結果とその含意を考察することとしたい。

第 2 節　労働時間と働き方に影響する諸要因の分析について

　JILPT（2011）では、制度上、労働時間の柔軟性が比較的高いと思われる勤務時間制度や役職であっても、実態は、労働時間が短いとは言えないこと

9　小倉・藤本（2010）。
10　JILPT（2011）。
11　JILPT（2022a）。

がわかった[12]。

　また、厚生労働省が 2021 年 6 月に発表した「裁量労働制実態調査」でも、裁量労働制が適用されている労働者のほうが、（比較対象として職種などをコントロールした）非適用の労働者よりも労働時間が長いことが示されている[13]。しかし、これらの点に関する調査研究はあまり多くない。

　Kuroda and Yamamoto（2013）[14] は、労働の固定費の高さを反映する勤続年数、大卒、管理職などの要因が、企業が求める労働時間を有意に長くすること、正社員の時間調整などによって不況時の雇用調整をする企業で労働時間が有意に長いことなどを指摘している。このことは、日本企業の雇用保障の強さと労働時間とが正の関係になっているということであり、いわゆるメンバーシップを持った正社員の中でも、勤続年数が長い大卒の中核的な社員や管理職は、労働時間が長くなりがちであることを示唆する。

　このように、勤務時間制度や管理職の諸属性などが労働時間にどのような影響を与えているかを、詳細に検討した研究はあまり多くない。そのため、最新の調査データを用いて、それらの状況を把握することは、有意義である。

　また 2019 年以降、働き方改革関連法が施行され、企業における働き方改革が本格的に実施されている。しかしながら、この間、働き方改革に関する具体的な取り組みが、仕事や働き方に与える影響を分析した研究は少ない。

　そこで本章では、JILPT が 2020 年に実施した調査[15] のマイクロデータを使用して、勤務時間制度や管理職の諸属性が労働時間に与える影響、及び働き方改革の取り組みが仕事や働き方に与えた変化について、考察する。なお、本章の集計・分析では、労働時間や管理職などに関する諸要因を扱うことを念頭に、相対的に値のばらつきが小さい正社員のみを分析の対象とする。

12　JILPT（2011）。
13　厚生労働省（2021）。
14　Kuroda and Yamamoto（2013）。
15　JILPT（2022b）.

第3節 主要な属性で見た労働時間

本節では、職種別、役職別、勤務時間制度別に見た労働時間[16]の平均値・分布状況を見る。図表1-1で職種別の労働時間の違いを平均（時間）で見ると、「事務」が比較的短く、「管理的職業」が相対的に長いが、「事務」以外の職種はあまり大きな違いはない。今回の調査では、「事務」の労働時間が短いことがわかる。

図表1-2は、役職別に見たものである。平均（時間）が最も長いのは、「課長相当」であり、最短の「一般社員」より10時間弱長い。次いで長いのは、「部長相当」であるが、「主任・係長相当」「課長代理相当」も相対的には長い。

図表1-3は、勤務時間制度別に見たものである。平均（時間）では、「裁量労働等」「管理監督者扱い」が比較的長く、「通常の勤務時間制度」と「交

図表 1-1　職種別に見た 2020 年 10 月の労働時間のクロス表

	160時間未満	160〜180時間未満	180〜200時間未満	200〜240時間未満	240時間以上	合計	(N)	平均（時間）
管理的職業	12.9%	34.4%	18.9%	25.6%	8.2%	100.0%	(1,740)	184.9
専門的・技術的職業	14.0%	36.8%	21.4%	20.4%	7.4%	100.0%	(1,825)	182.3
事務	22.2%	44.6%	16.2%	13.1%	3.8%	100.0%	(2,206)	173.9
接客	13.7%	37.1%	21.8%	20.6%	6.7%	100.0%	(1,559)	182.4
生産・運転等	13.4%	38.5%	19.0%	20.9%	8.1%	100.0%	(1,323)	183.0
その他	15.5%	43.0%	16.9%	18.8%	5.8%	100.0%	(207)	180.7
合計	15.7%	38.7%	19.2%	19.7%	6.6%	100.0%	(8,860)	180.8

注1：労働時間については、本文脚注16を参照。
注2：職種のうち、「販売」と「サービス職」をまとめ「接客」とした。また「保安職業」「生産工程」「輸送・機械運転」「建設・採掘」「運搬・清掃・包装」をまとめ「生産・運転等」とした。さらに、「農林漁業」は「その他」に統合した。

16　労働時間は、「2020年10月に主な勤務先で実際に働いた労働時間」で、「手当の有無にかかわらず、業務に関係して実際に働いた残業や休日出勤、在宅勤務や自宅に持ち帰って仕事をした時間も含む。ただし、副業の時間は除く。」とされている。また、「週所定労働日数」が7日、「1日の所定労働時間」が10時間超、及び「週所定労働日数」と「1日の所定労働時間」の積が52時間を超える回答は、集計・分析から除外した。その上で、「2020年10月の労働時間」が、35時間未満、及び400時間超についても、集計・分析から除外した。

図表 1-2　役職別に見た 2020 年 10 月の労働時間のクロス表

	160 時間未満	160〜 180 時間未満	180〜 200 時間未満	200〜 240 時間未満	240 時間以上	合計	(N)	平均 (時間)
一般社員	18.1%	41.8%	18.3%	16.2%	5.6%	100.0%	(5,017)	177.9
主任・係長相当	13.3%	36.0%	20.8%	22.7%	7.2%	100.0%	(1,430)	183.6
課長代理相当	11.8%	35.9%	24.3%	20.4%	7.6%	100.0%	(407)	183.0
課長相当	9.7%	31.2%	21.1%	29.2%	8.9%	100.0%	(1,049)	187.4
部長相当	11.3%	36.3%	18.6%	25.5%	8.4%	100.0%	(609)	185.6
支社長・事業部長・ 役員	22.1%	36.8%	15.2%	17.8%	8.0%	100.0%	(348)	179.5
合計	15.7%	38.7%	19.2%	19.7%	6.6%	100.0%	(8,860)	180.8

注 1：労働時間については、図表 1-1 と同じ。
注 2：課長代理相当、課長相当、部長相当については、調査票ではそれぞれ「ライン職」「スタッフ職」と区分されているが、まとめた。また、支社長・事業部長・役員は、もとは「支社長・事業部長相当」と「役員以上」であったが、まとめた。

図表 1-3　勤務時間制度別に見た 2020 年 10 月の労働時間のクロス表

	160 時間未満	160〜 180 時間未満	180〜 200 時間未満	200〜 240 時間未満	240 時間以上	合計	(N)	平均 (時間)
通常の勤務時間制度	16.3%	40.5%	18.1%	18.8%	6.3%	100.0%	(6,064)	179.8
フレックスタイム制	15.3%	35.1%	22.3%	21.3%	6.0%	100.0%	(1,379)	181.4
変形労働時間制	12.7%	36.4%	21.8%	21.8%	7.3%	100.0%	(275)	184.5
交替制	16.1%	41.5%	21.3%	15.0%	6.1%	100.0%	(492)	178.2
裁量労働等	10.2%	29.9%	23.6%	24.8%	11.4%	100.0%	(254)	188.2
管理監督者扱い	12.9%	25.8%	19.5%	29.9%	11.9%	100.0%	(318)	191.6
合計	15.7%	38.7%	19.3%	19.7%	6.6%	100.0%	(8,782)	180.8

注 1：労働時間については、図表 1-1 と同じ。
注 2：勤務時間制度のうち、「事業場外労働のみなし」「裁量労働制」は 1 つにまとめ「裁量労働等」とした。また、「その他」「わからない」は除外した。

替制」は平均（時間）が比較的短い。

第 4 節　労働時間に影響する要因　(1)基本モデル

　本節では、労働時間に影響する要因を統計的に特定するため、回帰分析を行う。使用するデータは、主に調査時点の状況についての設問・回答である

ため、パネルデータのように、同一個人の数年間の時間的な変化を捉えることはできないが、クロスセクション（一時点）データであっても、一定の考察は可能である。

分析手法は、通常最小二乗法（OLS）を使用する。経済学の「所得余暇選好モデル」では、労働時間と賃金は同時決定とされるため、因果関係の推定に際しては、操作変数法などの手法も考えられる。しかし、日本の労働者（特に正社員）の労働時間と賃金は、同時決定の確率は低いと考えられる[17]。本稿で使用するデータでも、年収（実数の対数値）と労働時間（実数の対数値）との相関係数は 0.091（双方とも実数の場合は 0.076）であり、ほぼ無相関である。

後の節では、管理職や働き方改革などに関する分析を行うが、本節では、勤務時間制度や様々な属性の影響を見るための、基本モデルを示す。

この基本モデルは、①個人属性、②勤務先属性、③職場の状況、④仕事の特性、⑤ワーク・ライフ・バランスの意識、を説明変数として使用する（以下）。

個人属性は、性別（男性ダミー）、年収[18]（実数の対数値）、勤続年数（実数の対数値）、学歴（中学校・高校、専修・短大・高専、四年制大学・大学院）、年齢（20歳代、30歳代、40歳代、50歳代、60歳代）、役職[19]（一般社員、主任・係長相当、課長代理相当、課長相当、部長相当、支社長・事業部長・役員）、職種[20]（管理的職業、専門的・技術的職業、事務、接客、生産・

17　労働時間と賃金の同時決定は、「余暇減少（労働時間増加）なら所得増加」または「余暇増加（労働時間減少）なら所得減少」という関係が成立するという前提である。しかし、時間給ではなく、賞与なども支給される正社員を念頭に置くと、また、企業規模などによる労働者間の賃金の相違もあるため、所得余暇選考モデルのような労働時間と賃金の関係は、日本の正社員については、成立しにくいと考えられる。

18　年収の回答は選択肢で、「100万円未満」から「900〜999万円」までは100万円刻みとなっているため、50万円から950万円までの実数を、「1,000〜1,499万円」は1,250万円、「1,500〜1,999万円」は1,750万円の実数を代入した。ただし、「2,000万円以上」は中央値を確定しにくく、平均値への影響を考慮して実数も 2,000万円を代入した。

19　管理職については、「ライン職」と「スタッフ職」を統合し、また「支社長・事業部長相当」と「役員相当」を統合し「支社長・事業部長」を「役員」とした。

20　職種については、「販売」と「サービス職」統合して「接客」とし、「保安職業」「輸送・機械運転」「建設・採掘」「運搬・清掃・包装」を統合して「生産・運転等」とし、「農林漁業」を「その他」に統合して「その他」とした。

運転等、その他）を使用する。

　勤務先属性は、従業員規模（99 人以下、100〜499 人、500〜999 人、1,000人以上）、業種[21]（建設業、製造業、情報通信業、運輸業・郵便業、卸売業・小売業、金融業・保険業、専門サービス業・教育、飲食・宿泊・娯楽業、医療・福祉、その他サービス、公務、その他）を使用する。

　職場の状況は、Q32_1「職場の人数に比べて仕事の量が多い」、Q32_2「特定の人に仕事が偏っている」を使用する。それぞれ「あてはまる」「ややあてはまる」「あまりあてはまらない」「あてはまらない」の 4 件法の択一回答となっているので、「あてはまる」＝ 2 点、「ややあてはまる」＝ 1 点、「あまりあてはまらない」＝ − 1 点、「あてはまらない」＝ − 2 点に換算する。

　仕事の特性は、Q28A1「仕事の範囲や目標がはっきりしている」、Q28A2「自分の仕事は、自宅や喫茶店など会社以外の場所でも遂行可能だ」、Q28A3「取引先や顧客の対応が多い」、Q28A4「締切り・納期がタイトな仕事が多い」、Q28A5「拘束時間が長い」、Q28B2「非常にたくさんの仕事をしなければならない」、Q28B3「時間内に仕事が処理しきれない」、Q28B4「一生懸命働かなければならない」、Q28B5「かなり注意を集中する必要がある」、Q28B6「高度の技術や知識が必要なむずかしい仕事だ」、Q28C1「勤務時間中はいつも仕事のことを考えていなければならない」、Q28C3「自分のペースで仕事ができる」、Q28C4「自分で仕事の順番・やり方を決めることができる」、Q28C5「職場の仕事の方針に自分の意見を反映できる」を使用する。それぞれ「そうだ」「まあそうだ」「ややちがう」「ちがう」の 4 件法の択一回答となっているので、「そうだ」＝ 2 点、「まあそうだ」＝ 1 点、「ややちがう」＝ − 1 点、「ちがう」＝ − 2 点に換算する。

　ワーク・ライフ・バランス意識は、Q52_1「仕事には必要以上に手間をかけない」、Q52_4「自分の仕事が終わったら早々に帰る」、Q52_5「所定の休日はきっちり取る」、Q52_7「休みの日に仕事関係のメールや電話があって

21　調査票の「農林漁業、鉱業、採石業、砂利採取業」を「その他」と統合して「その他」、「電気・ガス・熱供給・水道業」「不動産業、物品賃貸業」「複合サービス業」「その他サービス業」を統合して「その他サービス」、「学術研究、専門・技術サービス業」は「教育、学習支援業」と統合して「専門サービス、教育」、「宿泊業、飲食サービス業」は「生活関連サービス業、娯楽業」と統合して「飲食・宿泊・娯楽業」、これら以外は調査票のままとした。

も極力対応しない」を使用する。それぞれ「選択＝1・非選択＝0」のダミー変数であるため、そのまま使用する。

図表1-4が、基本モデルの分析結果である。自由度調整済み決定係数が0.077とかなり低いので、労働時間の長さを説明する要因がこれら以外に多数存在することになるが、一定の結果は得られたため、以下、簡潔に説明する。

勤務時間制度については、これまでの研究とも整合的であり、「通常の勤務時間制度」に対して、「裁量労働等」と「管理監督者扱い」は労働時間が長い。今回のデータでも、また2020年というコロナ禍における調査でも、勤務時間制度（始業・終業時刻の決定など）が形式的に自由であっても、実際には労働時間を長くしていることがわかった。

パネルデータではないため、この結果は、「そもそも労働時間が長い人が、そのような勤務時間制度を選択している」という解釈もあり得る。しかしながら、そのような解釈は、経営者が（例えば）コスト負担になる通常の時間外労働手当の支給を避けるために、長時間労働の者を管理監督者扱いに変更、あるいは裁量労働制を適用した、ということになる。そういう可能性を完全に排除できないとはいえ、勤務時間制度は、労働時間のように数ヶ月単位で短期的に変化し得るものではなく、また労働者が自由に選択できるわけでもない。それゆえ通常は、「調査時点より以前に適用された勤務時間制度が、調査時点の労働時間に影響した」と解釈する方が自然であろう。

説明変数の変化が与える影響は、この場合、被説明変数の労働時間を対数値としているので、パーセンテージで見ることができる。そこで係数値を見ると、「裁量労働等」で2.6％、「管理監督者扱い」で4.2％ほど労働時間が長く、「裁量労働等」よりも「管理監督者扱い」のほうが、労働時間への影響が大きいといえる。

役職では、「一般社員」に対して、「主任・係長相当」「課長相当」の労働時間が長いが、「課長相当」では、3％ほど労働時間が長く、わずかながらも他の管理職より影響が大きい。

職種では、「専門的・技術的職業」「接客」「生産・運転等」が、「事務」に対して2〜2.4％ほど労働時間が長い。

図表 1-4　勤務時間制度等の労働時間への影響（基本モデル）

被説明変数：2020 年 10 月の労働時間（実数の対数値）　　　　　　N=8,344
分析方法：OLS　　　　　　　　　　　　　　　　　　　　　　adj. R2=0.077

説明変数（ベンチマーク）		係数値	標準誤差		Beta
性別（男性 =1）		0.019	0.005	**	0.045
対数年収		0.019	0.005	**	0.055
年齢（20 歳代）	60 歳代	-0.026	0.010	**	-0.041
勤務時間制度 （通常の勤務時間制度）	交替制	-0.024	0.009	*	-0.029
	裁量労働等	0.026	0.012	*	0.023
	管理監督者扱い	0.042	0.011	**	0.042
役職 （一般社員）	主任・係長相当	0.018	0.006	**	0.036
	課長相当	0.030	0.009	**	0.051
	部長相当	0.021	0.011	+	0.028
職種 （事務）	管理的職業	0.016	0.009	+	0.033
	専門的・技術的職業	0.020	0.007	**	0.042
	接客	0.024	0.007	**	0.048
	生産・運転等	0.022	0.008	**	0.042
	職種その他	0.032	0.014	*	0.025
企業規模（99 人以下）	500〜999 人	-0.015	0.008	+	-0.023
	1,000 人以上	-0.012	0.006	*	-0.030
業種 （製造業）	建設業	0.036	0.009	**	0.045
	情報通信業	-0.018	0.008	*	-0.026
	運輸業・郵便業	0.024	0.010	*	0.028
職場の人数に比べて仕事の量が多い		0.006	0.002	**	0.039
自分の仕事は、自宅や喫茶店など会社以外の場所でも遂行可能だ		-0.004	0.002	*	-0.029
拘束時間が長い		0.014	0.002	**	0.103
非常にたくさんの仕事をしなければならない		0.004	0.002	+	0.028
時間内に仕事が処理しきれない		0.014	0.002	**	0.097
一生懸命働かなければならない		0.007	0.002	**	0.045
高度の技術や知識が必要なむずかしい仕事だ		-0.003	0.002	+	-0.024
自分で仕事の順番・やり方を決めることができる		0.006	0.002	**	0.039
所定の休日はきっちり取る		-0.008	0.005	+	-0.021
定数		5.042	0.029	**	

注 1：JILPT2020 調査より、正社員のみを対象とした分析結果である。
注 2：有意な変数のみ掲載した。使用した変数については本文参照。
注 3：** は 1%未満、* は 5%未満、+ は 10%未満で統計的に有意であることを示す。
注 4：mean VIF=1.61 であり、多重共線性の程度は低いと推測される。

企業規模では、「99人以下」の小企業に対して、「500〜999人」では1.5%、「1,000人以上」の大企業では、1.2%ほど労働時間が短い。

　業種では、「製造業」に対して、「建設業」で3.6%、「運輸業・郵便業」で2.4%長く、反対に「情報通信業」では1.8%ほど短い。

　職場の状況を表す変数では、「職場の人数に比べて仕事の量が多い」の肯定度が高いほど、労働時間が長いという結果になった。ただしその影響度は0.6%とかなり小さい。

　仕事の特性を表す変数では、複数の変数が影響していることがわかったが、それらの係数値は低く、比較的高いもの（「拘束時間が長い」「時間内に仕事が処理しきれない」）でも、労働時間はそれぞれ1.4%ほど長いという結果になった。ただし、この2つはBeta（標準化偏回帰係数値）ではそれぞれ、0.103、0.097と有意な影響を与えている変数の中ではかなり高い。しかしながら、「拘束時間が長い」「時間内に仕事が処理しきれない」の肯定度は、労働時間が長いことの結果とも考えられるので、一時点のクロスセクション分析では、正確なことは言えない。

　ワーク・ライフ・バランス意識を表す変数では、「所定の休日はきっちり取る」のみが労働時間を短くするという結果になったが、その影響度はかなり小さく、0.8%であった。

第5節　労働時間に影響する要因　(2)管理職用モデル

　本節では、管理職を対象として、管理職に関する諸変数が労働時間に与える影響を考察する。なお、管理職に関する変数以外は、基本モデルと同じ変数を使用する。

　JILPT（2011）で使用された変数と同様のものとして、Q2_1（プレイングの比率）がある。これは、「在社時間を100%とした場合、プレイング（一般業務）とマネジメント（部下の労務管理や部署運営）の比率はおおよそどのくらいですか？」との設問に対して、「0%」から「100%」まで10%刻みの選択肢を択一回答する形式となっている。ここでは、それらを実数換算して使用する。またこれと性質の近い設問として、Q3_2（マネジメントに使

う時間の過不足感）も使用する。これは、「管理職としてマネジメントに使う時間が、在社している時間内で足りていますか？」との設問に対して、「足りている」「やや足りない」「全く足りない」から択一回答する形式となっている。さらに、JILPT（2011）でも使用された、正社員数（Q10_1）及びQ10_2（非正社員数）を実数のまま使用する。ただし、人数のバラツキが大きいため、正社員数、非正社員数とも1,000人以上は欠損値とした。

　そのほか、今回の調査特有の設問からは、Q5_1（始業・終業時刻よりずれた場合に上司から口頭で注意される）と、Q11_7（残業削減や年休取得促進のため、管理職が部下の業務をフォローしている）を使用する。前者は、「所定の始業時刻より遅く出勤したり、所定の終業時刻よりも早く退社した場合、何かペナルティはありますか？」との設問に対して、「上司から口頭で注意される」「遅刻や早退した分だけ減給される」「場合によっては懲戒処分を科される」「人事考課でマイナス評価を受ける」「場合によっては職位を下げられる（管理職から外される）」「その他」「特にペナルティはない」の多重回答（それぞれについて選択・非選択）となっている。その中で、「その他」「特にペナルティはない」以外で選択が最も多かった「上司から口頭で注意される」を使用する。

　図表1-5が、管理職を対象とした回帰分析の結果である。表下段の管理職特有の説明変数の結果を見る。

　「プレイング比率」が高いほど労働時間が長いという結果ではあるが、係数値は低い。ただし、Beta（標準化偏回帰係数値）では若干高い。また、「マネジメントに使う時間・全く足りない」も、プラスである。しかしながら、これは図表1-4の「拘束時間が長い」と同様、労働時間が長いことの結果として、「全く足りない」を選択したという解釈も成立するため、正確な因果関係はよくわからない。その他、「始業・終業時刻よりずれた場合、上司から口頭で注意される」、「統括する正社員数」、「統括する非正社員数」、「残業や年休取得促進のため、管理職が部下の業務をフォローしている」は、有意な影響を与えていなかった。「所定の始業時刻より遅く出勤したり、所定の終業時刻よりも早く退社した場合のペナルティ」として、「（管理職である自分より上位の）上司からの注意」は、管理職の労働時間には影響

図表 1-5　管理職属性の労働時間への影響

被説明変数：2020 年 10 月の労働時間（実数の対数値）　　　　　　N=1,106
分析方法：OLS　　　　　　　　　　　　　　　　　　　　　　adj. R2=0.128

説明変数（ベンチマーク）		係数値	標準誤差		Beta
学歴（中学校・高校）	四年制大学・大学院	-0.028	0.016	+	-0.068
企業規模（99 人以下）	100～499 人	0.047	0.017	**	0.096
	1,000 人以上	0.041	0.019	*	0.093
業種（製造業）	建設業	0.058	0.024	*	0.079
	金融業・保険業	0.062	0.026	*	0.079
職場の人数に比べて仕事の量が多い		0.012	0.006	+	0.074
拘束時間が長い		0.016	0.006	**	0.105
時間内に仕事が処理しきれない		0.020	0.007	**	0.130
かなり注意を集中する必要がある		-0.013	0.006	*	-0.081
高度の技術や知識が必要なむずかしい仕事だ		0.012	0.006	*	0.075
自分のペースで仕事ができる		-0.012	0.006	+	-0.072
プレイング比率（%）		0.000	0.000	+	0.055
マネジメントに使う時間	やや足りない	0.017	0.014		0.040
	全く足りない	0.042	0.021	*	0.068
始業・終業時刻よりずれた場合、上司から口頭で注意される		0.020	0.016		0.036
統括する正社員数（人）		0.000	0.000		0.037
統括する非正社員数（人）		0.000	0.000		-0.004
残業や年休取得促進のため、管理職が部下の業務をフォローしている		0.002	0.013		0.005
定数		5.184	0.106	**	

注 1：JILPT2020 調査より、正社員（管理職）のみを対象とした分析結果である。
注 2：管理職の属性以外は、統計的に 10％以上で有意となった変数のみ表掲した。使用した変数については本文参照。
注 3：** は 1％未満、* は 5％未満、+ は 10％未満で統計的に有意であることを示す。
注 4：mean VIF=2.69 であり、多重共線性の程度は低いと推測される。

していないようだ。この点については、そもそも管理職の多くが始業・終業
時刻を非管理職と変わらずに守っていることが反映している可能性があ
る[22]。

　また、自らが「部下のフォローをし」ていても、労働時間には影響してい

22　JILPT2020 調査では、「適用されている勤務時間制度」の質問があり、「通常の勤務時間制度」
や「裁量労働制」、「管理監督者扱い」などの選択肢がある。非管理職の 73％は「通常の勤務時
間制度」と回答しているが、管理職の 54％も「通常の勤務時間制度」を選択しており（管理職
の「管理監督者扱い」は 15％）、多くの管理職が始業・終業時刻を守っているという推測ができ
る。

ない。このように、管理職を対象とした今回の分析では、管理職に関する属性は、労働時間に明確に有意な影響を与えているとは言えない。しかしながら、非管理職と比較すれば、図表1-4のように、多くの管理職は労働時間が長いことがわかっている。図表1-5の結果は、管理職の中の相違を的確に捉えていない可能性があり、今後の調査によって、より適切な質問項目を用意する必要があるだろう。

第6節　働き方改革の取り組みとその成果

　本節では、働き方改革の取り組み（Q34、Q35）と仕事や働き方の変化（Q36）の関係を考察する。

　Q34は、「あなたの勤務先の働き方改革として行われている、労働時間・休暇に関する取り組みは次のどれですか？」で、多重回答の選択肢は、「1ノー残業デーの推進」「2残業した社員・職員には翌日の出勤時刻を遅くする」「3残業している社員・職員に声を掛けて退勤を促す」「4一定の時間に職場を強制消灯・強制施錠する」「5長時間労働の者やその上司に注意を促す」「6年次有給休暇の取得を推進する」「7管理職自身が働く時間を減らしたり、年次有給休暇を取得する」「8働く時間の長さよりも成果で評価される仕組みを取り入れる」「9その他」「10特にない」「11もともと労働時間・休暇に課題はない」「12わからない」となっている。

　Q35は、「あなたの今の主な勤務先の働き方改革として行われている、職場管理・業務遂行に関する取り組みは次のどれですか？」で、多重回答の選択肢は、「1業務量を減らす」「2ペーパーワークを減らす」「3会議の長さ、回数、開催時間帯を見直す」「4業務配分のムラをなくす」「5職員の業務をお互いに見えるようにして、進捗管理や情報共有をする」「6在宅勤務・テレワークを積極的に活用する」「7管理職に職場マネジメント研修を行う」「8取引先や顧客に対して無理な発注を改めようとしている」「9組織の取組みを明文化して社員・職員に周知徹底する」「10その他」「11特にない」「12もともと職場管理・業務遂行に課題はない」「13わからない」となっている。

　Q36は、「今の主な勤務先の働き方改革の取り組みによって、あなたの仕

事や働き方にどのような変化がありましたか？」で、多重回答の選択肢は、「1 残業が減った」「2 こなすべき業務量が減った」「3 仕事の効率が上がった」「4 職場でお互いに協力し合うようになった」「5 所定の休日や年次有給休暇を取れるようになった」「6 取引先や顧客からの無理な要求（納期など）が少なくなった」「7 こなすべき業務量が増えた」「8 業務配分のムラが大きくなった」「9 給料が下がった」「10 休憩時間が減った／休暇を取れなくなった」「11 サービス残業や持ち帰りの仕事が増えた」「12 その他」「13 特にない」「14 わからない」となっている。

図表 1-6 は、労働時間・休暇に関する働き方改革の取り組み（Q34）別に見た仕事や働き方の変化（Q36）のクロス集計表である。行パーセントを表しているため、例えば Q34 で「ノー残業デー」を選択した 3,130 人のうち、Q36 で「残業が減った」を選択した人が 28.1%（表にはないが 880 人）のよ

図表 1-6　労働時間・休暇に関する働き方改革の取組（Q34）別に見た仕事や働き方の変化（Q36）のクロス表

Q36 → Q34 ↓	残業が減った	業務量が減った	仕事の効率が上がった	協力し合うようになった	休日を取れるようになった	無理な要求が少なくなった	業務量が増えた	業務配分のムラが大きくなった	給料が下がった	休憩時間が減った	サービス残業が増えた	(N)
ノー残業デー	28.1%	8.5%	16.1%	14.8%	17.8%	2.6%	10.3%	6.6%	8.3%	4.5%	4.9%	(3,130)
翌日の出勤時刻を遅くする	29.0%	22.7%	27.7%	25.7%	25.4%	10.3%	12.4%	10.1%	9.7%	6.6%	6.6%	(701)
声を掛けて退勤を促す	30.9%	11.5%	21.6%	23.9%	26.8%	5.8%	13.1%	8.6%	10.5%	6.2%	6.6%	(1,587)
強制消灯・強制施錠する	29.9%	13.0%	21.4%	21.3%	24.4%	8.6%	15.5%	13.1%	10.9%	8.9%	6.5%	(718)
長時間労働の者に注意を促す	28.3%	8.2%	18.1%	17.2%	22.9%	4.1%	13.7%	9.2%	11.7%	5.7%	6.9%	(1,864)
年次有給休暇の取得を推進する	24.2%	6.4%	15.4%	15.8%	25.6%	2.8%	10.7%	7.1%	9.8%	4.4%	4.9%	(3,039)
管理職自身が働く時間を減らす	32.4%	11.3%	22.9%	23.1%	31.6%	5.5%	11.2%	8.1%	11.0%	6.6%	5.2%	(1,014)
成果で評価される仕組み	32.6%	7.6%	24.9%	21.6%	28.3%	4.5%	13.7%	8.3%	11.4%	6.5%	6.0%	(827)
(N)	(1,537)	(528)	(948)	(898)	(1,120)	(212)	(693)	(421)	(663)	(327)	(322)	(9,426)

注1：比率は行パーセントを示しており、多重回答のため合計は100%を超える。
注2：(N) は表頭・表側ともクロス集計前の該当項目の全選択数である。右下の (9,426) は全正社員の数＝サンプルサイズで、表頭・表側の (N) の合計ではない。
注3：Q34については「その他」「特にない」「もともと労働時間・休暇に課題はない」「わからない」を、Q36については「その他」「特にない」「わからない」を除外した。

うに表示している（Q36で「残業が減った」を選択した1,537人の28.1％ではないことに注意されたい）。

Q34の⑷で労働時間・休暇に関する働き方改革の取り組みの多い順に見ると、「ノー残業デー」3,130人、「年次有給休暇の取得を推進する」3,039人、「長時間労働の者に注意を促す」1,864人、「声を掛けて退勤を促す」1,587人などとなっている。

Q36の⑷で仕事や働き方の変化の多い順に見ると、「残業が減った」1,537人、「休日を取れるようになった」1,120人、「仕事の効率が上がった」948人などとなっている。このことから、労働時間・休暇に関する仕事や働き方の変化は、取り組みの回答数ほど多くないことがわかる。

「ノー残業デー」を見ると、最も比率が高いのは「残業が減った」で28.1％となっているが、ノー残業デーを実施していても、全体的にはあまり残業は減っていないということだろうか。「年次有給休暇の取得を推進する」でも、「休日を取れるようになった」は25.6％で、大きな成果ではないように見える。

全体的に見て、何らかの取り組みによって20％を超える人の変化があったものとしては、「残業が減った」「休日を取れるようになった」「仕事の効率が上がった」「協力し合うようになった」などで、その他の仕事や働き方の変化はあまりなかったと認識されているようである。

図表1-7は、職場管理・業務遂行に関する働き方改革の取り組み（Q35）別に見た仕事や働き方の変化（Q36）のクロス集計表である。表の見方は、図表1-6と同じである。

Q35の⑷で職場管理・業務遂行に関する働き方改革の取り組みの多い順に見ると、「ペーパーワークを減らす」1,841人、「会議を見直す」1,779人、「業務量を減らす」1,633人、「業務配分のムラをなくす」1,457人などとなっている。

Q36の⑷は図表1-6と同じなので、同様に⑷を比較すると、やはり同じように、職場管理・業務遂行に関する仕事や働き方の変化は、取り組みの回答数ほど多くないことがわかる。

「業務量を減らす」を見ると、最も比率が高いのは「残業が減った」で

図表 1-7 職場管理・業務遂行に関する働き方改革の取組（Q35）と仕事や働き方の変化（Q36）のクロス表

Q36 → Q35 ↓	残業が減った	業務量が減った	仕事の効率が上がった	協力し合うようになった	休日を取れるようになった	無理な要求が少なくなった	業務量が増えた	業務配分のムラが大きくなった	給料が下がった	休憩時間が減った	サービス残業が増えた	(N)
業務量を減らす	34.1%	14.0%	20.4%	17.1%	17.1%	4.5%	11.6%	7.3%	8.6%	4.4%	5.3%	(1,633)
ペーパーワークを減らす	27.9%	13.3%	24.3%	20.2%	21.6%	4.6%	10.8%	7.3%	8.4%	5.0%	5.6%	(1,841)
会議を見直す	31.6%	10.6%	24.6%	21.6%	25.2%	5.1%	10.6%	7.6%	9.4%	5.2%	6.0%	(1,779)
業務配分のムラをなくす	28.5%	12.1%	23.1%	24.9%	24.2%	6.1%	13.2%	9.9%	10.8%	5.6%	5.4%	(1,457)
進捗管理や情報共有をする	30.1%	11.4%	25.3%	30.9%	29.2%	6.9%	13.5%	9.6%	10.4%	6.7%	6.2%	(1,126)
在宅勤務・テレワーク	28.1%	9.2%	22.2%	17.2%	22.6%	5.2%	10.7%	7.5%	9.8%	4.9%	6.1%	(1,497)
管理職研修	29.4%	10.5%	24.7%	21.5%	30.2%	7.1%	13.1%	11.2%	10.0%	6.9%	6.3%	(854)
無理な発注を改める	31.3%	16.8%	27.7%	26.3%	33.0%	14.5%	19.5%	15.0%	15.3%	11.2%	9.7%	(339)
明文化して周知徹底する	32.0%	10.3%	22.1%	25.2%	31.1%	5.8%	15.2%	9.8%	12.2%	7.1%	8.0%	(691)
(N)	(1,537)	(528)	(948)	(898)	(1,120)	(212)	(693)	(421)	(663)	(327)	(322)	(9,426)

注1：比率は行パーセントを示しており、多重回答のため合計は100％を超える。
注2：(N) は表頭・表側ともクロス集計前の該当項目の全選択数である。右下の (9,426) は全正社員の数＝サンプルサイズで、表頭・表側の (N) の合計ではない。
注3：Q35については「その他」「特にない」「もともと職場管理・業務遂行に課題はない」「わからない」を、Q36については「その他」「特にない」「わからない」を除外した。

34.1％となっているが、この「残業が減った」は、他の施策でも相対的に高めの比率が出ている。ほかにも、「ペーパーワークを減らす」「会議を見直す」「業務配分のムラをなくす」などの多くで、「残業が減った」「仕事の効率が上がった」「協力し合うようになった」「休日を取れるようになった」などの仕事や働き方の変化の比率が比較的高めに出ている。とはいえ、全体的に見て、何らかの取り組みが30％を超える仕事や働き方の変化はあまり多くない。

　図表1-6及び図表1-7のクロス集計表では、具体的な取り組みの実際の効果を検証することは難しい。そこで次に、これらの働き方改革の取り組みが、仕事や働き方の変化に与える影響を回帰分析によって明らかにしたい。

　分析手法は、被説明変数にQ36の「仕事や働き方の変化」のそれぞれを、

説明変数には、図表 1-4 の基本モデルと同じもの（＋対数労働時間）をコントロール変数として使用し、さらに Q34 及び Q35 の働き方改革の取り組みを使用する。

　被説明変数が、「残業が減った（選択＝ 1、非選択＝ 0）」のダミー変数なので、ロジットモデルを用いる。また、Q36_4（職場でお互いに協力し合うようになった）と、Q36_5（所定の休日や年次有給休暇をとれるようになった）を被説明変数とした分析については、いずれも決定係数が 0.01 台と非常に低かったので、除外した。したがって、Q36_1（残業が減った）、Q36_2（こなすべき業務量が減った）、Q36_3（仕事の効率が上がった）、Q36_6（取引先や顧客からの無理な要求が少なくなった）、Q36_7（こなすべき業務量が増えた）、Q36_8（業務配分のムラが大きくなった）、Q36_9（給料が下がった）、Q36_10（休憩時間が減った／休暇を取れなくなった）、Q36_11（サービス残業や持ち帰りの仕事が増えた）についての分析結果を示す（分析結果の詳細は本章の付表を参照）。なお、Q36_12（その他）、Q36_13（特にない）、Q36_14（わからない）は、除外した。

　図表 1-8 は、Q34 と Q35 の働き方改革の取り組みが、Q36 の仕事や働き方の変化に与える影響を、コントロール変数の結果を除いて一覧表にしたものである。

　はじめに、Q34 の労働時間・休暇に関する働き方改革の取り組みの影響を見る。

　「Q34_1 ノー残業デー」は、「残業が減った」「業務量が減った」の 2 項目でプラスとなっている。これだけを見ると、「ノー残業デー」によって、時短や業務量の削減があったことになる。しかし、「無理な要求が少なくなった」ではマイナスになっており、むしろ「顧客からの無理な要求が増えた」ことを意味する。「ノー残業デー」によって、取引先や顧客の都合に合わなくなり、その分「無理な要求」が増えることもあるのだろう。取引先・顧客も含めた働き方改革の必要性が示唆される。

　「Q34_2 翌日の出勤時刻を遅くする」は、「業務量が減った」「仕事の効率が上がった」「無理な要求が少なくなった」の 3 項目でプラスとなっており、またその他の良くない影響が見られない。このことは、「勤務間イン

図表1-8 働き方改革の取り組み（Q34、Q35）が仕事や働き方（Q36）に与える影響のまとめ

		Q36_1 残業が減った	Q36_2 業務量が減った	Q36_3 仕事の効率が上がった	Q36_6 無理な要求が少なくなった	Q36_7 業務量が増えた	Q36_8 業務配分のムラが大きくなった	Q36_9 給料が下がった	Q36_10 休憩時間が減った／休暇を取れなくなった	Q36_11 サービス残業や持ち帰りの仕事が増えた
働き方改革の取り組み（労働時間・休暇）	Q34_1 ノー残業デー	**	*		▲**					
	Q34_2 翌日の出勤時刻を遅くする		**	**	**					
	Q34_3 声を掛けて退勤を促す	**	**	**	**	+		+		**
	Q34_4 強制消灯・強制施錠する			*		**	**		**	
	Q34_5 長時間労働の者に注意を促す	*				**	**	**		*
	Q34_6 年次有給休暇の取得を推進する		▲+			*	*	*		
	Q34_7 管理職自身が働く時間を減らす		**						+	
	Q34_8 成果で評価される仕組み	*	▲**	*						
働き方改革の取り組み（職場管理・業務遂行）	Q35_1 業務量を減らす	**	**	**		*			▲+	
	Q35_2 ペーパーワークを減らす	*	**	*						
	Q35_3 会議を見直す	**		**						
	Q35_4 業務配分のムラをなくす		**	**	**	*	**			
	Q35_5 進捗管理や情報共有をする	*		**	*					
	Q35_6 在宅勤務・テレワーク			**	+	*		**		*
	Q35_7 管理職研修				*		*			
	Q35_8 無理な発注を改める		+		**	+	+	+		+
	Q35_9 明文化しく周知徹底する		▲+							**

注1：JILPT2020調査より、正社員のみを対象とした分析結果である。
注2：図表1-6付1から図表1-6付9までの結果をまとめたものである。
注3：＊＊は1％未満、＊は5％未満、＋は10％未満で統計的に有意であることを示す。なお係数値がマイナスものに▲をつけた。

ターバル」の導入によって、良好な効果が期待されることを示唆している。

「Q34_3 声を掛けて退勤を促す」は、「残業が減った」「業務量が減った」「仕事の効率が上がった」「無理な要求が少なくなった」の 4 項目でプラスとなっている一方、「業務量が増えた」「給料が下がった」「サービス残業や持ち帰りの仕事が増えた」でもプラスとなっており、長短両方の効果が確認される。業務量が増える、また見えない所で働く確率も上がるということは、この施策は、たんに声を掛けて退勤を促せばよいというものではなく、より適切な業務量配分・労働時間管理と併用すべきものであることを示唆している。

「Q34_4 強制消灯・強制施錠する」は、「無理な要求が少なくなった」でプラスとなっており、良い結果に見えるが、「業務量が増えた」「業務配分のムラが大きくなった」「休憩時間が減った／休暇を取れなくなった」でプラスになっており、むしろ相対的には良い効果をもたらしていない可能性がある。「一定の時間に職場を強制消灯・強制施錠する」とは、業務上の必要からどうしても残業せざるを得ない場合にも、残業が禁止されることもあるということだろう。業務量の負荷や配分などを適切に管理しないと、かえって従業員の不満を増長させる可能性があることを示唆する。

「Q34_5 長時間労働の者に注意を促す」は、「残業が減った」でプラスとなっているが、「業務量が増えた」「業務配分のムラが大きくなった」「給料が下がった」「サービス残業や持ち帰りの仕事が増えた」でもプラスとなっており、「声を掛けて退勤を促す」や「強制消灯・強制施錠」と同様、業務量の配分や労働時間の適切な管理と併用すべきものであるということだろう。

「Q34_6 年次有給休暇の取得を推進する」は、良好な面が見られず、「業務量が減った」でマイナス、「業務量が増えた」「業務配分のムラが大きくなった」「給料が下がった」でプラスとなっている。休暇を取ることが優先された結果、出勤日の業務量が増えただけでなく、給料が下がるなど、他の負の影響もあったことが示唆される。2019 年 4 月に、年休付与日数が 10 日以上ある労働者の 5 日間の取得が義務化されたため、法律を守ろうとしたものの、適切な業務量管理がないことで、出勤日の業務量は増えることになった

と考えられる[23]。

「Q34_7 管理職自身が働く時間を減らす」は、「業務量が減った」でプラス、「休憩時間が減った／休暇を取れなくなった」でもプラスとなった。これも、一概に評価しにくい結果である。管理職が労働時間を減らすことで、部署や部下の長時間労働を改善することを意図した措置だが、管理職が早く帰宅するために、かえって部下の休憩時間などが減らされたという可能性が考えられる。

「Q34_8 成果で評価される仕組み」は、「残業が減った」でプラス、「業務量が減った」でマイナス、「仕事の効率が上がった」でプラスとなっている。成果主義的な人事評価の導入は、残業を減らす効果や仕事の効率を上げるが、業務量はむしろ増えるということであり、解釈に困るものとなった。「業務量」「生産性」などの指標が定量的に測定できないこともあり、これ以上の考察は難しい。

　次いで、Q35 の職場管理・業務遂行に関する働き方改革の取り組みの影響を見る。

「Q35_1 業務量を減らす」は、「残業が減った」「業務量が減った」「仕事の効率が上がった」でプラス、及び「休憩時間が減った／休暇を取れなくなった」でマイナスとなっており、一定の効果があったと評価される一方、「業務量が増えた」でもプラスとなっている。「業務量を減らす」という取り組みが、例えば単なる掛け声に終わっているとすれば、「業務量が増えた」と評価されることもあるだろう。またこの点も、「業務量」の定量的な把握ができていないため、あまり深くは考察できない。

「Q35_2 ペーパーワークを減らす」は、良くない影響を示す項目がなく、「残業が減った」「業務量が減った」「仕事の効率が上がった」でプラスとなっており、「業務量を減らす」に比べて、より具体的な取り組みを意味す

23　この点について、筆者は義務化された年休5日取得の状況を複数の企業に聞き取り調査した。筆者はこの措置の施行前、これによって多少は労働者の「使わない年休」が減る＝「休暇」が増える＝実際に働く日が減る、と思っていた。しかし、法定休日ではない休日の一部（例えば土曜日）を「出勤日」に変更し、そこにこの年休を充当することで、年休取得の法的な要件を充たしつつ、実際に仕事を休む日数を変更していない企業がかなり多いことがわかった。また、元々あった法定外の特別有給休暇を実質的に廃止・削減し、そこに5日の年休を充当するという手段もある。

るためか、良好な取り組みであることを示唆している。

　「Q35_3 会議を見直す」も、良くない影響を示す項目がなく、「残業が減った」「仕事の効率が上がった」でプラスとなっており、「ペーパーワークを減らす」と同様、良好な取り組みであることを示唆している。

　「Q36_4 業務配分のムラをなくす」は、「業務量が減った」「仕事の効率が上がった」「無理な要求が少なくなった」でプラスだが、「業務量が増えた」「業務配分のムラが大きくなった」でもプラスとなっており、「業務量を減らす」と似たような両面性を持っているようだ。

　「Q36_5 進捗管理や情報共有をする」は、「残業が減った」「仕事の効率が上がった」「無理な要求が少なくなった」でプラスとなっており、また良くない影響を示す項目はない。「職員の業務をお互いに見えるようにして、進捗管理や情報共有をする」という取り組みが、良い効果を持っていることを示唆している。

　「Q36_6 在宅勤務・テレワーク」は、「仕事の効率が上がった」「無理な要求が少なくなった」でプラスとなっている一方、「業務量が増えた」「給料が下がった」でもプラスとなっている。在宅等で仕事をすることは、効率を上げる面もあるが、新たな作業が増えた可能性があるほか、残業などの時間外労働手当ての減少も示唆するものであり、一概に「在宅勤務・テレワーク」を導入すれば良いわけではないことがわかる。

　「Q36_7 管理職研修」は、「無理な要求が少なくなった」「業務配分のムラが大きくなった」でプラスとなっており、解釈に困る結果となった。

　「Q35_8 無理な発注を改める」は、「業務量が減った」「無理な要求が少なくなった」でプラスだが、「業務量が増えた」「業務配分のムラが大きくなった」「給料が下がった」「休憩時間が減った／休暇を取れなくなった」「サービス残業や持ち帰りの仕事が増えた」でもプラスであり、一概に評価できない。

　「Q35_9 明文化して周知徹底する」は、「仕事の効率が上がった」「サービス残業や持ち帰りの仕事が増えた」でプラスであり、解釈が難しい。

　以上のように、働き方改革の取り組みが仕事や働き方の変化に与える影響を、回帰分析によって考察した結果は、次のようにまとめることができる。

「翌日の出勤時刻を遅くする」「ペーパーワークを減らす」「会議を見直す」「進捗管理や情報共有をする」といった取り組みは、時短や生産性の向上という観点から、良くない影響を示す項目がなく、おおむね良好な効果をもたらしている。「翌日の出勤時刻を遅くする」は、「勤務間インターバル制度」と換言でき、今後も重要な施策として位置づけられる。「ペーパーワークを減らす」「会議を見直す」「進捗管理や情報共有をする」も、より具体的な施策を想像させることから、これらの施策の重要性が、改めて定量的に検証されたことになる[24]。

しかしながら、「ノー残業デー」「声を掛けて退勤を促す」「強制消灯・強制施錠する」「長時間労働の者に注意を促す」「管理職自身が働く時間を減らす」「成果で評価される仕組み」「業務量を減らす」「業務配分のムラをなくす」「在宅勤務・テレワーク」「管理職研修」「無理な発注を改める」などの取り組みは、一概に良好な取り組みであるという評価を下せないことがわかった。それらは、たんなる掛け声だけでは実効性に疑問符が付くもの、業務量と労働時間の適切な管理の必要性など、企業の人事管理において、課題があることを示している。

今回の分析は、回答者の主観に基づく回答を用いており、会社全体の労働時間などの客観的なデータを用いることはできない。そのため、分析結果の評価や政策への含意については、ある程度留保する必要があるだろう。しかしながら、「翌日の出勤時刻を遅くする」「ペーパーワークを減らす」「会議を見直す」「進捗管理や情報共有をする」がほぼ良好な結果となったことは、一つの事実発見であり、こうした具体的な取り組みが重要であることを示唆している。

また、「ノー残業デー」「声を掛けて退勤を促す」「強制消灯・強制施錠する」「長時間労働の者に注意を促す」「管理職自身が働く時間を減らす」「成果で評価される仕組み」「業務量を減らす」「業務配分のムラをなくす」「在宅勤務・テレワーク」「管理職研修」「無理な発注を改める」などについては、業務量の配分や労働時間の管理などの実際の運用によって、働き方改革

24　なお、これらの施策の定性的な内容については、小倉（2019）を参照。

が意図する所とは逆の（マイナス）効果をもたらす可能性もあることを示唆する。

　したがって、働き方改革の個別の取り組みは、その目的（労働時間の短縮、ワーク・ライフ・バランスの向上、生産性の向上など）を明確化し、取り組みが与えるプラス／マイナス両面の効果を想定した上で、良好な効果をもたらすような具体的な施策を注意深く実践することが重要である。一見、プラスの効果をもたらすように見えても、逆効果となる可能性もある施策については、運用の途上で見直し、常に軌道修正可能な状態にしておくことも重要だろう。

第7節　まとめと今後の課題

　はじめに、回帰分析の結果をまとめる。

　勤務時間制度については、これまでの研究とも整合的であり、「通常の勤務時間制度」に対して、「裁量労働等」と「管理監督者扱い」は労働時間が長い。今回のデータでも、また2020年というコロナ禍における調査でも、勤務時間制度（始業・終業時刻の決定など）が形式的に自由であっても、実際には労働時間を長くしていることがわかった。「裁量労働等」で2.6％、「管理監督者扱い」で4.2％ほど労働時間が長く、「裁量労働等」よりも「管理監督者扱い」のほうが、労働時間への影響が大きいといえる。

　管理職に関する属性は、労働時間に明確に有意な影響を与えているとは言えない。ただしこの結果は、分析対象が管理職のみであるせいかもしれない。非管理職と比較すれば、図表1-4で管理職が一般社員よりも有意に長いと示されているように、多くの管理職は労働時間が長いという結果もある。

　働き方改革の取り組みでは、「翌日の出勤時刻を遅くする」「ペーパーワークを減らす」「会議を見直す」「進捗管理や情報共有をする」は、良好な結果となった。他方で、「ノー残業デー」「声を掛けて退勤を促す」「強制消灯・強制施錠する」「長時間労働の者に注意を促す」「管理職自身が働く時間を減らす」「成果で評価される仕組み」「業務量を減らす」「業務配分のムラをなくす」「在宅勤務・テレワーク」「管理職研修」「無理な発注を改める」など

については、長短両方の効果があり、業務量の適切な配分や労働時間管理の効果的な運用などに注意を払うことが重要であることが示唆された。

　最後に、今後の研究課題を提示する。

　労働時間の分析に関して、分析モデルの説明力が低かった。これは、誤差項（説明変数以外の要因）が与える影響が大きいということであり、より適切な分析モデル、そのための適切な説明変数（調査項目・調査内容）が、求められる。

　労働者に対するアンケート調査という性質上、主観的な回答から一定の成果を得られたが、勤務先の労働時間、業務量、生産性などのより客観的な状況を知ることができない。それゆえ、管理職の役割が統括する部下の労働時間や働き方へどのような影響を与えているか、また、働き方改革の取り組みの効果について、十分に実態を解明することができなかった。今後は、勤務先の客観的な状況を回答者個人と同時に調査した、マッチング・データを用いることが重要であろう。

　さらに論理的に因果関係を説明することができるもの（勤務時間制度が労働時間に与える影響）もあるが、仕事の特性（「拘束時間が長い」「時間内に仕事が処理しきれない」）などの場合、労働時間との因果関係が逆である可能性も否定できず、クロスセクション分析では限界がある。マッチング・データで、かつ、パネルデータを整備することは、簡単ではないが、より精緻な研究のためには、重要である。

付属表（記述統計量）

変数名		N	平均	標準偏差	最小値	最大値
労働時間（時間）		8,860	180.79	35.71	80	400
性別（男性 =1, 女性 =0）		9,426	0.68	0.47	0	1
年収（万円）		9,426	548.12	314.86	50	2000
勤続年数（年）		9,426	13.95	11.13	0	57
学歴	中学校・高校	9,426	0.29	0.45	0	1
	専修・短大・高専	9,426	0.21	0.41	0	1
	四年制大学・大学院	9,426	0.50	0.50	0	1
年齢	20 歳代	9,426	0.18	0.39	0	1
	30 歳代	9,426	0.23	0.42	0	1
	40 歳代	9,426	0.27	0.44	0	1
	50 歳代	9,426	0.23	0.42	0	1
	60 歳代	9,426	0.10	0.30	0	1
勤務時間制度	通常の勤務時間制度	9,322	0.69	0.46	0	1
	フレックスタイム制	9,322	0.16	0.37	0	1
	変形労働時間制	9,322	0.03	0.17	0	1
	交替制	9,322	0.06	0.23	0	1
	裁量労働等	9,322	0.03	0.16	0	1
	管理監督者扱い	9,322	0.04	0.19	0	1
役職	一般社員	9,426	0.57	0.50	0	1
	主任・係長相当	9,426	0.16	0.37	0	1
	課長代理相当	9,426	0.05	0.21	0	1
	課長相当	9,426	0.12	0.32	0	1
	部長相当	9,426	0.07	0.25	0	1
	支社長・事業部長・役員	9,426	0.04	0.19	0	1
職種	管理的職業	9,426	0.20	0.40	0	1
	専門的・技術的職業	9,426	0.20	0.40	0	1
	事務	9,426	0.25	0.43	0	1
	接客	9,426	0.18	0.38	0	1
	生産・運転等	9,426	0.15	0.36	0	1
	職種その他	9,426	0.02	0.15	0	1
規模	99 人以下	9,087	0.35	0.48	0	1
	100〜499 人	9,087	0.22	0.41	0	1
	500〜999 人	9,087	0.09	0.29	0	1
	1000 人以上	9,087	0.34	0.47	0	1
業種	建設業	9,426	0.06	0.24	0	1
	製造業	9,426	0.26	0.44	0	1
	情報通信	9,426	0.08	0.27	0	1
	運輸業・郵便業	9,426	0.05	0.23	0	1
	卸売業・小売業	9,426	0.10	0.30	0	1
	金融業・保険業	9,426	0.06	0.23	0	1
	専門サービス業・教育	9,426	0.06	0.24	0	1
	飲食・宿泊・娯楽業	9,426	0.04	0.20	0	1
	医療・福祉	9,426	0.07	0.26	0	1
	その他サービス	9,426	0.12	0.33	0	1
	公務	9,426	0.06	0.24	0	1
	業種その他	9,426	0.03	0.18	0	1
職場の特徴	職場の人数に比べて仕事の量が多い	9,426	0.29	1.29	-2	2
	特定の人に仕事が偏っている	9,426	0.53	1.23	-2	2

	変数名	N	平均	標準偏差	最小値	最大値
	仕事の範囲や目標がはっきりしている	9,426	0.67	1.14	-2	2
	会社以外の場所でも遂行可能	9,426	-0.64	1.48	-2	2
	取引先や顧客の対応が多い	9,426	-0.04	1.47	-2	2
	締切り・納期がタイトな仕事が多い	9,426	0.09	1.37	-2	2
	拘束時間が長い	9,426	-0.06	1.36	-2	2
	非常にたくさんの仕事をしなければならない	9,426	0.13	1.34	-2	2
仕事全般の	時間内に仕事が処理しきれない	9,426	-0.11	1.35	-2	2
特徴	一生懸命働かなければならない	9,426	0.47	1.28	-2	2
	かなり注意を集中する必要がある	9,426	0.46	1.27	-2	2
	高度な知識や技術が必要な難しい仕事だ	9,426	0.06	1.33	-2	2
	勤務時間中はいつも仕事のことを考えなければならない	9,426	0.36	1.24	-2	2
	自分のペースで仕事ができる	9,426	0.18	1.29	-2	2
	自分で仕事の順番・やり方を決めることができる	9,426	0.45	1.23	-2	2
	職場の仕事の方針に自分の意見を反映できる	9,426	0.16	1.27	-2	2
WLB の	仕事には必要以上に手間をかけない	9,426	0.32	0.47	0	1
ために	自分の仕事が終わったら早々に帰る	9,426	0.40	0.49	0	1
心がけて	所定の休日はきっちり取る	9,426	0.42	0.49	0	1
いること	休みの日に仕事関係のメールや電話があっても極力対応しない	9,426	0.11	0.31	0	1
	プレイング比率（%）	1,292	47.41	27.60	0	100
	マネジメントに使う時間・足りている	1,292	0.49	0.50	0	1
	マネジメントに使う時間・やや足りない	1,292	0.38	0.49	0	1
管理職属性	マネジメントに使う時間・全く足りない	1,292	0.13	0.34	0	1
	始業・終業時刻よりずれた場合、上司から口頭で注意される	2,112	0.18	0.38	0	1
	統括する正社員数（人）	1,214	69.64	143.45	0	999
	統括する非正社員数（人）	1,243	32.50	90.42	0	800
	残業や年休取得促進のため、管理職が部下のフ業務をフォローしている	1,292	1.43	0.49	1	2
	ノー残業デー	9,426	0.33	0.47	0	1
	翌日の出勤時刻を遅くする	9,426	0.07	0.26	0	1
働き方改革	声を掛けて退勤を促す	9,426	0.17	0.37	0	1
の取り組み	強制消灯・強制施錠する	9,426	0.08	0.27	0	1
（労働時間・	長時間労働の者に注意を促す	9,426	0.20	0.40	0	1
休暇）	年次有給休暇の取得を推進する	9,426	0.32	0.47	0	1
	管理職自身が働く時間を減らす	9,426	0.11	0.31	0	1
	成果で評価される仕組み	9,426	0.09	0.28	0	1
	業務量を減らす	9,426	0.17	0.38	0	1
	ペーパーワークを減らす	9,426	0.20	0.40	0	1
働き方改革	会議を見直す	9,426	0.19	0.39	0	1
の取り組み	業務配分のムラをなくす	9,426	0.15	0.36	0	1
（職場管理・	進捗管理や情報共有をする	9,426	0.12	0.32	0	1
業務遂行）	在宅勤務・テレワーク	9,426	0.16	0.37	0	1
	管理職研修	9,426	0.09	0.29	0	1
	無理な発注を改める	9,426	0.04	0.19	0	1
	明文化して周知徹底する	9,426	0.07	0.26	0	1
	残業が減った	9,426	0.16	0.37	0	1
働き方改革	こなすべき業務量が減った	9,426	0.06	0.23	0	1
の取り組み	仕事の効率が上がった	9,426	0.10	0.30	0	1
による仕事	取引先や顧客からの無理な要求が少なくなった	9,426	0.02	0.15	0	1
や働き方の	こなすべき業務量が増えた	9,426	0.07	0.26	0	1
変化	業務配分のムラが大きくなった	9,426	0.04	0.21	0	1
	給料が下がった	9,426	0.07	0.26	0	1
	休憩時間が減った／休暇を取れなくなった	9,426	0.03	0.18	0	1
	サービス残業や持ち帰りの仕事が増えた	9,426	0.03	0.18	0	1
	業務内容が変更された	9,426	0.06	0.24	0	1
新型コロナ	勤務日数が減った	9,426	0.10	0.31	0	1
ウイルス	一日の所定勤務時間が短くなった	9,426	0.06	0.23	0	1
感染症の	残業が減った／なくなった	9,426	0.14	0.35	0	1
影響	収入が大幅に減った	9,426	0.08	0.27	0	1
	在宅勤務を行った	9,426	0.22	0.42	0	1

図表 1-6 付 1　働き方改革の取り組みが仕事や働き方
（残業が減った）に与える影響

被説明変数：Q36_1（残業が減った・選択 =1）　　　　　　　　　　N=8,344
分析手法：logit　　　　　　　　　　　　　　　　　　　　　　　Pseudo R2=0.151

説明変数（ベンチマーク）		係数値	標準誤差	
対数労働時間		-0.460	0.174	＊＊
対数勤続年数		0.125	0.045	＊＊
年齢 （20 歳代）	50 歳代	-0.386	0.134	＊＊
	60 歳代	-0.487	0.160	＊＊
勤務時間制度 （通常の勤務時間制度）	裁量労働等	-0.638	0.218	＊＊
	管理監督者扱い	-0.281	0.170	＋
職種 （事務）	管理的職業	0.308	0.142	＊
	接客	0.236	0.118	＊
	生産・運転等	0.532	0.129	＊＊
企業規模（99 人以下）	100～499 人	0.251	0.096	＊＊
業種 （製造業）	卸売業・小売業	0.236	0.124	＊
	医療・福祉	-0.396	0.178	＊
	公務	-0.751	0.172	＊＊
職場の人数に比べて仕事の量が多い		-0.060	0.033	＋
仕事の範囲や目標がはっきりしている		0.118	0.035	＊＊
高度の技術や知識が必要なむずかしい仕事だ		-0.052	0.031	＋
自分のペースで仕事ができる		0.079	0.035	＊
職場の仕事の方針に自分の意見を反映できる		0.081	0.034	＊
仕事には必要以上に手間をかけない		0.197	0.069	＊＊
自分の仕事が終わったら早々に帰る		0.196	0.072	＊＊
働き方改革の取り組み （労働時間・休暇）	ノー残業デー	0.689	0.074	＊＊
	翌日の出勤時刻を遅くする	0.037	0.114	
	声を掛けて退勤を促す	0.503	0.081	＊＊
	強制消灯・強制施錠する	0.058	0.109	
	長時間労働の者に注意を促す	0.200	0.082	＊
	年次有給休暇の取得を推進する	0.063	0.078	
	管理職自身が働く時間を減らす	0.120	0.099	
	成果で評価される仕組み	0.246	0.105	＊
働き方改革の取り組み （職場管理・業務遂行）	業務量を減らす	0.912	0.076	＊＊
	ペーパーワークを減らす	0.156	0.079	＊
	会議を見直す	0.403	0.080	＊＊
	業務配分のムラをなくす	0.126	0.085	
	進捗管理や情報共有をする	0.180	0.096	＊
	在宅勤務・テレワーク	0.134	0.093	
	管理職研修	-0.178	0.109	
	無理な発注を改める	-0.154	0.155	
	明文化して周知徹底する	0.183	0.113	
定数		-1.327	0.994	

注 1：JILPT2020 調査より、正社員のみを対象とした分析結果である。
注 2：働き方改革の取り組み以外は、統計的に 10％以上で有意となった変数のみ表掲した。使用した変数については本文
　　　参照。
注 3：＊＊は 1％未満、＊は 5％未満、＋は 10％未満で統計的に有意であることを示す。

図表 1-6 付 2　働き方改革の取り組みが仕事や働き方（業務量が減った）に与える影響

被説明変数：Q36_2（業務量が減った・選択=1)　　　　　　　　　　　N=8,344
分析手法：logit　　　　　　　　　　　　　　　　　　　　　　　　Pseudo R2=0.191

説明変数（ベンチマーク)		係数値	標準誤差	
年齢 （20 歳代)	30 歳代	-0.304	0.166	+
	40 歳代	-0.421	0.186	＊
	50 歳代	-0.512	0.210	＊
勤務時間制度 （通常の勤務時間制度)	変形労働時間制	-0.636	0.358	+
役職 （一般社員)	課長代理相当	-0.517	0.288	+
	課長相当	-0.469	0.233	＊
	部長相当	-0.604	0.274	＊
	支社長・事業部長・役員	-0.671	0.348	+
職種（事務)	生産・運転等	0.471	0.213	＊
企業規模（99 人以下)	1,000 人以上	-0.309	0.159	+
業種 （製造業)	飲食・宿泊・娯楽業	0.818	0.250	＊＊
	医療・福祉	0.534	0.241	＊
仕事の範囲や目標がはっきりしている		0.149	0.059	＊
自分の仕事は、自宅や喫茶店など会社以外の場所でも遂行可能だ		0.244	0.040	＊＊
拘束時間が長い		0.078	0.047	+
時間内に仕事が処理しきれない		0.122	0.058	＊
一生懸命働かなければならない		-0.188	0.058	＊＊
自分で仕事の順番・やり方を決めることができる		-0.120	0.063	+
職場の仕事の方針に自分の意見を反映できる		0.239	0.058	＊＊
仕事には必要以上に手間をかけない		0.341	0.111	＊＊
休みの日に仕事関係のメールや電話があっても極力対応しない		-0.597	0.181	＊＊
働き方改革の取り組み （労働時間・休暇)	ノー残業デー	0.251	0.121	＊
	翌日の出勤時刻を遅くする	1.060	0.135	＊＊
	声を掛けて退勤を促す	0.525	0.126	＊＊
	強制消灯・強制施錠する	-0.005	0.164	
	長時間労働の者に注意を促す	0.019	0.138	
	年次有給休暇の取得を推進する	-0.240	0.130	+
	管理職自身が働く時間を減らす	0.492	0.156	＊＊
	成果で評価される仕組み	-0.791	0.197	＊＊
働き方改革の取り組み （職場管理・業務遂行)	業務量を減らす	0.747	0.117	＊＊
	ペーパーワークを減らす	0.729	0.118	＊＊
	会議を見直す	0.067	0.131	
	業務配分のムラをなくす	0.547	0.128	＊＊
	進捗管理や情報共有をする	0.129	0.151	
	在宅勤務・テレワーク	-0.135	0.150	
	管理職研修	-0.032	0.169	
	無理な発注を改める	0.348	0.207	+
	明文化して周知徹底する	0.067	0.186	
定数		-4.352	1.555	＊＊

注1：JILPT2020 調査より、正社員のみを対象とした分析結果である。
注2：働き方改革の取り組み以外は、統計的に 10％以上で有意となった変数のみ表掲した。使用した変数については本文参照。
注3：＊＊は 1％未満、＊は 5％未満、＋は 10％未満で統計的に有意であることを示す。

図表 1-6 付 3　働き方改革の取り組みが仕事や働き方 （仕事の効率が上がった）に与える影響

被説明変数：Q36_3（仕事の効率が上がった・選択 =1）　　　　　　　　　　　N=8,344
分析手法：logit　　　　　　　　　　　　　　　　　　　　　　　　　　　　Pseudo R2=0.211

説明変数（ベンチマーク）		係数値	標準誤差	
年齢 （20 歳代）	30 歳代	-0.369	0.141	＊＊
	40 歳代	-0.499	0.154	＊＊
	50 歳代	-0.576	0.168	＊＊
役職 （一般社員）	主任・係長相当	0.262	0.126	＊
	課長代理相当	0.337	0.195	＋
職種（事務）	職種その他	-0.810	0.383	＊
業種（製造業）	情報通信業	-0.406	0.171	＊
特定の人に仕事が偏っている		-0.144	0.039	＊＊
仕事の範囲や目標がはっきりしている		0.167	0.048	＊＊
自分の仕事は、自宅や喫茶店など会社以外の場所でも遂行可能だ		0.129	0.031	＊＊
時間内に仕事が処理しきれない		-0.088	0.045	＊
かなり注意を集中する必要がある		0.088	0.045	＋
勤務時間中はいつも仕事のことを考えていなければならない		0.071	0.041	＋
自分のペースで仕事ができる		0.085	0.044	＋
職場の仕事の方針に自分の意見を反映できる		0.300	0.047	＊＊
所定の休日はきっちり取る		0.164	0.091	＋
休みの日に仕事関係のメールや電話があっても極力対応しない		-0.381	0.130	＊＊
働き方改革の取り組み （労働時間・休暇）	ノー残業デー	0.034	0.094	
	翌日の出勤時刻を遅くする	0.482	0.121	＊＊
	声を掛けて退勤を促す	0.385	0.098	＊＊
	強制消灯・強制施錠する	-0.036	0.130	
	長時間労働の者に注意を促す	-0.021	0.103	
	年次有給休暇の取得を推進する	-0.009	0.097	
	管理職自身が働く時間を減らす	0.025	0.117	
	成果で評価される仕組み	0.291	0.122	＊
働き方改革の取り組み （職場管理・業務遂行）	業務量を減らす	0.414	0.096	＊＊
	ペーパーワークを減らす	0.830	0.090	＊
	会議を見直す	0.529	0.096	＊＊
	業務配分のムラをなくす	0.565	0.097	＊＊
	進捗管理や情報共有をする	0.437	0.109	＊＊
	在宅勤務・テレワーク	0.281	0.108	＊＊
	管理職研修	0.063	0.123	
	無理な発注を改める	0.152	0.171	
	明文化して周知徹底する	-0.234	0.140	＋
定数		-4.270	1.250	＊＊

注 1：JILPT2020 調査より、正社員のみを対象とした分析結果である。
注 2：働き方改革の取り組み以外は、統計的に 10％以上で有意となった変数のみ表掲した。使用した変数については本文
　　　参照。
注 3：＊＊は 1％未満、＊は 5％未満、＋は 10％未満で統計的に有意であることを示す。

図表 1-6 付 4　働き方改革の取り組みが仕事や働き方
（無理な要求が少なくなった）に与える影響

被説明変数：Q36_6（無理な要求が少なくなった・選択 =1）　　　　　　　　　　　　N=8,344
分析手法：logit　　　　　　　　　　　　　　　　　　　　　　　　　　　　　Pseudo R2=0.237

説明変数（ベンチマーク）		係数値	標準誤差	
年齢 （20 歳代）	50 歳代	-0.683	0.338	＊
	60 歳代	-0.857	0.427	＊
役職（一般社員）	部長相当	0.690	0.366	＋
職種（事務）	専門的・技術的職業	0.668	0.289	＊
自分の仕事は、自宅や喫茶店など会社以外の場所でも遂行可能だ		0.246	0.064	＊＊
取引先や顧客の対応が多い		0.134	0.069	＋
時間内に仕事が処理しきれない		0.381	0.092	＊＊
一生懸命働かなければならない		-0.216	0.093	＊
働き方改革の取り組み （労働時間・休暇）	ノー残業デー	-0.758	0.207	＊＊
	翌日の出勤時刻を遅くする	0.942	0.200	＊＊
	声を掛けて退勤を促す	0.707	0.191	＊＊
	強制消灯・強制施錠する	0.525	0.221	＊
	長時間労働の者に注意を促す	-0.041	0.207	
	年次有給休暇の取得を推進する	-0.301	0.203	
	管理職自身が働く時間を減らす	0.077	0.240	
	成果で評価される仕組み	-0.354	0.264	
働き方改革の取り組み （職場管理・業務遂行）	業務量を減らす	0.256	0.198	
	ペーパーワークを減らす	0.045	0.194	
	会議を見直す	0.293	0.201	
	業務配分のムラをなくす	0.595	0.193	＊＊
	進捗管理や情報共有をする	0.517	0.210	＊
	在宅勤務・テレワーク	0.359	0.216	＋
	管理職研修	0.576	0.223	＊
	無理な発注を改める	1.140	0.246	＊＊
	明文化して周知徹底する	-0.217	0.274	
定数		-6.286	2.415	＊

注 1：JILPT2020 調査より、正社員のみを対象とした分析結果である。
注 2：働き方改革の取り組み以外は、統計的に 10％以上で有意となった変数のみ表掲した。使用した変数については本文
　　　参照。
注 3：＊＊は 1％未満、＊は 5％未満、＋は 10％未満で統計的に有意であることを示す。

図表 1-6 付 5　働き方改革の取り組みが仕事や働き方 （業務量が増えた）に与える影響

被説明変数：Q36_7（業務量が増えた・選択 =1）　　　　　　　　　　　　　　　N=8,344
分析手法：logit　　　　　　　　　　　　　　　　　　　　　　　　　　　　　　Pseudo R2=0.174

説明変数（ベンチマーク）		係数値	標準誤差	
役職（一般社員）	部長相当	-0.566	0.257	＊
企業規模 （99 人以下）	100～499 人	0.297	0.133	＊
	500～999 人	0.587	0.165	＊＊
	1,000 人以上	0.256	0.137	＋
業種（製造業）	飲食・宿泊・娯楽業	0.419	0.231	＋
職場の人数に比べて仕事の量が多い		0.283	0.052	＊＊
特定の人に仕事が偏っている		0.128	0.050	＊
自分の仕事は、自宅や喫茶店など会社以外の場所でも遂行可能だ		-0.084	0.035	＊
締切り・納期がタイトな仕事が多い		0.128	0.042	＊＊
非常にたくさんの仕事をしなければならない		0.264	0.058	＊＊
自分のペースで仕事ができる		-0.107	0.044	＊
職場の仕事の方針に自分の意見を反映できる		-0.153	0.043	＊＊
自分の仕事が終わったら早々に帰る		0.276	0.098	＊＊
働き方改革の取り組み （労働時間・休暇）	ノー残業デー	0.043	0.104	
	翌日の出勤時刻を遅くする	0.055	0.154	
	声を掛けて退勤を促す	0.199	0.112	＋
	強制消灯・強制施錠する	0.423	0.139	＊＊
	長時間労働の者に注意を促す	0.351	0.108	＊＊
	年次有給休暇の取得を推進する	0.234	0.104	＊
	管理職自身が働く時間を減らす	-0.103	0.144	
	成果で評価される仕組み	0.234	0.142	
働き方改革の取り組み （職場管理・業務遂行）	業務量を減らす	0.221	0.111	＊
	ペーパーワークを減らす	0.099	0.113	
	会議を見直す	-0.131	0.120	
	業務配分のムラをなくす	0.231	0.117	＊
	進捗管理や情報共有をする	0.160	0.131	
	在宅勤務・テレワーク	0.278	0.130	＊
	管理職研修	-0.091	0.149	
	無理な発注を改める	0.358	0.188	＋
	明文化して周知徹底する	0.178	0.151	
定数		-4.393	1.356	＊＊

注 1：JILPT2020 調査より、正社員のみを対象とした分析結果である。
注 2：働き方改革の取り組み以外は、統計的に 10％以上で有意となった変数のみ表掲した。使用した変数については本文
　　　参照。
注 3：＊＊は 1％未満、＊は 5％未満、＋は 10％未満で統計的に有意であることを示す。

図表1-6 付6　働き方改革の取り組みが仕事や働き方（業務配分のムラが大きくなった）に与える影響

被説明変数：Q36_8（業務配分のムラが大きくなった・選択＝1）　　　　　　N=8,344
分析手法：logit　　　　　　　　　　　　　　　　　　　　　　　　　　　Pseudo R2=0.152

説明変数（ベンチマーク）		係数値	標準誤差	
対数年収		-0.269	0.136	＊
対数勤続年数		0.153	0.081	＋
勤務時間制度（通常の勤務時間制度）	交替制	-0.713	0.326	＊
役職（一般社員）	部長相当	0.525	0.269	＋
職種（事務）	生産・運転等	0.405	0.221	＋
企業規模（99人以下）	500～999人	0.497	0.206	＊
業種（製造業）	その他サービス	0.415	0.196	＊
特定の人に仕事が偏っている		0.287	0.066	＊＊
仕事の範囲や目標がはっきりしている		-0.109	0.052	＊
取引先や顧客の対応が多い		0.073	0.043	＋
締切り・納期がタイトな仕事が多い		0.114	0.054	＊
拘束時間が長い		0.085	0.051	＋
時間内に仕事が処理しきれない		0.221	0.063	＊＊
一生懸命働かなければならない		-0.171	0.070	＊
かなり注意を集中する必要がある		0.210	0.070	＊＊
職場の仕事の方針に自分の意見を反映できる		-0.119	0.055	＊
仕事には必要以上に手間をかけない		-0.224	0.125	＋
自分の仕事が終わったら早々に帰る		0.298	0.124	＊
働き方改革の取り組み（労働時間・休暇）	ノー残業デー	0.052	0.131	
	翌日の出勤時刻を遅くする	0.133	0.176	
	声を掛けて退勤を促す	0.223	0.138	
	強制消灯・強制施錠する	0.725	0.156	＊＊
	長時間労働の者に注意を促す	0.398	0.133	＊＊
	年次有給休暇の取得を推進する	0.331	0.131	＊
	管理職自身が働く時間を減らす	-0.121	0.172	
	成果で評価される仕組み	-0.042	0.180	
働き方改革の取り組み（職場管理・業務遂行）	業務量を減らす	0.111	0.138	
	ペーパーワークを減らす	0.123	0.136	
	会議を見直す	-0.032	0.143	
	業務配分のムラをなくす	0.463	0.138	＊＊
	進捗管理や情報共有をする	0.092	0.158	
	在宅勤務・テレワーク	0.052	0.157	
	管理職研修	0.336	0.164	＊
	無理な発注を改める	0.383	0.211	＋
	明文化して周知徹底する	-0.020	0.187	
定数		-2.359	1.650	＊＊

注1：JILPT2020調査より、正社員のみを対象とした分析結果である。
注2：働き方改革の取り組み以外は、統計的に10％以上で有意となった変数のみ表掲した。使用した変数については本文参照。
注3：＊＊は1％未満、＊は5％未満、＋は10％未満で統計的に有意であることを示す。

図表 1-6 付 7　働き方改革の取り組みが仕事や働き方（給料が下がった）に与える影響

被説明変数：Q36_9（給料が下がった・選択 =1)　　　　　　　　　　N=8,344
分析手法：logit　　　　　　　　　　　　　　　　　　　　　Pseudo R2=0.117

説明変数（ベンチマーク）		係数値	標準誤差	
性別（男性 =1)		0.357	0.118	＊＊
対数年収		-0.291	0.110	＊＊
対数勤続年数		0.218	0.064	＊＊
	裁量労働等	-0.570	0.345	＋
	課長相当	-0.551	0.219	＊
	部長相当	-0.600	0.288	＊
	生産・運転等	0.579	0.162	＊＊
企業規模（99 人以下）	100〜499 人	0.364	0.126	＊＊
	建設業	-0.567	0.242	＊
	情報通信	-0.486	0.206	＊
業種	運輸業・郵便業	0.360	0.174	＊
（製造業）	専門サービス業・教育	-0.402	0.238	＋
	飲食・宿泊・娯楽業	0.403	0.223	＋
	公務	-0.783	0.251	＊＊
特定の人に仕事が偏っている		0.172	0.046	＊＊
仕事の範囲や目標がはっきりしている		-0.086	0.041	＊
自分の仕事は、自宅や喫茶店など会社以外の場所でも遂行可能だ		-0.092	0.037	＊
拘束時間が長い		0.138	0.039	＊＊
時間内に仕事が処理しきれない		0.105	0.047	＊
一生懸命働かなければならない		0.101	0.054	＋
職場の仕事の方針に自分の意見を反映できる		-0.140	0.043	＊＊
自分の仕事が終わったら早々に帰る		0.326	0.100	＊＊
休みの日に仕事関係のメールや電話があっても極力対応しない		0.359	0.125	＊＊
	ノー残業デー	-0.031	0.108	
	翌日の出勤時刻を遅くする	-0.024	0.169	
	声を掛けて退勤を促す	0.231	0.119	＋
働き方改革の取り組み	強制消灯・強制施錠する	0.105	0.158	
（労働時間・休暇）	長時間労働の者に注意を促す	0.349	0.112	＊＊
	年次有給休暇の取得を推進する	0.272	0.106	＊
	管理職自身が働く時間を減らす	0.155	0.142	
	成果で評価される仕組み	0.119	0.151	
	業務量を減らす	0.052	0.120	
	ペーパーワークを減らす	0.005	0.120	
	会議を見直す	0.121	0.122	
働き方改革の取り組み	業務配分のムラをなくす	0.109	0.122	
（職場管理・業務遂行）	進捗管理や情報共有をする	0.040	0.138	
	在宅勤務・テレワーク	0.400	0.136	＊＊
	管理職研修	-0.142	0.161	
	無理な発注を改める	0.334	0.194	＋
	明文化して周知徹底する	0.149	0.159	
定数		-1.210	1.361	＊＊

注 1：JILPT2020 調査より、正社員のみを対象とした分析結果である。
注 2：働き方改革の取り組み以外は、統計的に 10％以上で有意となった変数のみ表掲した。使用した変数については本文参照。
注 3：＊＊は 1％未満、＊は 5％未満、＋は 10％未満で統計的に有意であることを示す。

図表 1-6 付 8　働き方改革の取り組みが仕事や働き方 （休憩時間が減った／休暇を取れなくなった）に与える影響

被説明変数：Q36_10（休憩時間が減った／休暇を取れなくなった・選択 =1）　　　　　　　N=8,344
分析手法：logit　　　　　　　　　　　　　　　　　　　　　　　　　　　　　　Pseudo R2=0.174

説明変数（ベンチマーク）		係数値	標準誤差	
	交替制	0.510	0.232	＊
役職（一般社員）	主任・係長相当	0.340	0.180	＋
	職場の人数に比べて仕事の量が多い	0.264	0.076	＊＊
	仕事の範囲や目標がはっきりしている	−0.096	0.056	＋
	自分の仕事は、自宅や喫茶店など会社以外の場所でも遂行可能だ	−0.104	0.052	＊
	締切り・納期がタイトな仕事が多い	0.116	0.059	＋
	拘束時間が長い	0.152	0.058	＊＊
	非常にたくさんの仕事をしなければならない	0.141	0.085	＋
	時間内に仕事が処理しきれない	0.212	0.073	＊＊
	自分のペースで仕事ができる	−0.188	0.064	＊＊
	職場の仕事の方針に自分の意見を反映できる	−0.126	0.062	＊
	ノー残業デー	0.083	0.152	
	翌日の出勤時刻を遅くする	−0.079	0.225	
	声を掛けて退勤を促す	0.256	0.161	
働き方改革の取り組み（労働時間・休暇）	強制消灯・強制施錠する	0.771	0.185	＊＊
	長時間労働の者に注意を促す	0.095	0.160	
	年次有給休暇の取得を推進する	0.029	0.154	
	管理職自身が働く時間を減らす	0.325	0.195	＋
	成果で評価される仕組み	0.111	0.206	
	業務量を減らす	−0.302	0.175	＋
	ペーパーワークを減らす	0.011	0.167	
	会議を見直す	0.022	0.171	
働き方改革の取り組み（職場管理・業務遂行）	業務配分のムラをなくす	0.110	0.174	
	進捗管理や情報共有をする	0.234	0.187	
	在宅勤務・テレワーク	0.306	0.191	
	管理職研修	0.116	0.209	
	無理な発注を改める	0.521	0.251	＊
	明文化して周知徹底する	0.277	0.214	
	定数	−3.228	1.908	＋

注1：JILPT2020 調査より、正社員のみを対象とした分析結果である。
注2：働き方改革の取り組み以外は、統計的に 10％以上で有意となった変数のみ表掲した。使用した変数については本文参照。
注3：＊＊は 1％未満、＊は 5％未満、＋は 10％未満で統計的に有意であることを示す。

図表 1-6 付 9　働き方改革の取り組みが仕事や働き方 （サービス残業や持ち帰りの仕事が増えた）に与える影響

被説明変数：Q36_11（サービス残業や持ち帰りの仕事が増えた・選択 =1）
分析手法：logit

N=8,344
Pseudo R2=0.196

説明変数 （ベンチマーク）		係数値	標準誤差	
対数年収		-0.312	0.158	＊
学歴 （中学校・高校）	四年制大学・大学院	0.419	0.184	＊
年齢	30 歳代	0.397	0.234	＋
（20 歳代）	50 歳代	0.466	0.276	＋
勤務時間制度	変形労働時間制	0.753	0.286	＊＊
（通常の勤務時間制度）	裁量労働等	0.718	0.287	＊
職種 （事務）	接客	0.407	0.226	＋
企業規模 （99 人以下）	100～499 人	0.330	0.192	＋
業種 （製造業）	金融業・保険業	-0.615	0.359	＋
特定の人に仕事が偏っている		0.279	0.079	＊＊
仕事の範囲や目標がはっきりしている		-0.140	0.056	＊
拘束時間が長い		0.182	0.060	＊＊
時間内に仕事が処理しきれない		0.411	0.081	＊＊
自分のペースで仕事ができる		-0.200	0.062	＊＊
自分で仕事の順番・やり方を決めることができる		0.114	0.068	＋
休みの日に仕事関係のメールや電話があっても極力対応しない		0.340	0.172	＊
働き方改革の取り組み （労働時間・休暇）	ノー残業デー	0.109	0.148	
	翌日の出勤時刻を遅くする	0.108	0.206	
	声を掛けて退勤を促す	0.428	0.153	＊＊
	強制消灯・強制施錠する	0.120	0.201	
	長時間労働の者に注意を促す	0.366	0.152	＊
	年次有給休暇の取得を推進する	0.184	0.149	
	管理職自身が働く時間を減らす	-0.157	0.201	
	成果で評価される仕組み	-0.104	0.208	
働き方改革の取り組み （職場管理・業務遂行）	業務量を減らす	-0.027	0.161	
	ペーパーワークを減らす	0.186	0.156	
	会議を見直す	0.073	0.160	
	業務配分のムラをなくす	-0.009	0.173	
	進捗管理や情報共有をする	0.148	0.183	
	在宅勤務・テレワーク	0.392	0.175	＊
	管理職研修	-0.082	0.203	
	無理な発注を改める	0.465	0.249	＋
	明文化して周知徹底する	0.524	0.203	＊＊
定数		-4.754	1.892	＊

注 1：JILPT2020 調査より、正社員のみを対象とした分析結果である。
注 2：働き方改革の取り組み以外は、統計的に 10％以上で有意となった変数のみ表掲した。使用した変数については本文参照。
注 3：＊＊は 1％未満、＊は 5％未満、＋は 10％未満で統計的に有意であることを示す。

第2章 管理職の職場マネジメント時間の不足要因について

第2章

第1節　はじめに

　本章の目的は、組織における管理職が置かれている現状・課題として、主にマネジメント時間が不足する要因を分析することである[1]。

　近年、長時間労働の是正など、より働きやすい職場環境を醸成するために働き方改革が推進されている。佐藤（2017：100-101）は、「働き方改革を進めるためには、社員一人一人が、時間意識の高い働き方に転換すること」が必要であり、「具体的には、仕事管理・時間管理として、無駄な業務の削減、優先順位付けをした上での業務遂行、過剰品質の解消、情報共有や仕事の『見える化』などの取り組みが不可欠」としている。そして、こういった働き方改革を担うのは職場の管理職であり、管理職の役割が重要となることを指摘している。

　管理職の主な役割は「担当部門が担う業務を進める枠組みを構築し、スケジュールを管理し、成果をあげる」（坂爪，2020：15）という職場のマネジメント業務にあるが、企業での働き方改革に対する取り組みが進んでいくと、その担い手である管理職の業務負担が増すのではないかと考えられる。

　特に、現場の管理職であり、自身もプレイヤーとして一般業務等を多く抱えている、いわゆるプレイングマネージャーは、マネジメント業務に使える時間がより限られたものになるだろう。例えば、労働政策研究・研修機構（以下、"JILPT"という。）（2011）の分析では、管理職の労働時間の特性として、プレイング業務の度合いが高いほど労働時間が長くなる傾向が示されている。

　JILPTが2019〜2020年にかけて管理職者を対象に実施したヒアリング調

1　本章は、「管理職の職場マネジメント時間の不足要因について」労働政策研究報告書No.217第3章に加筆修正したものである。

査においても、以下に示すように、プレイング業務とマネジメント業務を両
立させることの大変さが語られている（労働政策研究・研修機構，2022b）。

　プレイングマネージャーなので、自分自身も結構顧客のもとに行くことが
　多く、出張もあるため、そうすると社内の仕事ができなくなってしまうと
　ころに負担を感じている。（事例21［金融、経営企画部門］）

　プレイングマネージャーとしての大変さを感じている。自身も目標数値を
　もっている中で、課の全体を管理していく大変さがある。（事例12［繊維
　製品製造、営業・販売部門］）

　打ち合わせ、部下の確認など管理の仕事が、19時くらいまでかかり、そ
　こから資料の作成など、自分の仕事を始めることもある。プレイングマ
　ネージャーである。（事例7［IT、サービス提供部門］）

　また、自らのプレイング業務だけでなく、部下の仕事をフォローするため
のプレイング業務が発生することも管理職の負担となっている。第6節2.
で後述するように、働き方改革の推進によって、一般社員の労働時間が長く
ならないように様々な取り組みが行われるが、その一方で、必ずしも業務量
は減るわけではないため、部下が時間が足りなくなってやり残した仕事は、
管理職が肩代わりするということになる。

　課長の残業時間は増えている。一般社員の仕事が終わらないときは、管理
　職が引き取って、課長自ら業務を行っている。（事例28［旅行、営業・販
　売部門］）

　ピーク時にうまく業務を配分しないと大変なことになる。プレイングマ
　ネージャーなので、進捗が危ぶまれる業務は自分の担当にもってきて、で
　きないことがないようにしている。また、自身は、顧客からのクレームや
　進捗が滞っているケースに対処することが多い。（事例6［情報処理関連

（ITコンサルタント）、商品・サービス企画部門］）

　マネジメント時間が足りなくなる要因は、管理職が抱えるプレイング業務だけではなく、仕事の特性や職場における部下や上司の影響など、様々な要素が考えられる。本章の分析では、まず、管理職本人の年齢などの個人属性や従業員規模などの組織の属性との関係を確認し、次に仕事の特性との関係を検討する。仕事の特性に関しては、仕事の負荷が高い場合や、仕事の裁量度が低いような場合にマネジメント時間が不足することが予想される。また、部下や上司の影響について、部下の能力が低い場合や、より配慮が必要な部下が多いとマネジメント時間が不足することが予想され、残業を前提とするような業務量を課す上司である場合は自らのマネジメント時間が不足するだろう。そして、冒頭で述べたように、業務改善や働き方改革の取り組みなどを進めることは管理職の業務負担が増すことになると考えられ、そういった事柄がマネジメント時間の不足につながるのかも検討する。

　本章で分析に使用するのは、JILPTが2020年に行った調査[2]（以下、「JILPT2020調査」）のデータである。

　なお、本章が分析の対象とする管理職の役職は、「課長相当」と「部長相当」、そして「支社長・事業部長相当」と「役員相当」を統合した「支社長・事業部長・役員」の3つである。「課長相当」と「部長相当」については部下のいないスタッフ職は除外し、ライン職に限定する。また、管理職全体を対象とした分析と、数は若干少なくなるが、ミドルマネージャーである「課長相当」や「部長相当」のみにデータを区切った分析も行い、プレイヤーとしての役割が多いと思われる「課長相当」と、より少ないと思われる「部長相当」との違いも検討する。

2　調査概要およびデータの詳細は、JILPT（2022a）を参照。

第 2 節　管理職の業務負担について

1 管理職の働き方

　JILPT（2022a）において、JILPT2020 調査のデータを用いた「管理職の働き方と職場マネジメント」に関する集計を行っている。

　その中から管理職の働き方について、まず、1 か月の実労働時間[3]の平均値を役職別に比較すると（図表 2-1）、「一般社員」と「課長代理相当（スタッフ職）」、「役員相当」を除いて 180 時間を超えている。それぞれの平均値の比較に統計的に意味のある差があるといえるのか、一元配置分散分析の多重比較（Tukey HSD）を行ったところ、「一般社員」は「役員相当」を除いたすべての他の役職の平均値と差が見られた。つまり、1 か月の実労働時間の平均値で比べると、「役員相当」を除いて、何らかの役職にある場合に「一般社員」より労働時間は長い。200 時間以上（「200～240 時間未満」＋「240 時間以上」）の比率の分布を比べた場合、「一般社員」が 19.2％で最

図表 2-1　役職別に見た 1 か月の実労働時間（Q15）

	160時間未満	160～180時間未満	180～200時間未満	200～240時間未満	240時間以上	合計	(N)	平均（時間）
一般社員	21.1%	42.9%	16.8%	14.3%	4.9%	100.0%	(6,366)	175.5
主任・係長相当	13.3%	36.4%	20.8%	22.5%	7.1%	100.0%	(1,455)	183.4
課長代理相当（ライン職）	11.5%	34.5%	23.8%	20.9%	9.4%	100.0%	(235)	185.4
課長代理相当（スタッフ職）	14.3%	37.4%	23.6%	19.8%	4.9%	100.0%	(182)	178.9
課長相当（ライン職）	10.2%	27.5%	22.7%	30.8%	8.8%	100.0%	(581)	188.0
課長相当（スタッフ職）	9.9%	35.8%	18.7%	26.4%	9.3%	100.0%	(497)	187.0
部長相当（ライン職）	11.0%	34.3%	19.2%	27.4%	8.2%	100.0%	(318)	186.4
部長相当（スタッフ職）	13.6%	38.6%	17.3%	22.8%	7.7%	100.0%	(324)	183.2
支社長・事業部長相当	19.6%	27.1%	20.6%	23.4%	9.3%	100.0%	(107)	186.9
役員相当	22.1%	43.9%	11.8%	14.9%	7.3%	100.0%	(289)	176.0
合計	18.0%	40.0%	18.1%	18.0%	6.0%	100.0%	(10,354)	178.9

注：1 か月の実労働時間は「2020 年 10 月に主な勤務先で実際に働いた労働時間」であり、手当の有無にかかわらず残業・休日出勤、在宅勤務・持ち帰り仕事の時間を含む。ただし、副業の時間を除く。
出所：JILPT（2022a）。

3　労働時間は第 1 章の脚注 16 を参照。

も低いのに対して、最も高いのは「課長相当（ライン職）」の39.6％、続いて「課長相当（スタッフ職）」の35.7％、そして「部長相当（ライン職）」の35.6％となっている。

　次に、1週間の残業の頻度を役職別に比較すると、「ほとんど毎日」の比率は「一般社員」が17.1％なのに対して、「課長代理相当（ライン職）」や「課長相当（ライン職）」、「課長相当（スタッフ職）」、そして「部長相当（ライン職）」は3割を超えている（図表2-2）。「課長相当（ライン職）」の比率が40.4％と最も高く、「週に3～4日」を合わせると6割を超える。

　この他にも、JILPT（2022a）では、「勤務時間外に電話・メール等で仕事関係の連絡を取ること」、「深夜の時間帯（午後10時～午前5時）に仕事をすること」、「本来は休みの日に仕事をすること」、「勤務先で終わらない仕事を自宅などに持ち帰って行うこと」といった勤務先での働き方に関する質問項目について、役職別にそれぞれの頻度[4]を比較しているが、いずれも一般社員より課長相当や部長相当のほうが頻度が高い。

　また、年次有給休暇の取得率は、「一般社員」が43.7％なのに対して、課長

図表 2-2　役職別に見た 1 週間の残業の頻度（Q18）

	ほとんど毎日	週に3～4日	週に1～2日	ほとんどない	合計	（N）
一般社員	17.1%	13.6%	20.3%	49.0%	100.0%	(6,790)
主任・係長相当	25.2%	19.6%	21.9%	33.2%	100.0%	(1,533)
課長代理相当（ライン職）	33.2%	21.5%	21.5%	23.8%	100.0%	(256)
課長代理相当（スタッフ職）	28.0%	23.3%	22.8%	25.9%	100.0%	(193)
課長相当（ライン職）	40.4%	20.7%	13.8%	25.1%	100.0%	(609)
課長相当（スタッフ職）	33.5%	17.9%	19.8%	28.7%	100.0%	(519)
部長相当（ライン職）	30.7%	21.9%	18.4%	28.9%	100.0%	(342)
部長相当（スタッフ職）	27.2%	15.8%	17.0%	40.0%	100.0%	(335)
支社長・事業部長相当	27.9%	22.5%	13.5%	36.0%	100.0%	(111)
役員相当	16.1%	5.5%	20.0%	58.4%	100.0%	(310)
合計	21.7%	15.6%	19.9%	42.8%	100.0%	(10,998)

注：「残業」は始業時刻よりも早く出勤、終業時刻を超えて働く、持ち帰り仕事などを含む。
出所：JILPT（2022a）。

4　「よくある」「時々ある」「ほとんどない」「全くない」の4件法で尋ねている。

相当以上は35％前後であり、「部長相当（ライン職）」が33.9％で最も低い。

　このように、課長相当や部長相当は、一般社員と比べて労働時間が長く、残業の頻度も高く、所定時間外に仕事をしているなど、仕事の負荷が高い傾向が見られる。

2 管理職の職場マネジメント

　さて、こういった管理職の仕事の負荷が高い要因の１つとして、プレイング業務（一般業務）の多さが指摘される。

　図表2-3は、管理職者がプレイング業務にどの程度の時間をさいているのか、在社している時間を100％とした場合のプレイングに使う時間の比率[5]の分布を役職別に比べたものである。全体的な傾向として、「50-80％未満」の比率が最も高く、「80-100％」を合わせた50％以上で５割を超える。役職間で比べた場合、「支社長・事業部長・役員」の「0-20％未満」の比率が他より高く、平均値も最も低い。一方、平均値も最も高いのは「課長相当」であり、「50-80％未満」（39.7％）と「80-100％」（21.0％）を合わせた比率が60.7％と他より高い。

　プレイング業務の比率別に１か月の実労働時間の分布と平均値を比べると（図表2-4）、平均値は20％を超えると185時間以上でほとんど差がなく、比

図表 2-3　役職別に見た プレイング比率（Q2A）

	0-20% 未満	20-50% 未満	50-80% 未満	80-100%	合計	(N)	平均 (%)
課長相当	11.2%	28.1%	39.7%	21.0%	100.0%	(609)	50.3
部長相当	14.9%	29.8%	37.1%	18.1%	100.0%	(342)	46.1
支社長・事業部長・役員	24.5%	24.7%	30.6%	20.2%	100.0%	(421)	43.2
合計	16.2%	27.5%	36.3%	20.0%	100.0%	(1,372)	47.1

5　調査票では、「在社時間を100％とした場合、プレイング（一般業務）とマネジメント（部下の労務管理や部署運営）の比率はおおよそどのくらいですか？」という質問について、「0％」から「100％」まで10％刻みで選択する形式となっている。ここではプレイング（一般業務）の比率（プレイング比率）について、クロス集計では、「0-20％未満」、「20-50％未満」、「50-80％未満」「80-100％」と４つのカテゴリに統合して使用した。また、「0％＝0」、「10％＝10」、・・・「100％＝100」と実数換算して平均値を算出した。

図表 2-4　プレイング比率（Q2A）別に見た 1 か月の実労働時間（Q15）

	160 時間未満	160~ 180 時間未満	180~ 200 時間未満	200~ 240 時間未満	240 時間以上	合計	(N)	平均 (時間)
0-20%未満	24.5%	38.7%	18.1%	12.3%	6.4%	100.0%	(204)	171.8
20-50%未満	10.8%	33.6%	21.1%	26.7%	7.8%	100.0%	(360)	187.5
50-80%未満	10.7%	30.1%	19.7%	29.3%	10.3%	100.0%	(468)	188.2
80-100%	15.2%	31.9%	16.7%	28.9%	7.2%	100.0%	(263)	185.2
合計	13.8%	32.8%	19.2%	25.8%	8.3%	100.0%	(1,295)	184.8

注：労働時間は、図表 2-1 に同じ。

率が高いほど長いという傾向は見られない[6]。一方、1 か月の実労働時間の分布を見ると、まず「160 時間未満」では「0-20％未満」の比率が他より高い。20％以上のカテゴリ間では大きな差は見られないが、「200～240 時間未満」と「240 時間以上」を合わせた比率は、「20-50％未満」が 34.5％（26.7％＋ 7.8％）、「50-80％未満」が 39.6％（29.3％＋ 10.3％）、「80-100％」が 36.1％（28.9％＋ 7.2％）であり、「50-80％未満」が最も高い。

　今度は、プレイング業務の比率別に職場マネジメントに使う時間が足りているかどうか（過不足）[7]の分布を比べた（図表 2-5）。プレイング比率が高いほうが「全く足りない」の比率が高いが、「やや足りない」を合わせた比率では、「0-20％未満」が 27.9％（23.4％＋ 4.5％）なのに対して、「20-50％未満」が 53.3％（41.9％＋ 11.4％）、「50-80％未満」が 58.7％（43.8％＋ 14.9％）、「80-100％」が 48.0％（29.8％＋ 18.2％）であり、「50-80％未満」が最も高い。

6　プレイング比率が 20％以上のカテゴリ間では、労働時間の平均値に統計的に意味のある差は見られない。ただ、JILPT（2011）の分析でも、プレイング業務の比率（プレー度）を「25％未満」「25～50％」「50～75％未満」「75％以上」とカテゴリ化して月間総労働時間の平均値を算出しているが、それぞれ順に 181.6 時間、189.2 時間、189.1 時間、183.2 時間であり、プレー度が最も高いカテゴリの労働時間が最も長くなっていないという同様の傾向が見られる。業務のほとんどが一般業務であるよりも、マネジメントが一定以上の割合を占める方が仕事の負荷が高いということも考えられる。

7　調査票では「あなたは管理職として、プレイング業務に使う時間やマネジメントに使う時間が、在社している時間の範囲内で足りていますか？」という質問に、「プレイング業務に使う時間」と「マネジメントに使う時間」それぞれについて「足りている」、「やや足りない」、「全く足りない」の 3 件法で尋ねている。

図表 2-5　プレイング比率（Q2A）別に見た
マネジメントに使う時間の過不足（Q3B）

	足りている	やや足りない	全く足りない	合計	（N）
0-20%未満	72.1%	23.4%	4.5%	100.0%	（222）
20-50%未満	46.7%	41.9%	11.4%	100.0%	（377）
50-80%未満	41.4%	43.8%	14.9%	100.0%	（498）
80-100%	52.0%	29.8%	18.2%	100.0%	（275）
合計	49.9%	37.2%	12.9%	100.0%	（1372）

図表 2-6　プレイング業務に使う時間の過不足（Q3A）別に見た
1 か月の実労働時間（Q15）

	160 時間未満	160～180 時間未満	180～200 時間未満	200～240 時間未満	240 時間以上	合計	（N）	平均（時間）
足りている	18.8%	39.7%	17.1%	19.0%	5.5%	100.0%	（691）	178
やや足りない	9.0%	27.0%	22.6%	31.2%	10.1%	100.0%	（455）	190
全く足りない	5.4%	18.8%	18.8%	40.9%	16.1%	100.0%	（149）	202
合計	13.8%	32.8%	19.2%	25.8%	8.3%	100.0%	（1,295）	185

注：労働時間は、図表 2-1 に同じ。
出所：JILPT（2022a）。

図表 2-7　マネジメントに使う時間の過不足（Q3B）別に見た
1 か月の実労働時間（Q15）

	160 時間未満	160～180 時間未満	180～200 時間未満	200～240 時間未満	240 時間以上	合計	（N）	平均（時間）
足りている	19.2%	40.9%	17.8%	17.8%	4.3%	100.0%	（646）	176
やや足りない	9.9%	27.1%	20.9%	31.5%	10.6%	100.0%	（483）	190
全く足りない	4.2%	18.1%	19.9%	40.4%	17.5%	100.0%	（166）	203
合計	13.8%	32.8%	19.2%	25.8%	8.3%	100.0%	（1,295）	185

注：労働時間は、図表 2-1 に同じ。
出所：JILPT（2022a）。

　次に、プレイング業務に使う時間とマネジメントに使う時間のそれぞれの過不足の程度について、1 か月の実労働時間の分布を見たのが図表 2-6 および図表 2-7 である。平均値で比べても、時間を区切ったカテゴリの分布を見ても、それぞれの業務に使う時間が足りないほうが労働時間が長い。

第3節　個人や職場の属性と職場マネジメント時間の不足感 について

　職場でマネジメントに使う時間が足りないのはどのような人か、まずは、管理職個人や職場の属性について、職場マネジメント時間が足りているかどうか（過不足）との関係を調べる。具体的には、主な変数についてクロス集計でその傾向を確認した後に、回帰分析（順序ロジスティック回帰分析）を用いてマネジメント時間の不足要因を検討する。これらの個人や職場の属性変数は後述の分析で統制変数として使用する変数であり、ここでは基本変数と呼ぶことにする。

　回帰分析で被説明変数として用いるのは「マネジメント時間の過不足」[8] である。

　一方、基本変数として用いる説明変数は、個人属性である性別、年齢、学歴、年収、勤務先属性の業種、従業員規模、役職、管理職としての経験年数、部下の数（正社員）、部下の数（正社員以外）、プレイング業務の割合（プレイング比率）、労働時間、そしてワーク・ライフ・バランスの意識として仕事以外の時間も大切にしている度合いを使用する。それぞれの変数の詳細は後述する。

■1 クロス集計

　まず、「マネジメント時間の過不足」を管理職の役職別に見たのが図表2-8である。「全く足りない」では「課長相当」と「部長相当」が15％程度で差はなく、「支社長・事業部長・役員」の比率より少し高い程度だが、「足りている」では「課長相当」が最も低く、「やや足りない」では最も高い。つまり、「課長相当」が他と比べてマネジメント時間が足りないと感じている。図表2-3では「課長相当」のプレイング比率が最も高く、相対的にマネジメントに使う時間が足りないのは、マネジメント以外にとられる時間が多いためであることが分かる。

8　変数の詳細については脚注6を参照。

図表 2-8　役職別に見た マネジメント時間の過不足（Q3B）

	足りている	やや足りない	全く足りない	合計	（N）
課長相当	39.4%	44.8%	15.8%	100.0%	（609）
部長相当	52.9%	33.0%	14.0%	100.0%	（342）
支社長・事業部長・役員	62.7%	29.5%	7.8%	100.0%	（421）
合計	49.9%	37.2%	12.9%	100.0%	（1372）

図表 2-9　管理職の経験年数（Q1）別に見た マネジメント時間の過不足（Q3B）

	足りている	やや足りない	全く足りない	合計	（N）
5 年未満	37.2%	45.4%	17.4%	100.0%	（282）
5-10 年未満	43.5%	39.0%	17.5%	100.0%	（315）
10-15 年未満	51.2%	36.5%	12.3%	100.0%	（285）
15 年以上	60.6%	31.6%	7.8%	100.0%	（490）
合計	49.9%	37.2%	12.9%	100.0%	（1372）

図表 2-10　勤務先の従業員規模別に見た マネジメント時間の過不足（Q3B）

	足りている	やや足りない	全く足りない	合計	（N）
99 人以下	55.5%	33.7%	10.8%	100.0%	（481）
100〜499 人	44.8%	40.1%	15.1%	100.0%	（299）
500〜999 人	43.8%	42.9%	13.4%	100.0%	（112）
1,000 人以上	49.7%	37.2%	13.2%	100.0%	（471）
合計	50.2%	37.1%	12.8%	100.0%	（1363）

　図表 2-9 は、「マネジメント時間の過不足」を管理職の経験年数[9]で比べた結果である。「足りている」の比率は、経験年数が長いほど高く、「やや足りない」はその逆の傾向があり、「全く足りない」は 10 年未満の比率が相対的に高い。

　図表 2-10 は、「マネジメント時間の過不足」を勤務先の従業員規模[10]で比

9　調査票では年単位（端数は、6 か月以上は切り上げ、6 か月未満は切り捨てる。管理職になって 6 か月未満の場合はゼロと記入する）の実数で回答する形式となっている。クロス集計では「5 年未満」、「5-10 年未満」、「10-15 年未満」、「15 年以上」に区切って使用し、回帰分析では実数値のまま使用した。

10　「9 人以下」と「10〜99 人」を統合して「99 人以下」とし、その他は「100〜499 人」、「500〜

図表 2-11　部下・正社員の人数（Q10A）別に見た
マネジメント時間の過不足（Q3B）

	足りている	やや足りない	全く足りない	合計	(N)
0-9人	51.2%	35.9%	12.9%	100.0%	(502)
10-49人	45.2%	42.4%	12.4%	100.0%	(434)
50人以上	53.2%	33.5%	13.3%	100.0%	(436)
合計	49.9%	37.2%	12.9%	100.0%	(1372)

図表 2-12　部下・正社員以外の人数（Q10B）別に見た
マネジメント時間の過不足（Q3B）

	足りている	やや足りない	全く足りない	合計	(N)
0人	55.0%	32.1%	12.9%	100.0%	(371)
1-9人	46.7%	41.4%	11.8%	100.0%	(473)
10人以上	49.2%	36.9%	13.8%	100.0%	(528)
合計	49.9%	37.2%	12.9%	100.0%	(1372)

べた結果である。「足りている」では「99人以下」の比率が最も高く、「や
や足りない」では「100〜499人」と「500〜999人」が相対的に高い。

　図表 2-11 は、統括している職場で働いている正社員（部下・正社員）の
人数[11]別に、「マネジメント時間の過不足」を比べた結果である。「全く足り
ない」では顕著な差は見られないが、「10-49人」の比率が「足りている」
で最も低く、「やや足りない」で最も高い。

　図表 2-12 は、統括している職場で働いている正社員以外（部下・正社員
以外）の人数[12]別に、「マネジメント時間の過不足」を比べた結果である。
「足りている」では「0人」の比率が最も高く、「やや足りない」では「1-9
人」が相対的に高い。

　図表 2-13 は、「マネジメント時間の過不足」を勤務先の業種[13]で比べた結

999人」、「1,000人以上」をそのまま使用した。回帰分析では、それぞれのカテゴリをダミー変
数として使用した。

11　調査票では数値記入で回答している。回帰分析では、カテゴリそれぞれをダミー変数として使
用した。

12　調査票では数値記入で回答している。回帰分析では、カテゴリそれぞれをダミー変数として使
用した。

13　調査票の「農林漁業、鉱業、採石業、砂利採取業」を「その他」と統合して「その他」とし、

図表 2-13　勤務先の業種別に見た マネジメント時間の過不足 （Q3B）

	足りている	やや足りない	全く足りない	合計	(N)
建設業	55.4%	35.7%	8.9%	100.0%	(112)
製造業	54.9%	35.1%	10.1%	100.0%	(308)
情報通信業	48.6%	35.5%	15.9%	100.0%	(138)
運輸業、郵便業	59.6%	29.8%	10.5%	100.0%	(57)
卸売業、小売業	54.5%	29.5%	16.0%	100.0%	(156)
金融業、保険業	52.9%	37.5%	9.6%	100.0%	(104)
専門サービス業、教育	43.4%	48.2%	8.4%	100.0%	(83)
宿泊・飲食・娯楽業	35.2%	50.0%	14.8%	100.0%	(54)
医療、福祉	32.4%	45.6%	22.1%	100.0%	(68)
その他サービス業	47.2%	38.2%	14.6%	100.0%	(199)
公務（国、地方）	57.7%	34.6%	7.7%	100.0%	(26)
その他	40.3%	41.8%	17.9%	100.0%	(67)
合計	49.9%	37.2%	12.9%	100.0%	(1372)

果である。「足りている」では「宿泊・飲食・娯楽業」と「医療、福祉」の比率が 4 割未満で他よりも低く、「全く足りない」では「医療、福祉」が最も高く、「卸売業、小売業」、「情報通信業」、「宿泊・飲食・娯楽業」、「その他サービス業」が次いで高い。相対的に「医療、福祉」の管理職がマネジメントに使う時間が不足する傾向が顕著である。

　図表 2-14 は、「マネジメント時間の過不足」の程度別に労働時間の分布を見た結果である。「200〜240 時間」と「240 時間以上」では、マネジメントに使う時間がより足りないと感じているほうが比率が高い。平均値で比べてもマネジメントに使う時間が足りないと感じているほうが労働時間が長い。

　図表 2-15 は、「仕事以外の時間も大切にしているかどうか」別に「マネジメント時間の過不足」の分布を比べた結果である。「あてはまらない」と「あまりあてはまらない」は回答数が少ないため統合し、「あてはまる」と

「電気・ガス・熱供給・水道業」「不動産業、物品賃貸業」と「複合サービス業」、「その他サービス業」を統合して「その他サービス」とし、「学術研究、専門・技術サービス業」は「教育、学習支援業」と統合して「専門サービス、教育」とし、「宿泊業、飲食サービス業」は「生活関連サービス業、娯楽業」と統合して「飲食・宿泊・娯楽業」として分析に使用した。また、これら以外は調査票のままのカテゴリを使用した。

図表 2-14　マネジメント時間の過不足（Q3B）別に見た 1 か月の実労働時間（Q15）

	160 時間未満	160〜 180 時間未満	180〜 200 時間未満	200〜 240 時間未満	240 時間以上	合計	（N）	平均 （時間）
足りている	19.2%	40.9%	17.8%	17.8%	4.3%	100.0%	（646）	176.0
やや足りない	9.9%	27.1%	20.9%	31.5%	10.6%	100.0%	（483）	190.5
全く足りない	4.2%	18.1%	19.9%	40.4%	17.5%	100.0%	（166）	202.7
合計	13.8%	32.8%	19.2%	25.8%	8.3%	100.0%	（1295）	184.8

図表 2-15　仕事以外の時間も大切にしているかどうか（Q29C）別に見た マネジメント時間の過不足（Q3B）

	足りている	やや足りない	全く足りない	合計	（N）
あてはまらない ＋ あまりあてはまらない	38.0%	42.3%	19.7%	100.0%	（234）
あてはまる ＋ ややあてはまる	52.4%	36.1%	11.5%	100.0%	（1138）
合計	49.9%	37.2%	12.9%	100.0%	（1372）

「ややあてはまる」も統合した[14]。「やや足りない」と「全く足りない」では「あてはまらない＋あまりあてはまらない」の比率が若干高く、「足りている」では「あてはまる＋ややあてはまる」のほうが高い。つまり、仕事以外の時間も大切と考えているほうがマネジメント時間が足りていると感じていることになる。こうしたワーク・ライフ・バランスの意識によって管理職自身が時間的制約を自覚することになり、時間制約を前提とした仕事管理・時間管理を行うことができるようになる（佐藤，2020：92）。

　ヒアリング調査でも、仕事以外の生活も大切にするよう部下に指導している事例がある。

　　部下からは、仕事が終わらないためもっと働きたいという要望があるが、自分の時間を持つこと、有意義に過ごすことの重要性を伝えている。（事

14　回帰分析では、「あてはまらない＋あまりあてはまらない」＝ 0、「あてはまる＋ややあてはまる」＝ 1 として分析に使用した。

例 4［衣料品卸売小売、営業・販売部門］)

自分はプライベートを大事にしており、プライベートが楽しくないと仕事
のやる気がおきないものだと部下に言っている。(事例 31［IT、製造・施
工部門］)

2 回帰分析によるマネジメント時間の不足要因の分析（基本モデル）

「マネジメント時間の過不足」を被説明変数（「足りている」= 1、「やや
足りない」= 2、「全く足りない」= 3）とし、これまでクロス集計で見てき
た基本変数に、性別[15]、年齢[16]、学歴[17]、年収[18]を加えて説明変数とした順序ロ
ジスティック回帰分析を行った。管理職全体の分析結果に加えて、「課長相
当」、「部長相当」それぞれのみにデータを区切った分析も行った。その結果
が図表 2-16 である。

まず全体について、年齢は若いほうがマネジメント時間が足りないと感じ
ている。これは、役職が「支社長・事業部長・役員」を基準として「課長相
当」で不足しているのと、管理職としての経験年数が短いほうが不足してい
る傾向とも関係する。つまり、年齢が低いほうが役職は低い傾向があり、管
理職の経験年数も短い傾向がある。

最終学歴では「中学・高校」を基準として「専修・短大・高専」でマネジ
メント時間が不足している。表には示さないが、業種の「医療、福祉」で
「専修・短大・高専」が相対的に多いことの影響であると考えられる。業種
では、「その他」も不足している。

従業員規模では、「100 人未満」を基準として「100〜499 人」と中規模で

15　「男性」= 1、「女性」= 0 とするダミー変数を作成して使用した。
16　実数値をそのまま分析に使用した。
17　「中学校卒」と「高等学校卒」を統合して「中学校・高校」、「専修・各種学校卒」と「短大・
　　高専卒」を統合して「専修・短大・高専」、「四年制大学卒」と「大学院」を統合して「大学・大
　　学院」としてそれぞれダミー変数を作成し、分析に使用した。
18　調査票では、選択肢で、「100 万円未満」から「900〜999 万円」までは 100 万円刻みとなって
　　いるため、50 万円から 950 万円までの実数を、また「1,000〜1,499 万円」は 1,250 万円、「1,500
　　〜1,999 万円」は 1,750 万円の実数を代入した。ただし、「2,000 万円以上」は中央値を確定しに
　　くく、平均値への影響を考慮して実数も 2,000 万円を代入した。

図表 2-16　マネジメントに使う時間の不足要因（基本モデル）

被説明変数：マネジメントに使う時間が足りているか
方法：順序ロジスティック回帰分析

説明変数（基準変数）	全体 B	全体 標準誤差		課長相当 B	課長相当 標準誤差		部長相当 B	部長相当 標準誤差	
性別（男性）	0.127	0.142		0.160	0.204		0.245	0.312	
年齢	-0.026	0.008	**	-0.044	0.013	**	-0.033	0.018	
最終学歴（中学・高校）									
専修・短大・高専	0.493	0.178	**	0.184	0.265		0.822	0.402	*
大学・大学院	0.200	0.148		-0.050	0.223		0.190	0.319	
年収（600万円未満）									
600-999万円	0.058	0.141		-0.009	0.202		0.418	0.323	
1000円以上	-0.153	0.184		0.156	0.294		-0.062	0.397	
業種（製造業）									
建設業	-0.074	0.237		0.132	0.356		0.309	0.503	
情報通信業	0.224	0.212		-0.007	0.297		0.828	0.447	
運輸業・郵便業	-0.103	0.306		-0.294	0.428		0.357	0.633	
卸売業・小売業	0.048	0.210		-0.248	0.306		0.874	0.443	*
金融業・保険業	-0.102	0.241		-0.527	0.335		0.829	0.468	
専門サービス業・教育	0.258	0.255		0.337	0.403		0.794	0.519	
飲食・宿泊・娯楽業	0.419	0.299		0.975	0.420	*	-0.574	0.747	
医療、福祉	0.921	0.292	**	0.646	0.484		1.443	0.667	*
その他サービス	0.214	0.193		0.385	0.278		0.543	0.407	
その他	0.541	0.275	*	0.521	0.400		1.105	0.552	*
公務	-0.262	0.465		-1.273	0.640	*	1.066	1.167	
従業員規模（100人未満）									
100～499人	0.399	0.172	*	0.924	0.263	**	0.013	0.358	
500～999人	0.313	0.240		0.802	0.339	*	-0.118	0.512	
1000人以上	0.221	0.177		0.505	0.265		-0.162	0.342	
役職（支社長・事業部長・役員）									
課長相当	0.388	0.165	*	-	-		-	-	
部長相当	0.268	0.168		-	-		-	-	
管理職経験年数	-0.021	0.010	*	-0.015	0.016		-0.010	0.019	
部下（正社員）の数（10人未満）									
10～49人	0.306	0.142	*	0.583	0.207	**	0.195	0.319	
50人以上	-0.065	0.175		0.065	0.250		0.037	0.382	
部下（正社員以外）の数（0人）									
1～9人	0.181	0.146		0.132	0.209		0.367	0.332	
10人以上	0.087	0.168		-0.158	0.246		0.000	0.372	
プレイング比率	0.008	0.002	**	0.008	0.003	*	0.008	0.005	
月間実労働時間	0.012	0.002	**	0.009	0.003	**	0.016	0.003	**
仕事以外の時間も大切	-0.546	0.149	**	-0.448	0.216	*	-0.670	0.316	*
χ2乗値	239.253			95.484			75.113		
-2 対数尤度	2276.508			1083.613			542.766		
Cox と Snell	0.170			0.152			0.212		
Nagelkerke	0.198			0.175			0.246		
N	1288			580			316		

注：**は1%水準、*は5%水準で有意。

マネジメント時間が不足している。

　正社員の部下の人数では、「10 人未満」を基準として「10-49 人」でマネジメント時間が不足している。

　プレイング比率は高いほうがマネジメント時間が不足していて、月間実労働時間は長いほうが不足している。また、「仕事以外の時間も大切」と考えている人のほうが足りている。

　以上のように、概ねクロス集計で見られた傾向と一致した結果が得られた。

　次に、「課長相当」にデータを限定した分析では、まず年齢が若いほうがマネジメント時間が足りないと感じている。業種では「飲食・宿泊・娯楽業」で不足しているが、「公務」では足りている傾向が見られる。また、従業員規模が「100〜499 人」と「500〜999 人」で不足している。部下の人数では「10〜49 人」で不足している。プレイング比率は高いほうが不足していて、月間実労働時間は長いほうが不足している。また、「仕事以外の時間も大切」と考えている人のほうが足りている。

　最後に、「部長相当」にデータを限定した分析では、まず学歴で「専修・短大・高専」がマネジメント時間が足りないと感じている。業種では「卸売業・小売業」、「医療、福祉」で足りていない傾向となった。プレイング比率は有意ではなく、月間実労働時間は長いほうが不足していて、「仕事以外の時間も大切」と考えている人のほうが足りている。

　「課長相当」と「部長相当」でデータを区切った場合、分析の対象となる実数が少なくなる分、結果のぶれが生じやすくなるが、以上の結果から、全体で共通しているのは、労働時間が長いほうがマネジメント時間が足りないと感じていて、「仕事以外の時間も大切」と考えている人のほうが足りていることである。後者については、後述（第 6 節 2.）の働き方改革の取り組みとの関係の分析の中で、管理職自身が労働時間を減らす取り組みをしているときにマネジメント時間が足りている傾向が見られたこととの関連も考えられる。「課長相当」と「部長相当」での違いは、まず「課長相当」では年齢の影響があることと従業員規模が中程度であったり、部下の人数が中程度であったりするとマネジメント時間が不足する傾向が見られ、また、プレイング比率が高いとマネジメント時間が不足する傾向が見られる。一方、「部

長相当」では全体で見られた学歴と業種の影響（「専修・短大・高専」と
「医療、福祉」）があり、プレイング比率の影響は見られなかった。

第4節　仕事の特性とマネジメント時間との関係

　ここでは、仕事の特性と「マネジメント時間の過不足」との関係を検討す
る。調査票では「あなたが行っている仕事全般について、以下の事柄はどの
程度あてはまりますか？」という質問に対し、A〜Qの17項目について、
「そうだ」「まあそうだ」「ややちがう」「ちがう」の4件法で回答する形式と
なっている。

■1■ クロス集計

　図表2-17は、仕事の特性のそれぞれの項目別に「マネジメント時間の過
不足」の分布を比べたクロス集計の結果である。

　「全く足りない」に注目すると、まず「A. 仕事の範囲や目標がはっきり
している」で「ちがう」の比率が高く、仕事の範囲や目標が曖昧であるほう
がマネジメント時間が足りないと感じている。久米・中村（2020：27）は、
日本の管理職について「組織の構成員の同質性を前提に、仕事の境界の曖昧
さによって巧みなマネジメントを行っている」とし、それによって職場で生
じる不確実な事態に柔軟に対応してきたが、女性、高齢者、外国人など職場
の構成員の多様化が進むと、そういった働き方は困難になると述べている。
また、仕事の範囲や目標が曖昧である（はっきりしていない）ほうがプレイ
ング比率が高い（プレイング比率の平均値が「そうだ」41.6％、「まあそう
だ」48.2％、「ややちがう」49.8％、「ちがう」56.2％）。

　次に、「D. 締切り・納期がタイトな仕事が多い」、「E. 拘束時間が長い」、
「H. 非常にたくさんの仕事をしなければならない」、「I. 時間内に仕事が処
理しきれない」、「J. 一生懸命働かなければならない」、「K. かなり注意を
集中する必要がある」、「L. 高度の技術や知識が必要なむずかしい仕事だ」、
「M. 勤務時間中はいつも仕事のことを考えていなければならない」、「N.
からだを大変よく使う仕事だ」では、「そうだ」の比率が高く、仕事の負荷

図表 2-17　仕事の特性（Q28）別に見た マネジメント時間の過不足（Q3B）

		足りて いる	やや 足りない	全く 足りない	合計	(N)	Spearman の 順位相関係数
A. 仕事の範囲や目標が はっきりしている	そうだ	60.7%	27.5%	11.8%	100.0%	(331)	-0.130 **
	まあそうだ	48.0%	40.7%	11.3%	100.0%	(830)	
	ややちがう	40.4%	40.4%	19.3%	100.0%	(166)	
	ちがう	42.2%	31.1%	26.7%	100.0%	(45)	
B. 自分の仕事は、自宅や 喫茶店など会社以外の場 所でも遂行可能だ	そうだ	48.3%	33.9%	17.8%	100.0%	(180)	0.070 **
	まあそうだ	46.5%	40.3%	13.2%	100.0%	(499)	
	ややちがう	49.0%	40.1%	10.9%	100.0%	(294)	
	ちがう	55.6%	32.6%	11.8%	100.0%	(399)	
C. 取引先や顧客の対応が 多い	そうだ	47.8%	35.1%	17.2%	100.0%	(268)	0.068 *
	まあそうだ	48.2%	40.1%	11.7%	100.0%	(573)	
	ややちがう	47.0%	39.8%	13.2%	100.0%	(334)	
	ちがう	62.9%	26.9%	10.2%	100.0%	(197)	
D. 締切り・納期がタイト な仕事が多い	そうだ	39.0%	34.7%	26.3%	100.0%	(213)	0.250 **
	まあそうだ	41.8%	43.6%	14.5%	100.0%	(619)	
	ややちがう	59.4%	34.3%	6.3%	100.0%	(397)	
	ちがう	74.8%	21.0%	4.2%	100.0%	(143)	
E. 拘束時間が長い	そうだ	33.6%	40.4%	26.0%	100.0%	(146)	0.291 **
	まあそうだ	36.7%	46.0%	17.3%	100.0%	(485)	
	ややちがう	56.7%	35.0%	8.3%	100.0%	(520)	
	ちがう	73.8%	20.8%	5.4%	100.0%	(221)	
F. 出張が多い	そうだ	51.1%	34.8%	14.1%	100.0%	(92)	0.059 *
	まあそうだ	46.6%	40.9%	12.5%	100.0%	(281)	
	ややちがう	44.3%	43.2%	12.5%	100.0%	(424)	
	ちがう	55.5%	31.3%	13.2%	100.0%	(575)	
G. 作業環境が過酷（暑 い・寒い・騒音等がひど い）	そうだ	50.8%	31.7%	17.5%	100.0%	(63)	0.107 **
	まあそうだ	39.9%	47.0%	13.0%	100.0%	(253)	
	ややちがう	45.7%	41.2%	13.1%	100.0%	(405)	
	ちがう	56.4%	31.3%	12.3%	100.0%	(651)	
H. 非常にたくさんの仕事 をしなければならない	そうだ	25.8%	38.9%	35.3%	100.0%	(190)	0.379 **
	まあそうだ	38.6%	48.3%	13.1%	100.0%	(601)	
	ややちがう	63.7%	30.5%	5.8%	100.0%	(380)	
	ちがう	80.6%	14.9%	4.5%	100.0%	(201)	
I. 時間内に仕事が処理し きれない	そうだ	16.6%	44.1%	39.3%	100.0%	(145)	0.455 **
	まあそうだ	31.2%	51.3%	17.5%	100.0%	(487)	
	ややちがう	62.5%	32.7%	4.8%	100.0%	(504)	
	ちがう	82.2%	13.1%	4.7%	100.0%	(236)	

		足りて いる	やや 足りない	全く 足りない	合計	(N)	Spearman の 順位相関係数
J. 一生懸命働かなければ ならない	そうだ	30.3%	43.0%	26.8%	100.0%	(228)	0.295 **
	まあそうだ	45.0%	42.4%	12.6%	100.0%	(706)	
	ややちがう	62.1%	31.4%	6.5%	100.0%	(306)	
	ちがう	81.8%	12.9%	5.3%	100.0%	(132)	
K. かなり注意を集中する 必要がある	そうだ	39.3%	33.6%	27.1%	100.0%	(229)	0.188 **
	まあそうだ	46.5%	42.5%	11.0%	100.0%	(671)	
	ややちがう	55.7%	34.7%	9.5%	100.0%	(357)	
	ちがう	73.0%	20.9%	6.1%	100.0%	(115)	
L. 高度の技術や知識が必 要なむずかしい仕事だ	そうだ	43.6%	33.1%	23.2%	100.0%	(181)	0.128 **
	まあそうだ	46.4%	40.5%	13.1%	100.0%	(642)	
	ややちがう	53.8%	36.9%	9.4%	100.0%	(426)	
	ちがう	64.2%	26.8%	8.9%	100.0%	(123)	
M. 勤務時間中はいつも 仕事のことを考えていな ければならない	そうだ	35.6%	40.1%	24.3%	100.0%	(202)	0.240 **
	まあそうだ	43.9%	42.3%	13.9%	100.0%	(684)	
	ややちがう	61.8%	31.4%	6.8%	100.0%	(398)	
	ちがう	76.1%	17.0%	6.8%	100.0%	(88)	
N. からだを大変よく使う 仕事だ	そうだ	48.4%	28.1%	23.4%	100.0%	(64)	0.174 **
	まあそうだ	35.1%	51.0%	13.9%	100.0%	(288)	
	ややちがう	46.5%	41.0%	12.6%	100.0%	(493)	
	ちがう	61.5%	27.1%	11.4%	100.0%	(527)	
O. 自分のペースで仕事が できる	そうだ	65.8%	24.9%	9.3%	100.0%	(225)	-0.225 **
	まあそうだ	53.7%	37.4%	8.9%	100.0%	(700)	
	ややちがう	35.3%	47.5%	17.2%	100.0%	(360)	
	ちがう	39.1%	24.1%	36.8%	100.0%	(87)	
P. 自分で仕事の順番・や り方を決めることができ る	そうだ	59.7%	30.9%	9.4%	100.0%	(340)	-0.120 **
	まあそうだ	47.5%	40.6%	11.9%	100.0%	(773)	
	ややちがう	42.4%	39.0%	18.6%	100.0%	(210)	
	ちがう	53.1%	18.4%	28.6%	100.0%	(49)	
Q. 職場の仕事の方針に自 分の意見を反映できる	そうだ	58.0%	29.3%	12.7%	100.0%	(331)	-0.099 **
	まあそうだ	49.0%	39.8%	11.2%	100.0%	(767)	
	ややちがう	41.2%	42.5%	16.4%	100.0%	(226)	
	ちがう	50.0%	25.0%	25.0%	100.0%	(48)	
	合計	49.9%	37.2%	12.9%	100.0%	(1372)	

注：**は 1％水準、*は 5％水準で有意。

が高いほうがマネジメント時間が不足している。

　そして、「O.　自分のペースで仕事ができる」、「P.　自分で仕事の順番・やり方を決めることができる」、「Q.　職場の仕事の方針に自分の意見を反映できる」では、「ちがう」の比率が高く、仕事の裁量の余地が小さいほうがマネジメント時間が不足している。

　相関係数（Spearman の順位相関係数）の大きさで比べた場合、「H.　非常にたくさんの仕事をしなければならない」、「I.　時間内に仕事が処理しきれない」、「J.　一生懸命働かなければならない」など、仕事の負荷に関する項目の値が相対的に高く、関連の強さが示されている。

2　回帰分析によるマネジメント時間の不足要因の分析（仕事の特性）

　「マネジメント時間の過不足」を被説明変数とし、仕事の特性を説明変数[19] とした順序ロジスティック回帰分析を行った。その結果が図表 2-18 である。

　まず全体の結果について、係数値がマイナス、つまり、それぞれの項目で「ちがう」と回答しているほうがマネジメント時間の不足に影響しているのは、「仕事の範囲や目標が明確」、「作業環境が過酷」、そして「自分のペースで仕事ができる」である。「作業環境が過酷」は解釈が難しいが、仕事の内容が明確であったり、仕事の進め方に裁量の余地があったりすると、マネジメント時間も足りている傾向がある。一方、係数値がプラス、つまり、それぞれの項目で「そうだ」と回答しているほうがマネジメント時間の不足に影響しているのは、「会社以外の場所でも遂行可能」、「締め切り・納期がタイトな仕事が多い」、「時間内に仕事が処理しきれない」、そして「一生懸命働かなければならない」である。「会社以外の場所でも遂行可能」を除いて、仕事の負荷が高いことがマネジメント時間の不足に影響している。

　「会社以外の場所でも遂行可能」について、先行調査（小倉，2009）でも、「通常の勤務場所以外で仕事をする」管理職（課長クラスおよび部長クラス）は、業務量が多いと感じているという結果が得られている。本章で取

19　それぞれ「そうだ」= 4、「まあそうだ」= 3、「ややちがう」= 2、「ちがう」= 1 に換算して使用した。

図表 2-18　マネジメントに使う時間の不足要因（仕事の特性）

被説明変数：マネジメントに使う時間が足りているか
方法：順序ロジスティック回帰分析

説明変数（基準変数）	全体 B	全体 標準誤差	課長相当 B	課長相当 標準誤差	部長相当 B	部長相当 標準誤差
年収（600万円未満）						
600-999万円	0.063	0.152	-0.081	0.218	0.884	0.381 *
業種（製造業）						
卸売業・小売業	0.149	0.226	-0.191	0.332	1.111	0.524 *
金融業・保険業	0.202	0.257	-0.173	0.361	1.339	0.537 *
飲食・宿泊・娯楽業	0.663	0.321 *	1.285	0.449 **	-0.530	0.841
医療、福祉	1.192	0.324 **	0.906	0.529	2.239	0.832 **
その他サービス	0.419	0.207 *	0.561	0.301	0.875	0.464
その他	0.640	0.291 *	0.736	0.424	1.314	0.651 *
公務	0.136	0.487	-0.776	0.677	2.803	1.411 *
従業員規模（100人未満）						
100～499人	0.342	0.183	0.904	0.282 *	-0.088	0.409
プレイング比率	0.006	0.003 *	0.003	0.004	0.011	0.006
月間実労働時間	0.005	0.002 **	0.001	0.003	0.011	0.004 **
仕事以外の時間も大切	-0.477	0.165 **	-0.379	0.242	-0.399	0.367
仕事の特性						
仕事の範囲や目標が明確	-0.267	0.100 **	-0.487	0.142 **	0.333	0.234
会社以外の場所でも遂行可能	0.138	0.067 *	0.113	0.098	0.057	0.163
取引先や顧客の対応が多い	-0.057	0.074	0.045	0.106	-0.325	0.182
締切り・納期がタイトな仕事が多い	0.226	0.092 *	0.266	0.139	0.239	0.231
拘束時間が長い	0.093	0.090	-0.029	0.129	0.207	0.222
出張が多い	-0.088	0.076	0.061	0.115	-0.305	0.168
作業環境が過酷	-0.205	0.086 *	-0.204	0.131	-0.477	0.177 **
非常にたくさんの仕事をしなければならない	0.209	0.110	0.093	0.172	0.385	0.267
時間内に仕事が処理しきれない	0.749	0.114 **	0.679	0.171 **	1.304	0.286 **
一生懸命働かなければならない	0.221	0.109 *	0.338	0.162 *	-0.557	0.277 *
かなり注意を集中する必要がある	-0.170	0.106	-0.186	0.163	-0.202	0.254
高度の技術や知識が必要なむずかしい仕事だ	-0.006	0.099	-0.068	0.141	-0.145	0.225
いつも仕事のことを考えていなければならない	0.142	0.101	0.258	0.152	0.713	0.267 **
からだを大変よく使う仕事だ	0.074	0.088	0.164	0.134	-0.032	0.198
自分のペースで仕事ができる	-0.372	0.099 **	-0.193	0.150	-0.463	0.228 *
仕事の順番・やり方を決めることができる	-0.064	0.119	-0.189	0.170	-0.722	0.296 *
職場の方針に自分の意見を反映できる	0.062	0.110	0.012	0.159	0.481	0.260
χ2乗値	499.620		209.757		186.620	
-2対数尤度	2016.141		969.340		431.259	
Cox と Snell	0.322		0.303		0.446	
Nagelkerke	0.375		0.349		0.520	
N	1288		580		316	

注1：**は1%水準、*は5%水準で有意。
注2：基本モデルの変数については、有意な結果のみ示した。

り上げたヒアリング調査（労働政策研究・研修機構，2022b）においても、部下に残業をさせられない管理職が仕事を持ち帰って作業をするという事例が見られる。

「課長相当」では、「仕事の範囲や目標が明確」な場合にマネジメント時間が足りていて（係数値がマイナス）、「時間内に仕事が処理しきれない」、「一生懸命働かなければならない」場合にマネジメント時間が不足している（係数値がプラス）。

「部長相当」については、「作業環境が過酷」、「一生懸命働かなければならない」、「自分のペースで仕事ができる」、「仕事の順番・やり方を決めることができる」場合にマネジメント時間が足りていて（係数値がマイナス）、「時間内に仕事が処理しきれない」、「いつも仕事のことを考えていなければならない」場合にマネジメント時間が不足している（係数値がプラス）。「課長相当」との違いとして、仕事の進め方に裁量の余地がある方がマネジメント時間に余裕があり、精神的な負荷が大きいことがマネジメント時間の不足に影響している。

第5節　職場の状況とマネジメント時間との関係

ここでは、マネジメント時間が足りているかどうかについて、職場の状況との関係を検討する。分析に使用するのは、「部下の能力のばらつきが大きい」など統括する職場の部下の現状[20]、「職場の人数に比べて仕事の量が多い」など職場の現状[21]、そして「必要以上の資料作成を指示する」など直属の上司の現状[22]に関する項目である。

1 部下の現状

まず統括する職場の部下の現状は、「あなたが統括する職場や仕事の現状についてお尋ねします」という問に対して「A.　部下の能力のばらつきが大

20　この設問は、管理職のみが回答の対象である。
21　この設問は、管理職を含めた全体が回答の対象である。
22　この設問は、管理職を含めた全体が回答の対象である。

きい」など7項目について、「あてはまる」か「あてはまらない」かの2件法で尋ねている。

それぞれの項目について、「マネジメント時間の過不足」をクロス集計したのが図表2-19である。

すべての項目について、「足りている」では「あてはまる」の比率が低く、「全く足りない」では「あてはまる」の比率が高い。変数間の関連の強さを表すCramer's Vを算出したところ、相対的に「A. 部下の能力のばらつきが大きい」、「B. 部下が育たない」、「G. 残業削減や年休取得促進のため、管理職が部下の業務をフォローしている」の値が高い。部下とのコミュニケーション（C）や部下のメンタル面への配慮（F）もマネジメント時間に一定の影響が見られるが、それよりも部下の能力が十分でなかったりすること（AとB）や、部下の労働時間を抑えること（G）がマネジメントに使う時間を圧迫しているということになる。

図表 2-19　統括する部下の現状（Q11）別に見た
マネジメント時間の過不足（Q3B）

		足りて いる	やや 足りない	全く 足りない	合計	(N)	Cramer's V
A. 部下の能力のばらつきが大きい	あてはまる	43.7%	40.4%	15.9%	100.0%	(993)	0.214 **
	あてはまらない	66.2%	28.8%	5.0%	100.0%	(379)	
B. 部下が育たない	あてはまる	39.7%	41.8%	18.4%	100.0%	(705)	0.231 **
	あてはまらない	60.7%	32.2%	7.0%	100.0%	(667)	
C. 部下とのコミュニケーションが以前よりも必要になっている	あてはまる	44.3%	40.6%	15.1%	100.0%	(914)	0.162 **
	あてはまらない	61.1%	30.3%	8.5%	100.0%	(458)	
D. 部下の人事評価が難しい	あてはまる	42.3%	42.9%	14.8%	100.0%	(711)	0.158 **
	あてはまらない	58.1%	31.0%	10.9%	100.0%	(661)	
E. 家庭の事情等で、働く時間や場所に制約のある部下が増えている	あてはまる	40.4%	44.5%	15.2%	100.0%	(607)	0.171 **
	あてはまらない	57.5%	31.4%	11.1%	100.0%	(765)	
F. 部下の心や気持ちへの配慮が必要になっている	あてはまる	45.2%	40.4%	14.4%	100.0%	(1031)	0.165 **
	あてはまらない	64.2%	27.3%	8.5%	100.0%	(341)	
G. 残業削減や年休取得促進のため、管理職が部下の業務をフォローしている	あてはまる	39.6%	43.7%	16.7%	100.0%	(780)	0.240 **
	あてはまらない	63.5%	28.5%	7.9%	100.0%	(592)	
	合計	49.9%	37.2%	12.9%	100.0%	(1372)	

注：**は1%水準で有意。

　ヒアリング調査では、部下に休暇を取らせたり、残業をさせないために、管理職が部下の仕事をフォローしている事例が多く見られた。

　課長、上級職は、若手を休ませることが優先になるので、自分の年休取得は後回しになっている。（事例7［IT、サービス提供部門］）

　プロジェクトによっては納期があり、納期に向けて業務量が増えることがある。その場合、一般社員の残業時間が上限を超えないように、管理職が土日出勤するなどしている。管理職の負担によって帳尻合わせをする傾向がある。（事例8［非鉄製造、研究・開発部門］）

　部下たちの年休取得ができるよう、管理職である自分が調整弁的役割を果たし、部下の業務を担当することがある。（事例24［運輸、経営企画部門］）

　いまは社員を辞めさせないことを目標にやっている。例えば、休日に出勤したら代休を取らせるようにしている。その分の業務はマネージャーが請け負う。（事例31［IT、製造・施行部門］）

2　職場の現状

　ここでは管理職以外の回答者も対象として職場の状況について尋ねた項目を検討する。「あなたの職場について、以下の事柄はどの程度あてはまりますか？」という質問に対し、「職場の人数に比べて仕事の量が多い」など5項目について「あてはまる」、「ややあてはまる」、「あまりあてはまらない」、「あてはまらない」の4件法で尋ねている。図表2-20はそれらの質問項目と「マネジメント時間の過不足」とのクロス集計の結果である。

　まず、「A. 職場の人数に比べて仕事の量が多い」や「B. 特定の人に仕事が偏っている」で「あてはまる」場合の比率は、相対的に「足りている」が低くて「全く足りない」が高い。相関係数（Spearman）も値の水準は高くないが、統計的に有意な結果が得られている。

図表 2-20　職場の状況（Q32）別に見た マネジメント時間の過不足（Q3B）

		足りて いる	やや 足りない	全く 足りない	合計	(N)	Spearman の 順位相関係数
A. 職場の人数に比べて仕事の量が多い	あてはまる	28.4%	42.2%	29.4%	100.0%	(211)	0.292 **
	ややあてはまる	43.6%	45.0%	11.5%	100.0%	(654)	
	あまりあてはまらない	65.5%	27.2%	7.3%	100.0%	(412)	
	あてはまらない	73.7%	15.8%	10.5%	100.0%	(95)	
B. 特定の人に仕事が偏っている	あてはまる	29.9%	42.0%	28.0%	100.0%	(264)	0.268 **
	ややあてはまる	49.2%	39.8%	11.1%	100.0%	(722)	
	あまりあてはまらない	62.2%	31.6%	6.2%	100.0%	(323)	
	あてはまらない	79.4%	15.9%	4.8%	100.0%	(63)	
C. この職場では、個々人の意欲を引き出したり、キャリア形成に役立つ教育や訓練が行われている	あてはまる	50.5%	31.5%	18.0%	100.0%	(111)	-0.018
	ややあてはまる	49.4%	41.4%	9.2%	100.0%	(563)	
	あまりあてはまらない	50.5%	36.7%	12.9%	100.0%	(529)	
	あてはまらない	49.7%	28.4%	21.9%	100.0%	(169)	
D. この職場では、従業員間で率直に意見交換できる	あてはまる	54.9%	30.3%	14.9%	100.0%	(195)	0.006
	ややあてはまる	51.3%	38.6%	10.1%	100.0%	(754)	
	あまりあてはまらない	44.7%	40.3%	15.0%	100.0%	(347)	
	あてはまらない	47.4%	26.3%	26.3%	100.0%	(76)	
E. 同僚との間で協力して仕事をすることができる	あてはまる	52.9%	34.3%	12.9%	100.0%	(210)	-0.067 *
	ややあてはまる	51.5%	37.8%	10.7%	100.0%	(798)	
	あまりあてはまらない	42.6%	41.3%	16.2%	100.0%	(303)	
	あてはまらない	55.7%	18.0%	26.2%	100.0%	(61)	
	合計	49.9%	37.2%	12.9%	100.0%	(1372)	

注：**は 1％水準、*は 5％水準で有意。

　一方、「C. この職場では、個々人の意欲を引き出したり、キャリア形成に役立つ教育や訓練が行われている」や「D. この職場では、従業員間で率直に意見交換できる」、「E. 同僚との間で協力して仕事をすることができる」では、「全く足りない」の比率は「あてはまらない」で高いが、「足りている」や「やや足りない」では一定の傾向が見られない。相関係数も 0 に近く、関連が低いことが示されている。

3　直属の上司の現状

　ここでは、直属の上司について尋ねた項目を検討する。「あなたの直属の上司は、以下のことはどの程度あてはまりますか？」という質問に対し、

「必要以上の資料作成を指示する」など 6 項目について「あてはまる」、「やややあてはまる」、「あまりあてはまらない」、「あてはまらない」の 4 件法で尋ねている。

　図表 2-21 はそれらの質問項目と「マネジメント時間の過不足」とのクロス集計の結果である。いずれの項目も、「全く足りない」で「あてはまる」の比率が最も高く、「足りている」では「あてはまらない」が最も高い。特

図表 2-21　直属の上司の現状（Q33）別に見た　マネジメント時間の過不足（Q3B）

		足りている	やや足りない	全く足りない	合計	(N)	Spearman の順位相関係数
A. 必要以上の資料作成を指示する	あてはまる	40.0%	35.8%	24.2%	100.0%	(120)	0.223＊＊
	やややあてはまる	36.2%	46.6%	17.2%	100.0%	(384)	
	あまりあてはまらない	52.2%	38.1%	9.7%	100.0%	(559)	
	あてはまらない	66.7%	24.3%	9.1%	100.0%	(309)	
B. 必要以上に会議を行う	あてはまる	38.0%	34.5%	27.5%	100.0%	(142)	0.189＊＊
	やややあてはまる	41.5%	44.6%	13.8%	100.0%	(354)	
	あまりあてはまらない	49.2%	40.9%	9.9%	100.0%	(557)	
	あてはまらない	65.8%	23.5%	10.7%	100.0%	(319)	
C. 仕事の指示に計画性がない	あてはまる	29.9%	42.2%	27.9%	100.0%	(154)	0.246＊＊
	やややあてはまる	41.6%	43.0%	15.4%	100.0%	(421)	
	あまりあてはまらない	53.3%	37.7%	9.1%	100.0%	(552)	
	あてはまらない	69.4%	22.9%	7.8%	100.0%	(245)	
D. 指示する仕事の内容があいまいだ	あてはまる	36.8%	36.1%	27.1%	100.0%	(155)	0.239＊＊
	やややあてはまる	38.9%	45.5%	15.6%	100.0%	(442)	
	あまりあてはまらない	54.0%	37.1%	8.8%	100.0%	(533)	
	あてはまらない	69.4%	22.7%	7.9%	100.0%	(242)	
E. 残業を前提に仕事の指示をする	あてはまる	34.3%	32.4%	33.3%	100.0%	(102)	0.258＊＊
	やややあてはまる	32.1%	49.1%	18.8%	100.0%	(293)	
	あまりあてはまらない	51.2%	39.0%	9.8%	100.0%	(559)	
	あてはまらない	64.6%	27.5%	7.9%	100.0%	(418)	
F. 残業する人ほど高く評価する	あてはまる	45.5%	29.9%	24.7%	100.0%	(77)	0.173＊＊
	やややあてはまる	36.3%	45.0%	18.7%	100.0%	(289)	
	あまりあてはまらない	48.8%	41.1%	10.1%	100.0%	(547)	
	あてはまらない	60.6%	28.8%	10.7%	100.0%	(459)	
	合計	49.9%	37.2%	12.9%	100.0%	(1372)	

注：＊＊は 1％水準で有意。

に、「残業を前提に仕事の指示をする」では「あてはまる」場合の「全く足りない」の比率が高い。相関係数も「残業を前提に仕事の指示をする」が最も高く、「仕事の指示に計画性がない」や「指示する仕事の内容があいまいだ」が次いで高い。

4 回帰分析によるマネジメント時間の不足要因の分析（職場の状況）

「マネジメント時間の過不足」を被説明変数とし、職場の状況（部下の現状[23]、職場の現状[24]、直属の上司の現状[25]）を説明変数とした順序ロジスティック回帰分析を行った。その結果が図表2-22である。

「統括する職場の部下の現状」について、管理職全体では「部下の能力のばらつきが大きい」、「部下が育たない」、「管理職が部下の業務をフォロー」など部下の能力が足りなかったり、業務をこなせていなかったりするときに管理職へのしわ寄せが大きいことが示唆される。課長相当では、「部下が育たない」と「管理職が部下の業務をフォロー」がマネジメント時間の不足に影響を及ぼす。一方、部長相当では「部下の能力のばらつきが大きい」とマネジメント時間が不足するが、「部下の心や気持ちへの配慮が必要」にあてはまらないほうがマネジメント時間が不足する傾向が見られる。部下へのメンタル面での配慮は、業務にある程度の余裕ないとできないということであろうか。

「職場の現状」については、全体では「職場の人数に比べて仕事の量が多い」とマネジメント時間が足りない傾向が見られる。課長相当と部長相当に限定した場合でも同様の傾向が見られるが、課長相当では「特定の人に仕事が偏っている」こともマネジメント時間の不足に影響している。

---

23 それぞれ「あてはまる」＝1、「あてはまらない」＝0として使用する。
24 それぞれ「あてはまる」＝4、「ややあてはまる」＝3、「あまりあてはまらない」＝2、「あてはまらない」＝1に換算して使用する。
25 それぞれ「あてはまる」＝4、「ややあてはまる」＝3、「あまりあてはまらない」＝2、「あてはまらない」＝1に換算して使用する。変数間の相関が強い項目が多いため、「仕事の指示に計画性がない」と「残業を前提に仕事の指示をする」の2項目のみ分析に使用する。6項目のクラスター分析（Ward法）を行ったところ、「仕事の指示に計画性がない」「指示する仕事の内容があいまいだ」と「必要以上の資料作成を指示する」「必要以上に会議を行う」「残業を前提に仕事の指示をする」「残業する人ほど高く評価する」に分類された。

図表 2-22　マネジメントに使う時間の不足要因（職場の状況）

被説明変数：マネジメントに使う時間が足りているか
方法：順序ロジスティック回帰分析

説明変数（基準変数）	全体		課長相当		部長相当	
	B	標準誤差	B	標準誤差	B	標準誤差
年齢	-0.024	0.008 **	-0.043	0.013 **	-0.027	0.020
最終学歴（中学・高校）						
専修・短大・高専	0.415	0.186 *	0.106	0.278	0.810	0.431
年収（600 万円未満）						
600-999 万円	0.110	0.149	0.034	0.214	0.835	0.363 *
業種（製造業）						
医療、福祉	0.934	0.306 **	0.524	0.507	1.877	0.760 *
公務	-0.327	0.490	-1.330	0.676 *	1.433	1.214
従業員規模（100 人未満）						
100〜499 人	0.254	0.179	0.728	0.278 **	0.061	0.386
500〜999 人	0.246	0.251	0.851	0.362 *	-0.406	0.545
管理職経験年数	-0.025	0.010 *	-0.035	0.018	-0.015	0.021
プレイング比率	0.006	0.002 *	0.004	0.004	0.003	0.006
月間実労働時間	0.008	0.002 **	0.005	0.003	0.013	0.004 **
仕事以外の時間も大切	-0.537	0.159 **	-0.459	0.233 *	-0.552	0.336
統括する職場の部下の現状						
部下の能力のばらつきが大きい	0.343	0.174 *	0.130	0.250	1.223	0.436 **
部下が育たない	0.319	0.141 *	0.414	0.206 *	0.133	0.294
部下とのコミュニケーションがより必要	0.099	0.154	-0.027	0.218	0.334	0.349
部下の人事評価が難しい	0.130	0.132	0.114	0.199	-0.106	0.278
働く時間や場所に制約ある部下が増加	0.127	0.131	0.056	0.191	0.212	0.291
部下の心や気持ちへの配慮が必要	-0.001	0.180	0.389	0.263	-0.895	0.398 *
管理職が部下の業務をフォロー	0.447	0.138 **	0.546	0.204 **	0.279	0.306
職場の現状						
職場の人数に比べて仕事の量が多い	0.436	0.093 **	0.322	0.141 *	0.582	0.201 **
特定の人に仕事が偏っている	0.192	0.099	0.360	0.143 *	0.079	0.220
キャリア形成に役立つ教育や訓練がある	-0.140	0.087	-0.071	0.129	-0.005	0.192
従業員間で率直に意見交換できる	-0.110	0.109	-0.261	0.166	-0.205	0.242
同僚と協力して仕事をすることができる	-0.024	0.113	0.121	0.167	-0.134	0.258
直属の上司の状況						
仕事の指示に計画性がない	0.115	0.084	-0.103	0.127	0.190	0.174
残業を前提に仕事の指示をする	0.210	0.082 *	0.390	0.122 **	0.182	0.168
χ 2 乗値	424.856		190.036		124.225	
-2 対数尤度	2090.904		989.061		493.654	
Cox と Snell	0.281		0.279		0.325	
Nagelkerke	0.327		0.321		0.379	
N	1288		580		316	

注 1：**は 1％水準、*は 5％水準で有意。
注 2：基本モデルの変数については、有意な結果のみ示した。

「直属の上司の現状」については、全体と課長相当では「残業を前提に仕事の指示をする」ことがマネジメント時間の不足に影響している。

　以上のように、職場の状況については、仕事の量と人員の配置がマッチしていないこと、部下の能力が十分ではなくて業務がこなせないこと、上司が残業を前提に仕事の指示をするなど仕事量の調整をしないことなどがマネジメント時間の不足に影響を与えている。

5　管理職としての自己評価との関係

　ここからは、上記の職場の状況、特に部下の現状との関係の結果を踏まえて、管理職としての自己評価に関する追加的な分析を行う。

　ミドルマネージャーに関する調査を行ったリクルートワークス研究所(2020) [26] や企業活力研究所 (2017) [27] では、管理職がプレイング業務を行う理由について複数回答で尋ねているが、いずれの調査結果でも最も回答率が高かったのは「業務量が多く、自分もプレイヤーとして加わる必要があるため」であり、2番目が「部下の力量が不足しており、自分もプレイヤーとして加わる必要があるため」であった。業務量が多いことに加えて、部下の力量不足がマネジメント以外の業務が発生する主要な要因となっている。

　そこで、JILPT2020調査では管理職としての自己評価を「統括する部署の管理（マネジメント）」と「部下の指導や育成」について尋ねているので [28]、それらを比較することによって、部下の指導の状況を検討する。企業活力研究所 (2016) の調査 [29] では、「業務マネジメント [30]」と「人材マネジメ

26　2019年3月に、従業員100名以上の企業に勤務し、一次考課対象の部下がいる課長相当の管理職（正規の職員・従業員）を対象としたインターネット調査で、有効回答数は2183人。

27　2016年10月に、従業員300名以上の企業に勤務し、一次考課対象のフルタイムの正社員の部下がいる営業職の管理職400人を対象としたインターネット調査。

28　調査票では、それぞれ「あなたは、管理職としてのご自身を評価すると何点ですか？」という質問について、「0点」から「100点」まで10点刻みで選択する形式となっている。クロス集計では、「0-50点」、「60-70点」「80-100点」と3つのカテゴリに統合して使用した。また、「0点= 0」、「10点 = 10」、・・・「100点 = 100」と実数換算して平均値を算出した。

29　2015年11月に、従業員300名以上の企業に勤務しているフルタイムの正社員で、30代および40代であり、大学卒または大学院修了を対象としたインターネット調査。回答者数は、一般社員206人、管理職206人の計412人。

30　「組織から自己に課された課題を遂行するために必要な業務計画を立案し、業務計画に基づいて各業務を部下に割り振り、適切に遂行すること」と定義されている。

ント³¹」について、「あなたは、管理職として業務マネジメントや人材マネジメントに使う時間が十分に足りていますか」という質問に対して「足りない」「少し足りない」「まあ足りている」「足りている」と 4 件法で尋ねているが、データを週の労働時間が 50 時間未満と 50 時間以上に分けて集計していて、「業務マネジメント」も「人材マネジメント」も週の労働時間が 50 時間以上のほうが「足りない」と「少し足りない」を合わせた比率が高い。また、「業務マネジメント」と「人材マネジメント」を比べると、週の労働時間の長短に関係なく、「業務マネジメント」より「人材マネジメント」のほうが「足りない」と「少し足りない」を合わせた比率が高い。つまり、労働時間が長いほうがマネジメントの時間が足りていなくて、「業務マネジメント」より「人材マネジメント」のほうが時間が足りていないという結果であった。

　図表 2-23 は「統括する部署の管理（マネジメント）の自己評価」、図表 2-24 は「部下の指導や育成の自己評価」を役職別に見たクロス集計の結果である。いずれも職位が高いほうが点数も高い傾向が見られ、平均（点）も同様の傾向となっている。両者を比べた場合、平均（点）の水準が、「統括する部署の管理（マネジメント）の自己評価」に比べて「部下の指導や育成の自己評価」のほうが低く、クロス表の分布でも「部下の指導や育成の自己評価」のほうが低い得点で比率が高い。つまり、「部下の指導や育成の自己評価」のほうが相対的に自己評価が低い。

　図表 2-25 は「統括する部署の管理（マネジメント）の自己評価」、図表 2-26 は「部下の指導や育成の自己評価」とプレイング比率の関係を見たクロス集計の結果である。いずれもプレイング比率が高いほうが点数が低い傾向が見られ、平均（点）も同様の傾向となっている。両者を比べた場合、平均（点）の水準が、「統括する部署の管理（マネジメント）の自己評価」に比べて「部下の指導や育成の自己評価」のほうが低く、クロス表の分布でも「部下の指導や育成の自己評価」のほうが低い得点で比率が高い。

　最後に、図表 2-27 は「統括する部署の管理（マネジメント）の自己評

31　「部下が各業務を円滑に遂行できるように管理職が支援したり、能力を高めたりすること」と定義されている。

図表 2-23 役職別に見た 統括する部署の管理（マネジメント）の自己評価（Q4B）

	0-50 点	60-70 点	80-100 点	合計	(N)	平均（点）
課長相当	38.9%	32.7%	28.4%	100.0%	(609)	59.8
部長相当	30.7%	35.7%	33.6%	100.0%	(342)	63.3
支社長・事業部長・役員	32.3%	22.6%	45.1%	100.0%	(421)	65.9
合計	34.8%	30.3%	34.8%	100.0%	(1372)	62.6

図表 2-24 役職別に見た 部下の指導や育成の自己評価（Q4C）

	0-50 点	60-70 点	80-100 点	合計	(N)	平均（点）
課長相当	45.5%	31.2%	23.3%	100.0%	(609)	55.8
部長相当	37.4%	35.4%	27.2%	100.0%	(342)	59.2
支社長・事業部長・役員	42.8%	25.7%	31.6%	100.0%	(421)	58.3
合計	42.6%	30.5%	26.8%	100.0%	(1372)	57.4

図表 2-25 プレイング比率（Q2A）別に見た 統括する部署の管理（マネジメント）の自己評価（Q4B）

	0-50 点	60-70 点	80-100 点	合計	(N)	平均（点）
0-30%	20.8%	30.7%	48.4%	100.0%	(514)	70.7
40-60%	36.9%	33.7%	29.4%	100.0%	(436)	61.6
70-100%	49.8%	26.3%	23.9%	100.0%	(422)	53.7
合計	34.8%	30.3%	34.8%	100.0%	(1372)	62.6

図表 2-26 プレイング比率（Q2A）別に見た 部下の指導や育成の自己評価（Q4C）

	0-50 点	60-70 点	80-100 点	合計	(N)	平均（点）
0-30%	32.3%	33.1%	34.6%	100.0%	(514)	64.0
40-60%	40.1%	33.9%	25.9%	100.0%	(436)	59.2
70-100%	57.8%	23.9%	18.2%	100.0%	(422)	47.5
合計	42.6%	30.5%	26.8%	100.0%	(1372)	57.4

図表 2-27　マネジメント時間の過不足（Q3B）別に見た
　　　　　統括する部署の管理（マネジメント）の自己評価（Q4B）

	0-50 点	60-70 点	80-100 点	合計	(N)	平均（点）
足りている	27.4%	27.4%	45.1%	100.0%	(685)	67.2
やや足りない	36.5%	35.7%	27.8%	100.0%	(510)	60.8
全く足りない	58.8%	26.0%	15.3%	100.0%	(177)	49.9
合計	34.8%	30.3%	34.8%	100.0%	(1372)	62.6

図表 2-28　マネジメント時間の過不足（Q3B）別に見た
　　　　　部下の指導や育成の自己評価（Q4C）

	0-50 点	60-70 点	80-100 点	合計	(N)	平均（点）
足りている	36.9%	29.5%	33.6%	100.0%	(685)	60.8
やや足りない	42.7%	35.5%	21.8%	100.0%	(510)	57.1
全く足りない	64.4%	20.3%	15.3%	100.0%	(177)	45.1
合計	42.6%	30.5%	26.8%	100.0%	(1372)	57.4

価」、図表2-28は「部下の指導や育成の自己評価」と「マネジメント時間の過不足」との関係を見たクロス集計の結果である。いずれもマネジメント時間が「足りている」ほうが点数が高い傾向が見られ、平均（点）も同様の傾向となっている。両者を比べた場合、平均（点）の水準が、「統括する部署の管理（マネジメント）の自己評価」に比べて「部下の指導や育成の自己評価」のほうが低く、クロス表の分布でも「部下の指導や育成の自己評価」のほうが低い得点で比率が高い。

　以上のように、マネジメント業務の中でも「部下の指導や育成の自己評価」は相対的に低く、より難しい業務であることが伺える。翻って、マネジメント業務の時間が足りないことの主要因として部下の力量が不足していることが挙げられているが、部下の育成が思うようにできていない結果ともいえるだろう。

　ヒアリング事例からは、部下の指導や育成ができていないことの要因として、働き方改革の影響もあることが分かる。

仕事ができない人間を、上司が力をかけて伸ばしていくというのは、残業削減の方針の中、なかなかできなくなった。（事例7［IT、サービス提供部門］）

労働時間管理の重要性は理解できるが、それをやっていると自由がきかなくなり、チャレンジさせることもできず、かえって弊害になる。（事例39［電気機械器具製造、企画経営部門］）

第6節2.で後述するように、働き方改革を進めるうえで労働時間の削減は求められるが、その一方で、業務量は減るわけではないのだ。

第6節　職場改善の取り組みとマネジメント時間との関係

ここでは、職場の状況を改善するための様々な取り組みと「マネジメント時間の過不足」との関係を検討する。対象となる項目は、管理職として取り組んでいる事柄と、会社として働き方改革の一環として取り組んでいる事柄である。

1 管理職としての取り組み

まず、管理職として取り組んでいる事柄について検討する。調査票では「あなたは、管理職として、以下の事柄に取り組んでいますか？」という質問に対して「積極的に取り組んでいる」「取り組んでいる」「取り組んでいない」の3件法で尋ねている。JILPT（2022a）ではこの設問のそれぞれの項目について実労働時間の分布を集計しているが、「H. 部下になるべく仕事を任せ、管理職の業務に専念できるようにしている」を除くすべての項目で「積極的に取り組んでいる」場合に実労働時間（平均値）が最も長い。

図表2-29はそれらの質問項目と「マネジメント時間の過不足」のクロス集計の結果である。

全体として顕著な傾向は見られないが、「A. 部下の仕事の進捗状況を『見える化』して情報共有している」や「C. 先の見通しを立てて部下の仕事を

図表 2-29　管理職としての取り組み（Q12）別に見た マネジメント時間の過不足（Q3B）

		足りて いる	やや 足りない	全く 足りない	合計	(N)	Spearman の 順位相関係数
A. 部下の仕事の進捗 状況を「見える化」 して情報共有してい る	積極的に取り組んでいる	49.1%	35.5%	15.4%	100.0%	(293)	
	取り組んでいる	47.6%	40.9%	11.4%	100.0%	(760)	0.044
	取り組んでいない	56.1%	29.8%	14.1%	100.0%	(319)	
B. 仕事の進捗に応じ て部署内で協力体制 を作るようにしてい る	積極的に取り組んでいる	53.1%	34.2%	12.7%	100.0%	(339)	
	取り組んでいる	46.8%	40.6%	12.7%	100.0%	(836)	0.003
	取り組んでいない	57.9%	27.9%	14.2%	100.0%	(197)	
C. 先の見通しを立て て部下の仕事を采配 している	積極的に取り組んでいる	49.5%	36.4%	14.0%	100.0%	(321)	
	取り組んでいる	48.0%	40.5%	11.5%	100.0%	(820)	0.029
	取り組んでいない	57.1%	26.4%	16.5%	100.0%	(231)	
D. 残業が多い部下に はその理由を聞き解 決策を一緒に考えて いる	積極的に取り組んでいる	50.5%	33.7%	15.8%	100.0%	(303)	
	取り組んでいる	47.1%	41.0%	11.9%	100.0%	(747)	0.043
	取り組んでいない	55.9%	31.7%	12.4%	100.0%	(322)	
E. ペーパーワークや 会議の在り方などを 見直して業務遂行を 効率化している	積極的に取り組んでいる	53.6%	31.3%	15.1%	100.0%	(278)	
	取り組んでいる	44.7%	42.5%	12.9%	100.0%	(730)	0.047
	取り組んでいない	57.7%	31.0%	11.3%	100.0%	(364)	
F. 他部署や上司、顧 客と話し合って可能 な限り業務量を削減 している	積極的に取り組んでいる	47.4%	36.0%	16.6%	100.0%	(247)	
	取り組んでいる	48.0%	40.5%	11.5%	100.0%	(748)	0.058 *
	取り組んでいない	55.4%	31.3%	13.3%	100.0%	(377)	
G. 部下の仕事以外 （家庭など）の事情 を把握するよう努 め、配慮している	積極的に取り組んでいる	50.2%	34.3%	15.5%	100.0%	(245)	
	取り組んでいる	47.9%	40.6%	11.5%	100.0%	(806)	0.031
	取り組んでいない	54.8%	30.8%	14.3%	100.0%	(321)	
H. 部下になるべく仕 事を任せ、管理職の 業務に専念できるよ うにしている	積極的に取り組んでいる	58.0%	29.6%	12.4%	100.0%	(250)	
	取り組んでいる	49.0%	39.8%	11.1%	100.0%	(781)	-0.079 **
	取り組んでいない	46.0%	36.7%	17.3%	100.0%	(341)	
I. 個々の部下の能力 に合った能力向上の 課題を設定している	積極的に取り組んでいる	51.0%	32.5%	16.5%	100.0%	(249)	
	取り組んでいる	47.5%	40.8%	11.7%	100.0%	(838)	0.038
	取り組んでいない	56.1%	30.5%	13.3%	100.0%	(285)	
	合計	49.9%	37.2%	12.9%	100.0%	(1372)	

注：**は 1％水準、*は 5％水準で有意。

採配している」など、「取り組んでいない」場合に「足りている」の比率が他よりもやや高い項目が多い。これらは、取り組む必要がないから取り組んでいないということも考えられる。また、「取り組んでいる」ではいずれの項目でも「やや足りない」の比率が最も高い。「積極的に取り組んでいる」場合も「取り組んでいる」場合も、その取り組みがどの程度進んでいるのかなどによってもマネジメントの負担が異なるので、このように明確な傾向が見られないのではないかと思われる。

　「積極的に取り組んでいる」で「足りている」の比率が「取り組んでいる」や「取り組んでいない」よりも高いのは「H．部下になるべく仕事を任せ、管理職の業務に専念できるようにしている」のみであり、この項目では「取り組んでいない」の「全く足りない」が他より若干高い。相関係数も統計的に有意な結果であるが係数値は低い。

　ヒアリング調査でも、マネジメントに専念するために、できるだけ部下に仕事を任せるようにしている事例があった。

　　自身は管理者としてマネジメントに専念している。自身が周りをみるゆとりがないと、どうにもならないという思いから、仕事は部下にまかせ、部下が困っているときに助けるという立場を取っている。（事例20［福祉介護、経営企画部門］）

　続いて、「マネジメント時間の過不足」を被説明変数とし、管理職として取り組んでいる事柄を説明変数[32]とした順序ロジスティック回帰分析を行った結果が図表2-30である。全体では、「他部署や上司、顧客と話し合って可能な限り業務量を削減している」場合にマネジメント時間が不足し、「部下になるべく仕事を任せ、管理職の業務に専念できるようにしている」場合に足りている傾向が見られる。前者については、様々な関係者との調整が必要なためと考えられ、後者は部下に仕事を任せることでプレイング業務の量を抑えることができるためではないかと考えられる。「課長相当」では「部下

32　それぞれ「積極的に取り組んでいる」＝1点、「取り組んでいる」＝0点、「取り組んでいない」＝－1点に換算して使用する。

図表 2-30　マネジメントに使う時間の不足要因 （管理職としての取り組み）

被説明変数：マネジメントに使う時間が足りているか
方法：順序ロジスティック回帰分析

説明変数 （基準変数）	全体		課長相当		部長相当	
	B	標準誤差	B	標準誤差	B	標準誤差
年齢	-0.024	0.008 **	-0.043	0.013 **	-0.035	0.020
最終学歴 （中学・高校）						
専修・短大・高専	0.478	0.179 **	0.142	0.268	0.669	0.418
業種 （製造業）						
情報通信業	0.207	0.214	0.010	0.301	0.953	0.459 *
飲食・宿泊・娯楽業	0.340	0.302	0.948	0.424 *	-0.700	0.776
医療、福祉	0.919	0.294 **	0.692	0.494	1.481	0.693 *
公務	-0.366	0.469	-1.441	0.648 *	1.048	1.195
従業員規模 （100 人未満）						
100～499 人	0.391	0.174 *	0.978	0.268 **	-0.024	0.370
500～999 人	0.332	0.241	0.850	0.345 *	-0.072	0.527
役職 （支社長・事業部長・役員）						
課長相当	0.404	0.167 *	—	—	—	—
管理職経験年数	-0.023	0.010 *	-0.019	0.017	-0.008	0.020
部下 （正社員） の数 （10 人未満）						
10～49 人	0.279	0.144	0.564	0.210 **	0.227	0.332
プレイング比率	0.008	0.002 **	0.007	0.004 *	0.007	0.005
月間実労働時間	0.012	0.002 **	0.008	0.003 **	0.016	0.003 **
仕事以外の時間も大切	-0.549	0.152 **	-0.443	0.221 *	-0.623	0.326
管理職としての取り組み						
部下の仕事の進捗状況を 「見える化」 して情報共有している	0.032	0.127	-0.254	0.186	0.081	0.281
仕事の進捗に応じて部署内で協力体制を作るようにしている	-0.249	0.147	-0.036	0.214	-0.363	0.331
先の見通しを立てて部下の仕事を采配している	0.121	0.136	0.301	0.191	-0.188	0.317
残業が多い部下にはその理由を聞き解決策を一緒に考えている	0.166	0.119	0.115	0.169	0.453	0.271
ペーパーワークや会議の在り方などを見直して業務遂行を効率化している	0.029	0.121	0.061	0.178	-0.230	0.263
他部署や上司、顧客と話し合って可能な限り業務量を削減している	0.249	0.126 *	0.160	0.176	0.277	0.288
部下の仕事以外 （家庭など） の事情を把握するよう努め、配慮している	-0.020	0.118	-0.107	0.173	-0.056	0.261
部下になるべく仕事を任せ、管理職の業務に専念できるようにしている	-0.376	0.116 **	-0.488	0.167 **	-0.462	0.255
個々の部下の能力に合った能力向上の課題を設定している	0.241	0.129	0.362	0.189	0.389	0.314
χ 2乗値	263.472		111.160		84.506	
-2 対数尤度	2252.289		1067.937		533.373	
Cox と Snell	0.185		0.174		0.235	
Nagelkerke	0.216		0.201		0.273	
N	1288		580		316	

注 1 ：＊＊は 1 ％水準、＊は 5 ％水準で有意。
注 2 ：基本モデルの変数については、有意な結果のみ示した。

になるべく仕事を任せ、管理職の業務に専念できるようにしている」の影響が有意であるが、「部長相当」ではいずれの項目も有意な結果が得られなかった。「課長相当」のほうがプレイング業務をより多く抱えているため、どの程度部下に任せることができるのかが、マネジメントに使う時間にも大きく影響するのだろう。

2 働き方改革の取り組みとの関係

　ここでは、勤務先で行われている働き方改革として取り組みが、「マネジメント時間の過不足」に関係しているのか検討する。調査では、労働時間・休暇に関する取り組みと職場管理・業務遂行に関する取り組みについて尋ねている。

　まず、「労働時間・休暇に関する取り組み」については、「あなたの勤務先の働き方改革として行われている、労働時間・休暇に関する取組みは次のどれですか？」という質問に対して「ノー残業デーの推進」など11項目の複数回答形式となっている。

　図表2-31は、それらの項目と「マネジメント時間の過不足」のクロス表である。「全く足りない」では顕著な差は見られないが、「足りている」では、「残業した社員・職員には翌日の出勤時刻を遅くする」の比率が最も低く、「管理職自身が働く時間を減らしたり、年次有給休暇を取得する」が高い。前者については、前述の通り、管理職が部下の仕事をフォローすることもあり、人員の調整が必要になるなど負担が大きいのであろう。後者については、管理職自身の業務負担に余裕があるから可能になるということもあろうが、労働時間を調整するためにより効率的に業務を調整するきっかけになるとも考えられる。ヒアリング調査でも、管理職が率先して年休を取るなどの事例が見られた。

　自分もきっちり年休を取っている。管理職が率先して取り、年休を取りやすい雰囲気を作るようにしている。（事例24［運輸、経営企画部門］）

　最近は、働き方改革で、管理職が帰らないと部下が帰れないと言われるの

図表 2-31　労働時間・休暇に関する取り組み（Q34［複数回答］）別に見た
マネジメント時間の過不足（Q3B）

	足りて いる	やや 足りない	全く 足りない	合計	（N）
1. ノー残業デーの推進（残業削減の周知啓発）	49.6%	37.5%	12.8%	100.0%	（514）
2. 残業した社員・職員には翌日の出勤時刻を遅くする	33.6%	48.4%	18.0%	100.0%	（128）
3. 残業している社員・職員に声を掛けて退勤を促す	45.0%	38.8%	16.2%	100.0%	（327）
4. 一定の時間に職場を強制消灯・強制施錠する	43.6%	38.5%	17.9%	100.0%	（117）
5. 長時間労働の者やその上司に注意を促す	48.7%	36.8%	14.5%	100.0%	（372）
6. 年次有給休暇の取得を推進する（または取りやすくする）	50.6%	36.3%	13.1%	100.0%	（551）
7. 管理職自身が働く時間を減らしたり、年次有給休暇を取得する	59.2%	30.6%	10.2%	100.0%	（255）
8. 働く時間の長さよりも成果で評価される仕組みを取り入れる	54.1%	31.7%	14.2%	100.0%	（183）
9. その他	0.0%	33.3%	66.7%	100.0%	（3）
10. 特にない	49.8%	36.8%	13.4%	100.0%	（253）
11. もともと労働時間・休暇に課題はない	66.7%	25.0%	8.3%	100.0%	（108）
12. わからない	60.3%	31.0%	8.6%	100.0%	（58）
合計	49.9%	37.2%	12.9%	100.0%	（1372）

で、ふだんは 18 時前には退勤するようにしている。忙しいときには 21 時
までに退社している。（事例 35［教育関係、経営企画部門］）

　次に、「職場管理・業務遂行に関する取り組み」については、「あなたの今
の主な勤務先の働き方改革として行われている、職場管理・業務遂行に関す
る取組みは次のどれですか？」という質問に対して「業務量を減らす」など
12 項目の複数回答形式となっている。
　図表 2-32 は、それらの項目と「マネジメント時間の過不足」のクロス表
である。顕著な傾向としては、「業務量を減らす」で「足りている」の比率
が低く、「全く足りない」で高い。「業務量を減らす」取り組みを行っている
ということは、それだけ業務量が多い職場であるためと考えられる。
　ヒアリング調査でも、業務量がなかなか減らないことが管理職の負担と

図表 2-32　職場管理・業務遂行に関する取り組み（Q35［複数回答］）別に
見た マネジメント時間の過不足（Q3B）

	足りて いる	やや 足りない	全く 足りない	合計	(N)
1. 業務量を減らす	38.5%	41.3%	20.1%	100.0%	(288)
2. ペーパーワークを減らす	45.5%	41.4%	13.1%	100.0%	(374)
3. 会議の長さ、回数、開催時間帯を見直す	49.4%	37.5%	13.1%	100.0%	(405)
4. 業務配分のムラをなくす	50.9%	36.8%	12.3%	100.0%	(277)
5. 職員の業務をお互いに見えるようにして、進捗 管理や情報共有をする	49.6%	41.2%	9.2%	100.0%	(238)
6. 在宅勤務・テレワークを積極的に活用する	51.5%	33.7%	14.9%	100.0%	(303)
7. 管理職に職場マネジメント研修を行う	46.6%	38.3%	15.0%	100.0%	(193)
8. 取引先や顧客に対して無理な発注を改めようと している	47.4%	41.0%	11.5%	100.0%	(78)
9. 組織の取組みを明文化して社員・職員に周知徹 底する	51.6%	37.3%	11.1%	100.0%	(153)
10. その他	0.0%	0.0%	100.0%	100.0%	(2)
11. 特にない	51.0%	33.4%	15.5%	100.0%	(290)
12. もともと職場管理・業務遂行に課題はない	70.8%	23.6%	5.6%	100.0%	(89)
13. わからない	53.4%	37.0%	9.6%	100.0%	(73)
合計	49.9%	37.2%	12.9%	100.0%	(1372)

なっている事例が見られた。

　会社は働き方改革で労働時間を減らすことを追求する一方、業務量は減っ
ておらず、決められた時間内で仕事が回っていないのが実情である。（中
略）自宅で仕事をしているのは管理職だけであり、いわば最後の砦であ
る。（事例 42［化粧品製造販売、営業・販売部門]）

　業務量自体は、減らす取り組みはしているものの、なかなか減らない。
2，3 年前から、部下に残業させられなくなったので、管理職が引き取っ
ている。（事例 46［教育、経営企画部門]）

　部下の時間管理が厳格になる中で、部下が業務をやらない分のしわ寄せが

マネージャーにきている。(事例 25 [電気機器製造、その他(情報システム)])

　続いて、「マネジメント時間の過不足」を被説明変数とし、働き方改革として取り組んでいる事柄(「時間・休暇に関する取り組み」と「職場管理・業務遂行に関する取り組み」)を説明変数[33]とした順序ロジスティック回帰分析を行った結果が図表 2-33 である。

　まず、「時間・休暇に関する取り組み」について、全体では、「残業翌日の出勤時刻を遅くする」ことがマネジメント時間の不足に影響し、「管理職自身が働く時間を減らしたりする」ことはマネジメント時間が足りている傾向が見られる。前者については、図表 2-22 で「管理職が部下の業務をフォロー」している場合にマネジメント時間が不足している傾向が見られることから、部署の人員調整などによる業務のフォローも、多くが管理職によって担われていることが示唆される。後者については、「課長相当」も「部長相当」も同様の結果となっている。

　「職場管理・業務遂行に関する取り組み」については、全体と「部長相当」で「業務量を減らす」が、「課長相当」では「ペーパーワークを減らす」がマネジメント時間の不足に影響する傾向が見られる。後者について、ペーパーレスの取り組みは、「課長相当」で業務負担が大きいという結果となった。

　以上のように、概ねクロス集計と一致した傾向が見られたが、個別の取り組みが行われているかどうかでは、管理職自身が働く時間を減らすこと以外、マネジメント時間の過不足にほとんど影響がなかった。

　働き方改革の取り組みについては、様々な取り組みを行うことは重要だが、実施するに当たって組織的な体制が整っていないと、管理職の負担をより増やすことにつながるのだろう。

33　それぞれ「選択＝ 1・非選択＝ 0」のダミー変数であるため、そのまま使用する。

図表 2-33　マネジメントに使う時間の不足要因
（働き方改革として行われている取り組み）

被説明変数：マネジメントに使う時間が足りているか
方法：順序ロジスティック回帰分析

説明変数（基準変数）	全体 B	全体 標準誤差		課長相当 B	課長相当 標準誤差		部長相当 B	部長相当 標準誤差	
年齢	-0.023	0.008	**	-0.040	0.013	**	-0.036	0.020	
最終学歴（中学・高校）									
専修・短大・高専	0.482	0.181	**	0.123	0.271		0.908	0.420	*
業種（製造業）									
金融業・保険業	-0.126	0.246		-0.684	0.344	*	0.894	0.505	
飲食・宿泊・娯楽業	0.420	0.303		1.083	0.431	*	-0.752	0.803	
医療、福祉	0.987	0.299	**	0.603	0.497		1.210	0.713	
その他	0.565	0.280		0.481	0.411		1.164	0.581	*
従業員規模（100人未満）									
100〜499人	0.328	0.177		0.790	0.272	**	0.051	0.377	
500〜999人	0.197	0.247		0.697	0.348	**	-0.033	0.557	
役職（支社長・事業部長・役員）									
課長相当	0.350	0.168	**	—	—		—	—	
管理職経験年数	-0.023	0.010	**	-0.020	0.017		-0.013	0.021	
部下（正社員）の数（10人未満）									
10〜49人	0.304	0.145	**	0.635	0.213	**	0.232	0.338	
プレイング比率	0.008	0.002	**	0.009	0.004	*	0.007	0.005	
月間実労働時間	0.012	0.002	**	0.010	0.003	**	0.015	0.004	**
仕事以外の時間も大切	-0.565	0.153	**	-0.491	0.223	*	-0.557	0.327	
労働時間・休暇に関する取り組み									
ノー残業デーの推進	-0.168	0.139		-0.073	0.198		-0.378	0.303	
残業翌日の出勤時刻を遅くする	0.432	0.205	*	0.552	0.295		0.085	0.470	
残業している社員・職員への声掛け	0.087	0.151		-0.072	0.216		0.474	0.341	
強制消灯・強制施錠する	0.083	0.215		-0.376	0.321		0.286	0.453	
長時間労働者やその上司に注意を促す	0.205	0.148		0.221	0.210		0.201	0.305	
年次有給休暇の取得を推進する	0.172	0.139		0.171	0.207		0.265	0.289	
管理職自身が働く時間を減らしたりする	-0.633	0.173	**	-0.426	0.253	*	-0.854	0.357	*
成果で評価される仕組みを取り入れる	-0.069	0.192		-0.182	0.292		-0.073	0.430	
職場管理・業務遂行に関する取り組み									
業務量を減らす	0.623	0.151	**	0.349	0.216		0.995	0.356	**
ペーパーワークを減らす	0.166	0.143		0.652	0.209	**	-0.607	0.347	
会議の長さなどを見直す	0.003	0.143		-0.151	0.216		0.109	0.304	
業務配分のムラをなくす	-0.218	0.160		-0.261	0.241		-0.053	0.318	
業務の進捗管理や情報共有をする	0.040	0.172		-0.311	0.266		0.274	0.369	
在宅勤務・テレワークを活用する	-0.099	0.157		0.031	0.224		-0.493	0.354	
管理職に研修を行う	0.208	0.185		0.312	0.257		0.626	0.410	
無理な発注を改める	0.121	0.255		-0.225	0.389		0.239	0.485	
組織の取組みを明文化し周知徹底する	0.067	0.201		0.341	0.287		-0.465	0.489	
χ2乗値	288.331			125.416			102.095		
-2 対数尤度	2227.430			1053.681			515.784		
Cox と Snell	0.201			0.194			0.276		
Nagelkerke	0.234			0.224			0.322		
N	1288			580			316		

注1：**は1%水準、*は5%水準で有意。
注2：基本モデルの変数については、有意な結果のみ示した。

第７節　まとめ

　本章では、組織における管理職のマネジメント時間が不足する要因を中心に分析した。分析の主要な結果は以下の通りである。

　管理職の働き方について、一般社員と比べて労働時間が長く、残業の頻度も高く、所定時間外に仕事をする頻度も高いなど、仕事の負荷が高い傾向が見られた。また、そういった仕事の負荷が高い要因の１つとしてプレイング業務の多さが指摘されるが、プレイング業務を一定以上抱えていると労働時間も長くなり、マネジメントに使う時間が足りなくなる傾向がある。

　次に、マネジメントに使う時間の過不足を被説明変数とした分析について、回帰分析の結果から得られた傾向を中心にまとめると、まず、管理職本人の個人属性や組織の属性に関して、年齢が若く、管理職としての経験年数が短い、課長相当がマネジメント時間が不足していると感じている。全体で共通しているのは、労働時間が長いほうが不足していることと、「仕事以外の時間も大切」と考えている人のほうが足りていることである。「課長相当」と「部長相当」にデータを分けて行った分析では、「課長相当」はプレイング比率は高いほうが不足している一方、「部長相当」ではプレイング比率の影響は見られなかった。プレイング比率の結果の違いは、「課長相当」のほうがプレイング比率が高いという、職場での役割の違いが反映されている。

　仕事特性との関係については、全体で共通しているのは、「時間内に仕事が処理しきれない」や「一生懸命働かなければならない」など仕事の負荷が高いとマネジメント時間も不足する傾向である。「課長相当」と「部長相当」の違いは、「課長相当」では、「仕事の範囲や目標が明確」な人は足りていて、「部長相当」では、「自分のペースで仕事ができる」や「仕事の順番・やり方を決めることができる」といった人は足りていることから、「課長相当」は仕事の範囲や目標が明確であること、「部長相当」は仕事の進め方の裁量性（自律性）がマネジメント時間に影響していることが示唆される。

　職場の状況（「部下」「職場」「上司」）との関係で一貫して得られた傾向は、「職場の人数に比べて仕事の量が多い」とマネジメント時間が不足する傾向である。人員配置が適切に行われないことは職場全体の仕事の負荷を高

めることになり、マネジメント時間にも影響する。「課長相当」と「部長相当」の違いについて、「部下の現状」では、「課長相当」は「部下が育たない」や「管理職が部下の業務をフォロー」で不足していて、「部長相当」は「部下の能力のばらつきが大きい」で不足している。「課長相当」で「管理職が部下の業務をフォロー」の影響があるのは、プレイング比率が高いこととも関係するだろう。また「職場の現状」については、「課長相当」のみ「特定の人に仕事が偏っている」ことの影響があり、「直属の上司の現状」についても、「課長相当」のみ「残業を前提に仕事の指示をする」ことが影響している。これらのことから職場の状況については、仕事の量と人員の配置がマッチしていないこと、部下の能力が十分ではなくて業務がこなせないこと、上司が仕事量の調整をしないことなどがマネジメント時間の不足に影響を与えていることが分かった。

　さらに、部下の能力がマネジメント時間の不足に影響していることに関連して管理職としての自己評価について調べたところ、「統括する部署の管理（マネジメント）の自己評価」に比べて「部下の指導や育成の自己評価」が相対的に低く、部下の育成が思うようにできていないことが示唆された。

　最後に、職場改善の取り組みとの関係について、「管理職としての取り組み」では、全体では「他部署や上司、顧客と話し合って可能な限り業務量を削減している」でマネジメント時間が不足していて、「部下になるべく仕事を任せ、管理職の業務に専念できるようにしている」で足りている傾向が見られたが、「課長相当」と「部長相当」それぞれの分析では、後者について「課長相当」のみが有意であり、「部長相当」ではいずれの項目も有意な結果が得られなかった。この結果もプレイング比率の違いが関係しているかもしれない。「働き方改革の取り組み」については、「時間・休暇に関する取り組み」で一貫して「管理職自身が働く時間を減らしたりする」でマネジメント時間が足りている傾向が見られた。「職場管理・業務遂行に関する取り組み」では、全体と「部長相当」で「業務量を減らす」、「課長相当」では「ペーパーワークを減らす」で不足している傾向が見られた。管理職がマネジメント時間を十分に確保するためには、状況に応じて様々な取り組みが必要だが、ここでは、仕事を任せることのできる部下がいること、管理職自身の働

く時間を減らすことがマネジメント時間の過不足に影響していることが分かった。

　全体を通して、マネジメント時間の不足に影響している主な要因は、そもそも業務量が多いこと、業務量に対して適切な人員配置がなされていないこと、上司が業務量の調整を怠っていること、部下がこなせない業務の肩代わりをしていること、そして管理職自身が時間制約を意識しているかどうかなどである。佐藤（2020）は、管理職の登用に、仕事上の成果などの「テクニカルスキル」だけではなく、部下の指導力や育成力などの「ヒューマンスキル」を重視する必要があると述べている。部下をうまく育成することは、管理職自身のマネジメント時間の確保とともに、職場の生産性を上げることにもつながると考える。

　今後の課題として、本章での分析対象は「管理職」として一律の扱いにしたが、「課長相当」と「部長相当」で影響がある業種に違いが見られたように、管理職といっても様々な職場・現場で働いているため、そういった働き方の特徴を加味した分析が必要と考える。また、職場の状況について、部下や上司の現状との関係も検討したが、職場での部下や上司とのより具体的な関わりについて調べる必要があるだろう。

第3章　労働者の健康・メンタルヘルスと労働環境の課題

第1節　はじめに

　本章は、雇用労働者の健康・メンタルヘルスについて、労働政策研究・研修機構（以下、"JILPT"という。）が2020年に行った個人アンケート調査をもとに考察する[1]。とりわけ、業務負荷と健康・メンタルヘルスとの関係に焦点を当て、長時間労働等、健康リスクとなる労働環境の課題について議論する。

　健康は個人のウェルビーイングにとって重要な要素であり、国の政策においても、厚生労働省「健康日本21（第2次）」において、健康格差の縮小、こころの健康の維持・増進が、政策目標として掲げられている。

　人々の健康状態について、厚生労働省『国民生活基礎調査』では、自覚症状、通院、日常生活への影響、健康意識、悩みやストレスの状況、こころの状態、健康診断等の受診状況等が把握されている。「2019年　国民生活基礎調査の概況」によると、病気やけが等で自覚症状のある者の割合（有訴者率（人口千対））は302.5で、男女別では、男性（270.8）に比べて女性（332.1）で高い。年齢階級別にみると、「10～19歳」の157.1が最も低く、年齢階級が高くなるにしたがって上昇する。また、具体的な身体的症状として、30代後半頃から、体のだるさ、不眠、頭痛、腹痛、歯の痛み、発疹、肩こり、腰痛、関節痛などの自覚症状が生じる傾向にある。また、「悩みやストレスがある」者の割合は、男性43.0％、女性52.4％であり、年齢階級別にみると、男女ともに30代から50代で高く、男性で約5割、女性で約6割が該当する。

　人々の健康には、生物学的要因のほか、経済状態、家族関係、生活環境、

1　本章は、「仕事・働き方と健康状態」JILPT調査シリーズNo.222第5章、および、「メンタルヘルスに関わる業務負荷」労働政策研究報告書No.217第5章に加筆修正したものである。

生活習慣（睡眠、食事、運動など）等、多様な要因が関わる。仕事・働き方も関係する。例えば、失業や不安定雇用が健康に負の影響を及ぼすことや、長時間労働等の過重労働が健康に悪影響を及ぼすことが知られる。労働者の健康・メンタルヘルス状態を把握するとともに、その背景要因の考察が求められている。

労働者の健康は企業にとっても重要な課題である。近年は、労働者の健康状態が労働生産性に影響するという知見も示されており、人事労務施策のひとつとして従業員の健康増進やエンゲイジメント向上が推進されている。

本章では、こうした状況をふまえ、アンケート調査データをもとに、労働者の健康について検討していく。本章の前半では、働く者の健康状態（身体的健康、メンタルヘルス）について概観する。後半では、メンタルヘルスに着目し、メンタルヘルス悪化リスクに関わる労働環境について分析を行う。

第2節　働く者の健康状態

まず、働く者の健康状態（身体的健康、メンタルヘルス）について、調査データをもとに概観しよう。その際、男女別・年齢階級別の結果を示すとともに、労働時間別の数値も示し、長時間労働者の健康状態について調査結果を見る。

JILPT 調査は、フルタイムで働く雇用労働者（所定労働時間が週 35 時間以上）を対象としたものである[2]。こうした特徴をもつデータをもとに、労働者の健康状態と就業状態との関係を考察する。

1 主観的健康感

最初に、調査において「現在のあなたの健康状態はいかがですか」と尋ねた設問への回答（＝「主観的健康感」と呼ばれる指標）の結果を見る。人々の主観的健康感は、身体的健康やメンタルヘルスとも関係するものであり、

---

[2]　調査の概要や基礎集計は労働政策研究・研修機構（2022）を参照。JILPT 調査は、2020 年 11 月に実施された調査であるという特徴があり、2020 年から感染拡大が続いた新型コロナウイルス禍（コロナ禍）における状況も示されていよう。

図表 3-1　主観的健康感（Q42）（%）

		よい	まあよい	ふつう	あまりよくない	よくない	合計	(N)
	合計	18.5%	32.8%	33.4%	12.7%	2.6%	100.0%	10998
性別	男性	17.6%	32.5%	34.6%	12.6%	2.7%	100.0%	7105
	女性	20.1%	33.3%	31.3%	12.9%	2.4%	100.0%	3893
年齢層	20代	23.1%	34.3%	28.7%	11.8%	2.1%	100.0%	1932
	30代	19.4%	33.9%	32.3%	11.4%	3.0%	100.0%	2395
	40代	18.5%	31.9%	34.3%	12.3%	2.9%	100.0%	2849
	50代	15.4%	31.1%	35.7%	15.1%	2.7%	100.0%	2431
	60代	16.1%	33.4%	36.2%	13.0%	1.3%	100.0%	1391
1か月の実労働時間	160時間未満	18.9%	33.6%	31.6%	12.8%	3.0%	100.0%	1861
	160〜180時間未満	19.1%	31.8%	35.2%	12.0%	1.8%	100.0%	4138
	180〜200時間未満	17.5%	34.5%	32.9%	12.9%	2.2%	100.0%	1870
	200〜240時間未満	17.9%	33.8%	32.4%	13.7%	2.3%	100.0%	1859
	240時間以上	17.6%	31.0%	34.0%	13.9%	3.5%	100.0%	626

健康状態の代表的な指標のひとつである。図表 3-1 を見ると、全体では、「よい」18.5％、「まあよい」32.8％、「ふつう」33.4％、「あまりよくない」12.7％、「よくない」2.6％という分布になっている。属性別に見ると、年齢による若干の差がうかがえる。労働時間の長さによる違いはうかがえない。1か月の実労働時間「240時間以上」の者でも「よい」17.6％、「まあよい」31.0％であった。

2　身体的な健康状態

　次に、身体的な健康状態に関して、自覚症状の有無および内容について検討する[3]。図表 3-2 を見ると、全体では、何らかの自覚症状を抱えている者の割合は 26.3％であった。この図表では、「頭痛」「めまい」「動悸」「不眠」「胃痛・腹痛」「関節痛」「背中・腰・肩の痛み」「からだ全体のだるさ」につ

3　調査では「あなたは現在、病気やケガなどで具合の悪いところ（自覚症状）がありますか」と尋ねられており、「ある」と回答された場合に、どのような症状かが複数回答方式で質問されている。

図表 3-2　自覚症状の有無（Q43）、内容（Q43SQ, 複数回答）（%）

		自覚症状なし	自覚症状あり	頭痛	めまい	動悸	不眠	胃痛・腹痛	関節痛	背中・腰・肩の痛み	からだ全体のだるさ	合計	(N)
	合計	73.7%	26.3%	7.1%	3.0%	2.2%	5.1%	4.0%	4.1%	10.6%	6.3%	100.0%	10998
性別	男性	73.4%	26.6%	6.0%	2.4%	1.9%	4.7%	3.5%	4.1%	10.1%	5.6%	100.0%	7105
	女性	74.1%	25.9%	9.2%	4.1%	2.7%	5.8%	4.8%	4.2%	11.5%	7.8%	100.0%	3893
年齢層	20 代	81.2%	18.8%	8.3%	3.4%	2.4%	4.6%	3.7%	1.3%	5.4%	5.7%	100.0%	1932
	30 代	78.5%	21.5%	7.7%	2.3%	2.0%	4.8%	3.4%	2.4%	7.7%	5.7%	100.0%	2395
	40 代	75.3%	24.7%	7.7%	3.4%	2.1%	4.7%	4.3%	4.2%	6.4%	6.4%	100.0%	2849
	50 代	66.7%	33.3%	7.1%	3.3%	2.6%	6.4%	4.4%	6.2%	15.5%	7.9%	100.0%	2431
	60 代	63.9%	36.1%	3.2%	2.4%	1.7%	4.5%	3.7%	7.2%	13.5%	5.5%	100.0%	1391
1か月の実労働時間	160 時間未満	72.1%	27.9%	7.3%	3.4%	1.7%	5.4%	3.8%	4.4%	11.4%	6.5%	100.0%	1861
	160〜180 時間未満	75.6%	24.4%	5.9%	2.4%	2.3%	4.6%	3.3%	3.9%	10.8%	6.1%	100.0%	4138
	180〜200 時間未満	73.6%	26.4%	6.5%	2.8%	2.0%	4.9%	4.4%	4.0%	10.8%	5.8%	100.0%	1870
	200〜240 時間未満	72.6%	27.4%	8.0%	3.4%	2.4%	5.3%	4.7%	3.8%	11.8%	7.2%	100.0%	1859
	240 時間以上	71.1%	28.9%	11.0%	3.4%	2.6%	5.8%	6.2%	5.6%	12.0%	7.7%	100.0%	626

いて、自覚症状のある割合を示しているが、「背中・腰・肩の痛み」（10.6％）、「頭痛」（7.1％）、「からだ全体のだるさ」（6.3％）などで該当割合が高い。属性別に見ると、年齢が上がるほど自覚症状がある割合が高く、50代では 33.3％、60 代では 36.1％が、何らかの自覚症状があると回答している。また、労働時間別に見ると、1 か月の実労働時間が 160 時間以上の者のうち、労働時間が長い者ほど、自覚症状がある割合が高いことも示されている。例えば、1 か月の実労働時間 240 時間以上の者では、「頭痛」（11.0％）、「胃痛・腹痛」（6.2％）、「関節痛」（5.6％）、「背中・腰・肩の痛み」（12.0％）、「からだ全体のだるさ」（7.7％）などの自覚症状が示されており、自覚症状を抱えている者の割合が相対的に高い。

　次に、健康診断（定期健康診断や人間ドック）における異常発見の有無や、異常が指摘された項目について検討する[4]。図表 3-3 をみると、過去 1 年間に健診を受診した者のうち、40.5％の者において何らかの異常があったと

4　図表 3-3 は、過去 1 年間に健診を受診した者のみを対象とした集計結果である。本章では健診の受診有無については集計結果を示していないが、属性別に見ると、年齢が高い者や有配偶の者ほど健診受診割合が高いといった特徴があり、業種・職種による差も見られた。

図表 3-3　健康診断での異常発見有無（Q46SQ1）、
異常項目（Q46SQ2, 複数回答）（%）

		異常なし	異常あり	BMI	体脂肪率	コレステロール（脂質）	血糖	血圧	合計	(N)
	合計	59.5%	40.5%	9.3%	9.3%	16.6%	5.5%	9.2%	100.0%	8503
性別	男性	57.4%	42.6%	10.9%	11.7%	18.2%	6.9%	11.4%	100.0%	5585
	女性	63.6%	36.4%	6.1%	4.5%	13.5%	2.8%	5.0%	100.0%	2918
年齢層	20代	74.2%	25.8%	5.9%	3.7%	6.7%	1.6%	2.7%	100.0%	1232
	30代	68.3%	31.7%	7.1%	6.8%	11.7%	2.7%	4.0%	100.0%	1701
	40代	59.1%	40.9%	9.5%	10.9%	16.5%	4.9%	8.3%	100.0%	2293
	50代	49.7%	50.3%	11.3%	11.5%	22.6%	8.1%	13.7%	100.0%	2068
	60代	50.0%	50.0%	11.8%	11.5%	23.6%	10.3%	17.0%	100.0%	1209
1か月の実労働時間	160時間未満	56.6%	43.4%	9.5%	8.2%	17.3%	6.1%	9.0%	100.0%	1416
	160〜180時間未満	59.9%	40.1%	9.1%	8.4%	16.9%	5.6%	9.0%	100.0%	3196
	180〜200時間未満	59.9%	40.1%	9.5%	10.0%	16.4%	4.4%	9.7%	100.0%	1489
	200〜240時間未満	59.8%	40.2%	9.7%	11.0%	16.8%	6.2%	9.6%	100.0%	1509
	240時間以上	57.9%	42.1%	8.9%	11.2%	16.3%	4.7%	11.8%	100.0%	473

回答されている。異常があった検査項目を見ると、全体としては、「コレステロール（脂質）」16.6%が最も多く、「BMI」9.3%、「体脂肪率」9.3%、「血圧」9.2%が続く。

　属性別に見ると、男女差があり、男性ほど異常があったとする割合が高い。また、年齢が高いほど「異常あり」の割合が高く、特に、「コレステロール」「血糖」「血圧」の異常割合が年齢とともに上昇する。また、労働時間別に見ると、1か月の実労働時間が240時間以上の者において、「血圧」に異常がある割合が11.8%、「体脂肪率」に異常がある割合が11.2%と、他の労働時間グループより高い割合であった。

3　メンタルヘルス

　次に、メンタルヘルスの状況をみる。本調査では、メンタルヘルスの指標として、「K6」と呼ばれる尺度を用いた。これは、うつ病・不安障害などの精神疾患をスクリーニングすることを目的として、Kesslerらが開発した6

項目からなる尺度で[5]、メンタルヘルスの状態を示す指標として広く利用されている。通常、回答はスコア化（0〜24 点）され、スコアが高いほど、メンタルヘルスの状態が悪いとみなされる。また、カットオフ値として、5 点以上の場合、何らかの不調をかかえているとされる。クロス表では、「0〜4 点」「5〜9 点」「10〜12 点」「13 点以上」のカテゴリーとして示す[6]。

図表 3-4 は、調査対象者における K6 スコアの状況を示す[7]。全体で見る

図表 3-4　メンタルヘルス（K6 スコア）（Q51_1〜6）（%）

		0〜4 点	5〜9 点	10〜12 点	13〜24 点	5 点以上 （合計）	(N)
	合計	59.3%	17.3%	11.1%	12.3%	40.7%	8682
性別	男性	60.2%	16.9%	11.0%	11.9%	39.8%	5938
	女性	57.3%	18.1%	11.3%	13.2%	42.7%	2744
年齢層	20 代	46.1%	17.9%	14.0%	22.0%	53.9%	1489
	30 代	51.7%	19.0%	13.0%	16.3%	48.3%	1974
	40 代	60.7%	16.8%	11.1%	11.4%	39.3%	2353
	50 代	67.4%	16.6%	9.6%	6.4%	32.6%	1995
	60 代	76.3%	15.0%	5.5%	3.1%	23.7%	871
1か月の実労働時間	160 時間未満	61.3%	15.7%	10.9%	12.1%	38.7%	1360
	160〜180 時間未満	60.8%	16.7%	11.5%	11.1%	39.2%	3363
	180〜200 時間未満	59.8%	17.8%	10.0%	12.3%	40.2%	1665
	200〜240 時間未満	55.6%	19.5%	11.0%	13.9%	44.4%	1719
	240 時間以上	55.0%	16.3%	12.7%	16.0%	45.0%	575
深夜労働	なし	62.8%	17.1%	10.1%	10.0%	37.2%	6785
	あり	46.8%	17.9%	14.7%	20.6%	53.2%	1897
休日出勤	なし	63.2%	16.2%	10.3%	10.3%	36.8%	5854
	あり	51.1%	19.6%	12.8%	16.5%	48.9%	2828

注：深夜労働、休日出勤は、「よくある」「時々ある」を「あり」とし、「ほとんどない」「全くない」を「なし」とした。

5　Kessler et al.（2002）参照。日本語版の開発は Furukawa et al.（2008）。調査では、「過去 30 日間の間に、どれくらいの頻度で次のことがありましたか」という設問における「神経過敏に感じましたか」などの 6 項目について、「いつも」〜「全くない」の 5 件法で尋ねられている。各項目を、「いつも」= 4 点〜「全くない」= 0 点のようにスコア化し、合計スコアを用いた。

6　厚生労働省『国民生活基礎調査』では、K6 スコア 10 点以上が、気分障害・不安障害に相当する心理的苦痛を感じている者として扱われている。

7　メンタルヘルス K6 の集計については、本章後半の要因分析で扱うことから、そこで扱う変数の欠損値を除外したサンプルについて集計している。そのため、第 2 節の他の図表とはサンプルサイズ(N)が異なる。

と、 K6スコア「0〜4点」59.3％、「5〜9点」17.3％、「10〜12点」11.1％、「13〜24点」12.3％であり、メンタルヘルスで何らかの不調をかかえているとされる「5点以上（合計）」の割合は40.7％であった[8]。K6スコアの分布に男女で大きな違いはないが、年齢別では20〜30代など若年層ほどK6スコア5点以上の割合が高い。

労働時間別に見ると、1か月の実労働時間「240時間以上」の者においてK6スコア「5点以上」は45.0％であり、労働時間が長い者ほどメンタルヘルスの状態が悪い傾向がうかがえる。

4 健康状態の仕事への影響

労働者の健康状態は、仕事へも影響を及ぼそう。例えば、健康状態が悪い労働者において、欠勤・遅刻や、業務効率の低下などが生じると指摘される[9]。また、健康状態の悪化は、生産性の低下のみならず、場合によっては労働者の離職にもつながりかねない。健康状態に問題があることで業務効率が低下したり離職が引き起こされたりするならば、働く者個人のみならず、企業にとっても望ましいものではない。労働環境による健康状態悪化が、生産性低下をもたらし、個人や企業にとって損失となり得るという考え方が浸透してきた。

では、業務効率が低下したり、ミスが多くなったりするなどの業務パフォーマンス低下は、どのような者で認識されているのか。調査では、「不注意による仕事のミスをすること」「自分がこなすべき業務を達成できないこと」「自分の仕事の効率が落ちていること」「病気やケガ、体調不良を理由に、仕事を休むこと」といった項目について、過去1か月における頻度を尋

8　本章で扱うデータは、2020年11〜12月に行われた調査をもとにしていることから、コロナ禍の状況がメンクルヘルスに反映されている可能性がある。コロナ禍のメンタルヘルスについては、山本・石井・樋口（2021）などの研究があり、 JILPT コロナ個人パネル調査データを用いた高見（2021）でも検討した。

9　健康状態の仕事への影響は、「アブセンティーイズム」「プレゼンティーイズム」という言葉で議論されることもある。「アブセンティーイズム」とは、病気や体調不良などにより従業員が会社を欠勤することであり、出社しているのにもかかわらず、心身の状態の悪さから生産性が上がらない状態は「プレゼンティーイズム」と呼ばれる。プレゼンティーイズムの多様な定義や研究動向については、武藤（2019）を参照。

ねた。

　図表 3-5 では、各出来事が「たびたびあった」「たまにあった」割合の合計を属性別に示した。年齢別に見ると、20 代の者で、「不注意による仕事のミスをすること」「自分がこなすべき業務を達成できないこと」「自分の仕事の効率が落ちていること」「病気やケガ、体調不良を理由に、仕事を休むこと」の割合が高い。年齢が低いほど、パフォーマンスの水準に問題を感じている様子がうかがえる。また、労働時間が長い者ほど、業務遂行に関わる問題状況を感じていた。例えば、1 か月の実労働時間 240 時間以上の者では、「不注意による仕事のミスをすること」に 39.8％、「自分がこなすべき業務を達成できないこと」に 36.3％、「自分の仕事の効率が落ちていること」に 47.4％の者が該当していた。長時間労働と業務効率の低下には関係があることが示唆される[10]。

図表 3-5　業務遂行上の問題状況（Q50_1〜7）（%）

		不注意による仕事のミスをすること	自分がこなすべき業務を達成できないこと	自分の仕事の効率が落ちていること	病気やケガ、体調不良を理由に、仕事を休むこと	合計	(N)
	合計	35.6%	29.1%	39.8%	15.2%	100.0%	10998
性別	男性	35.0%	30.7%	40.5%	15.1%	100.0%	7105
	女性	36.5%	26.1%	38.6%	15.2%	100.0%	3893
年齢層	20 代	50.9%	38.7%	48.1%	22.2%	100.0%	1932
	30 代	41.2%	33.8%	45.1%	17.5%	100.0%	2395
	40 代	33.3%	29.4%	40.1%	14.4%	100.0%	2849
	50 代	28.2%	23.2%	33.7%	11.1%	100.0%	2431
	60 代	21.9%	17.4%	29.3%	9.9%	100.0%	1391
1か月の実労働時間	160 時間未満	35.0%	24.0%	35.7%	15.8%	100.0%	1861
	160〜180 時間未満	33.3%	25.7%	35.9%	14.1%	100.0%	4138
	180〜200 時間未満	36.7%	30.1%	42.9%	12.3%	100.0%	1870
	200〜240 時間未満	37.2%	34.7%	46.5%	14.4%	100.0%	1859
	240 時間以上	39.8%	36.3%	47.4%	17.3%	100.0%	626

10　ただし、1 時点の調査結果からは、長時間労働によって業務効率が下がったのかどうかまでは確かめられない。

第3節 メンタルヘルスに関わる業務負荷

1 強いストレスをともなう業務上の出来事

　第2節では、労働者の健康状態（身体的健康、メンタルヘルス）について概観するとともに、労働時間と健康状態との関係について、基礎集計をもとに検討した。本章後半では、このうちメンタルヘルスを取り上げ、どのような労働環境がメンタルヘルス悪化リスクに関わるのか、要因分析を行う。

　業務負荷については、長時間労働が代表的な指標である。しかし、メンタルヘルスに影響する業務負荷を労働時間の長さのみに集約できるものではなく、業務負荷・職場環境要因が多様であることにも留意したい。例えば、「精神障害の労災認定基準」を参照すると、事件・事故への遭遇、仕事の量・質、職場の人間関係、セクシュアルハラスメントなどが精神障害に係る業務上の負荷として評価されている。こうした多様な業務負荷要因を考慮する必要があるだろう。

　では、どういう業務上の出来事がメンタルヘルスに関わるのか。調査票では、「過去6か月の間（2020年5月～現在）に、仕事に関連したことで、次のような出来事がありましたか」という設問（Q40）によって、調査時点から遡って半年間における、強い心理的負荷を生じさせる業務上の出来事（13項目）の有無が尋ねられている。調査項目は、精神障害の労災認定基準における「具体的出来事」の項目を参考に作成された[11]。回答方式は、項目ごとに「あった」「なかった」の2択である。

　まず、どのくらいの労働者が心理的負荷となる出来事を経験しているのか。上記質問の各項目について「あった」を1として出来事数を算出した。過去6か月間に経験された業務上の出来事の数について、調査結果を見る[12]

11　「具体的出来事」に係る詳細は、厚生労働省・都道府県労働局・労働基準監督署『精神障害の労災認定』を参照。本調査で調査項目としたものは、同認定基準の対象となる精神障害の発病前おおむね6か月の間に、それに該当する出来事があれば、業務による強い心理的負荷があったと認められる出来事である。ただし、調査の回答に基づく出来事の有無は、あくまで回答者の主観に基づくものであり、客観的に見た出来事の有無（同種の労働者が一般的にどう受け止めるかという観点から評価）を判断基準とする労災認定とは異なる点に留意したい。

12　以降の図表では、第4節の回帰分析で扱う変数に欠損値のないサンプル（N = 8682）を分析対象としている。

（図表 3-6）。出来事数 0（なし）の者が多いが（71.6％）、3 割近くの者が何かしらの出来事を経験しており、複数の出来事を経験したケースも見られる。

　では、どのような業務上の負荷を経験したのか。業務負荷の内容（複数回答）の分布を示す（図表 3-7）。「仕事量・質変化」の割合が 14.7％で最も高

図表 3-6　過去 6 か月における強いストレスを伴う業務上の出来事数

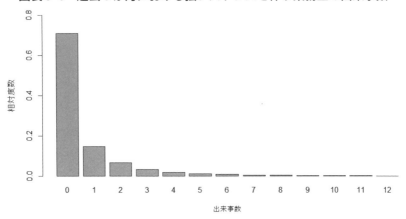

図表 3-7　過去 6 か月間における強いストレスを伴う業務上の出来事：
　　　　　当該出来事が「あった」割合（N=8682）

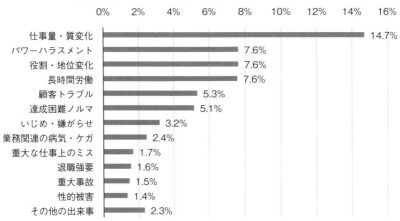

い。次いで、「パワーハラスメント」「役割・地位変化」「長時間労働」が7.6%挙げられ、「顧客トラブル」「達成困難ノルマ」もそれぞれ5.3%、5.1%の者があったと回答している。この結果は、回答者の主観に基づくものであるが、業務において強いストレスを感じる出来事があったとする者が一定数いることがわかる。

2 業務上の出来事有無に関する類型的把握

　誰がどのような出来事を経験し、メンタルヘルス不調が生じているのか。複数の出来事の経験によってメンタルヘルス悪化が生じる可能性があることを考慮して検討したい[13]。例えば、役割や地位が変化したことで業務量が増加した場合や、顧客とのトラブルに伴って長時間労働になった場合などがあるだろう[14]。そこで、本章では、13の出来事の回答傾向から、業務上の出来事に関する類型的な把握を試みる。具体的には、クラスター分析の手法を用い、回答傾向から8つのグループに分類した[15]。

　ここで、析出された各グループの特性について記述するため、類型別の各出来事（13項目）の発生割合を示す（図表3-8）。各類型の特徴について見ていきたい。第1類型は、「達成困難ノルマ」経験のあるケースが多く含まれることに最大の特徴があり、「過重ノルマ中心」類型とした。「仕事量・質変化」や「業務関連の病気・ケガ」を経験したケースも少なからず含まれている。第2類型は、全ての出来事に該当がないのが特徴であり、「業務負荷イベントなし」類型とした。以下の検討における基準カテゴリーとなる。第3類型は、長時間労働が100%該当していることから「長時間労働中心」類型とした。なお、同類型では「仕事量・質変化」も29%経験されており、

13　先行研究でも、様々な出来事の発生が重なることで、メンタルヘルスに重大な影響を及ぼす場合が検討される。例えば、木内（2021）では、精神障害の労災認定事案において複数項目の組み合わせで認定された事案が54.2%あることを示し、その類型化を試みている。
14　精神障害の労災認定事案においては、心理的負荷に関わる業務上の出来事について複数該当するケースが珍しくない。また、業務上の出来事有無とその前後における長時間労働（恒常的長時間労働）とで総合評価がなされる場合もあることから、出来事単体の発生有無のみならず、複数の出来事の組み合わせで考える視点が有用と考えられる。
15　グループを8つに分けた理由は、クラスター分析で描かれたデンドログラムの形状から妥当性があると判断されたこと、また、8つのグループが特徴ある類型として説明可能であることによる。詳細は高見（2022b）参照。

図表 3-8　各類型の特徴：
強いストレスを伴う業務上の出来事の発生割合－類型別－（%）

類型の特徴	第 1 類型 (N=361) 過重 ノルマ 中心	第 2 類型 (N=6160) 業務負荷 イベント なし	第 3 類型 (N=376) 長時間 労働中心	第 4 類型 (N=578) パワー ハラスメ ント中心	第 5 類型 (N=362) 役割・ 地位変化 中心	第 6 類型 (N=440) 仕事量・ 質変化 単独	第 7 類型 (N=107) 全般的な 負荷認識	第 8 類型 (N=298) 顧客 トラブル 中心
長時間労働	20%	0%	100%	8%	6%	0%	74%	20%
業務関連の病気・ケガ	31%	0%	0%	5%	3%	0%	56%	0%
重大事故	14%	0%	0%	1%	2%	0%	56%	1%
重大な仕事上のミス	21%	0%	0%	2%	1%	0%	52%	1%
退職強要	2%	0%	0%	3%	15%	0%	50%	1%
いじめ・嫌がらせ	6%	0%	0%	22%	13%	0%	68%	3%
パワーハラスメント	9%	0%	3%	70%	31%	0%	70%	9%
性的被害	2%	0%	0%	7%	1%	0%	63%	0%
役割・地位変化	21%	0%	12%	10%	93%	0%	67%	25%
仕事量・質変化	34%	0%	29%	39%	52%	100%	57%	44%
顧客トラブル	14%	0%	0%	9%	3%	0%	49%	100%
達成困難ノルマ	56%	0%	3%	19%	1%	0%	62%	17%
その他の出来事	1%	0%	0%	32%	2%	0%	7%	0%
	100%	100%	100%	100%	100%	100%	100%	100%

両者が付随して起こっているケースが少なからずあることがわかる。第 4 類型は、パワーハラスメント経験が 70% 該当していることに特徴があり、「パワーハラスメント中心」類型とした。なお、同類型では、同僚からのいじめ・嫌がらせの経験割合も 22% と相対的に高く、職場の人間関係に困難を抱えている人が多い類型と考えられた。第 5 類型は、「役割・地位変化」を経験した割合が 93% あるのが特徴であり、「役割・地位変化中心」類型とした。仕事の量・質の変化も 52% が該当しており、役割や地位の変化にともなって業務量が著しく増加したケースなどが含まれると考えられる。第 6 類型は、「仕事の量・質変化」が 100% 該当しているが、他の出来事はないため、「仕事量・質変化単独」類型とした。第 7 類型は、全ての出来事について該当割合が高いことから「全般的な負荷認識」類型とした[16]。第 8 類型は、

16　この第 7 類型については、多くのストレスフルな出来事が起こっていると回答者に認識されているが、この全てのケースを、客観的状況（劣悪な労働環境）として読み取るのが適切か否かは判断を留保したい。全ての出来事に「該当」としたケースはエラーとして扱ったものの、こうし

「顧客トラブル」の該当割合が100％であることに最大の特徴があり、「顧客トラブル中心」類型とした。回答傾向からは、仕事量・質変化や長時間労働が付随して起こっているケースもあることがうかがえる。

このように、心理的負荷に関わる業務上の出来事は、複数経験される場合が少なくないが、どのような出来事が同時に経験されやすいかには一定の傾向があり、業務負荷の経験に関する類型が構築されうることがわかった。

3 出来事の発生状況の分布

上記で析出した業務上の出来事の各類型が、属性との関係でどのように分布しているか、性別、年齢階層別に検討する（図表3-9）。

図表を見ると、年齢による傾向の違いがあり、性別によっても傾向の相違がうかがえる。図表には掲げていないが、労働時間との関係を見ると、「業務負荷イベントなし」の類型に比べて、「長時間労働中心」類型で直近の労働時間が長いが[17]、加えて、他の類型でも、「業務負荷イベントなし」類型に

図表3-9　業務上の負荷に関わる出来事類型の分布
－性別、年齢階層別－（%）

		過重ノルマ中心	業務負荷イベントなし	長時間労働中心	パワーハラスメント中心	役割・地位変化中心	仕事量・質変化単独	全般的な負荷認識	顧客トラブル中心	(N)
	合計	4.2%	71.0%	4.3%	6.7%	4.2%	5.1%	1.2%	3.4%	8682
性別	男性	4.6%	71.0%	4.9%	5.8%	3.8%	4.7%	1.4%	3.8%	5938
	女性	3.3%	70.9%	3.0%	8.5%	4.9%	5.8%	0.9%	2.7%	2744
年齢階層	20代	4.8%	68.7%	2.9%	6.8%	5.2%	5.8%	2.6%	3.2%	1489
	30代	4.6%	68.5%	6.0%	5.9%	4.0%	6.1%	1.2%	3.7%	1974
	40代	4.4%	70.6%	5.0%	6.8%	3.9%	4.4%	1.0%	3.9%	2353
	50代	3.4%	72.9%	3.2%	7.7%	4.5%	5.0%	0.6%	2.7%	1995
	60代	3.0%	76.9%	3.9%	5.2%	2.6%	3.6%	1.1%	3.7%	871

た類型が存在することは、労働者の心理的負荷を検討する際に課題と考えられた。本章では、この類型の傾向については解釈を控えたい。

17　類型での「長時間労働中心」は過去6か月間における月80時間以上の時間外労働有無であり、「1か月の実労働時間」は2020年10月（調査の直近月）の実労働時間数の設問をもとにしているため、重なる部分は大きいものの、完全に一致する指標ではない。

比べて労働時間が長い傾向が確認できた。業務量負荷や職場の人間関係トラブルといった業務上の出来事が、長い労働時間と同時的に生じる場合があることが確認される。

4 出来事類型とメンタルヘルス

　業務上の出来事は、このように、労働者の年齢等によって発生状況に違いがある。次に、出来事に関する 8 類型と K6 スコアとの関係をみる（図表3-10）。出来事は過去 6 か月間における有無について尋ねており、メンタルヘルスは最近 1 か月間の状態について質問しているので、多くの場合、ストレスを伴う出来事が先行して発生し、それがメンタルヘルスに影響したものとして解釈できよう。集計結果を見ると、「第 2 類型：業務負荷イベントなし」に比べて他の類型において K6 スコア 5 点以上の割合が高いなど、強いストレスを伴う業務上の出来事がある場合は、ない場合に比べて、メンタルヘルスの状態が悪い傾向にある。特に、「過重ノルマ中心」「パワーハラスメント中心」「役割・地位変化中心」類型で K6 スコア 5 点以上の割合が高く、こうした業務上の出来事が、メンタルヘルスを著しく悪化させる可能性が示されている。

図表 3-10　K6 スコアの分布－業務負荷類型別－（%）

	0〜4 点	5〜9 点	10〜12 点	13〜24 点	5 点以上（合計）	(N)
合計	59.3%	17.3%	11.1%	12.3%	40.7%	8682
第 1 類型：過重ノルマ中心	28.5%	20.5%	19.4%	31.6%	71.5%	361
第 2 類型：業務負荷イベントなし	68.2%	15.6%	9.1%	7.1%	31.8%	6160
第 3 類型：長時間労働中心	50.8%	18.9%	15.2%	15.2%	49.2%	376
第 4 類型：パワーハラスメント中心	30.6%	23.2%	17.8%	28.4%	69.4%	578
第 5 類型：役割・地位変化中心	34.5%	20.7%	17.1%	27.6%	65.5%	362
第 6 類型：仕事量・質変化単独	50.2%	23.9%	12.0%	13.9%	49.8%	440
第 7 類型：全般的な負荷認識	5.6%	9.3%	25.2%	59.8%	94.4%	107
第 8 類型：顧客トラブル中心	41.6%	23.8%	10.1%	24.5%	58.4%	298

第4節　出来事類型とメンタルヘルスに関する規定要因の分析

1　出来事類型の規定要因

　本節では、第3節での基礎集計の傾向をふまえ、関連変数をコントロールした回帰分析で要因の検討を行う。まず、強いストレスを伴う業務上の出来事の類型について、職業特性やキャリアとの関係を検証した。分析方法は、出来事類型を被説明変数とする、多項ロジットモデルとする。基準カテゴリーは「業務負荷イベントなし」の第2類型とし、第1および第3～8類型になる確率を推計する。つまり、どのような職業特性・職業キャリアにある者が、どのような出来事（第1および第3～8類型に相当する出来事）を経験しやすいかを検討するものである。係数がプラスである場合は、当該負荷類型に該当する確率が高いと解釈できる。説明変数は、年齢、性別、配偶者有無、業種、職種、役職、勤続年数、転職回数である。

　結果を見ると（図表3-11）、業務負荷類型によって、関連する職業特性、キャリア要因が異なることがうかがえる。まず、ほぼ全ての類型（パワーハラスメント以外）について、年齢が関係しており、若年者ほど、業務負荷イベントを経験しやすいことが示されている。また、性別に関し、パワーハラスメントについては、女性ほど経験確率が高いことが示される。

　業種との関係を見ると、「製造業」に比べて、「専門サービス業・教育」において「長時間労働中心」「顧客トラブル中心」の負荷が経験されやすく、「飲食・宿泊・娯楽業」において「仕事量・質変化単独」の負荷が経験されやすい。また、「公務」においては「過重ノルマ中心」「長時間労働中心」「役割・地位変化中心」の負荷が経験されやすい。

　職種との関係を見ると、まず、「過重ノルマ中心」は、「事務職」に比べて、「管理的職業」「専門的・技術的職業」「販売」「サービス職業」で経験確率が高い。「長時間労働中心」の負荷は、「管理的職業」「専門的・技術的職業」で経験されやすい。「パワーハラスメント中心」の負荷は「販売」で経験確率が高い。「仕事量・質変化単独」の負荷は「生産工程」で経験確率が高い。「顧客トラブル中心」の負荷は、「管理的職業」「販売」「サービス職業」「輸送・機械運転」において経験する確率が高い。

図表3-11　強いストレスを伴う業務上の出来事に関わる各類型の規定要因（多項ロジットモデル）

被説明変数：負荷類型 (ref. 業務負荷イベントなし)	過重ノルマ中心		長時間労働中心		パワーハラスメント中心		役割・地位変化中心		仕事量・質変化単独		全般的な負荷認識		顧客トラブル中心	
	係数	標準誤差	係数	標準誤差	係数	標準誤差	係数	標準誤差	係数	標準誤差	係数	標準誤差	係数	標準誤差
定数項	-2.571 ***	.297	-2.434 ***	.306	-2.451 ***	.229	-2.489 ***	.292	-2.291 ***	.265	-2.025 ***	.571	-3.224 ***	.341
年齢	-.023 **	.008	-.042 ***	.008	-.005	.006	-.025 **	.008	-.017 †	.007	-.095 ***	.017	-.021 †	.008
女性ダミー	-.164	.138	-.257 †	.141	.313 **	.104	.230 †	.129	.179	.118	-.447 †	.258	-.239	.151
配偶者ありダミー	.062	.122	.068	.123	-.278 **	.096	-.069	.120	-.222 *	.110	.592 **	.224	.059	.136
勤め先業種（ref. 製造業）														
建設業	-.335	.318	.431 †	.253	-.173	.225	.070	.285	-.144	.295	-.608	.581	.344	.302
情報通信業	-.085	.231	.169	.222	-.255	.197	-.386	.272	.334 †	.200	-1.094 *	.550	.197	.256
運輸業・郵便業	.198	.286	.474 †	.279	.057	.244	.183	.307	.234	.278	-.051	.524	-.333	.388
卸売業・小売業	-.221	.225	.144	.228	-.603 **	.197	.313	.218	-.102	.226	.028	.386	.223	.224
金融業・保険業	.080	.261	.238	.267	.015	.207	.134	.277	-.231	.289	.157	.479	.064	.290
専門サービス業・教育	.082	.264	1.163 ***	.205	-.039	.212	-.025	.276	.303	.232	.219	.410	.673 *	.274
飲食・宿泊・娯楽業	.286	.291	.190	.324	.292	.227	.244	.309	.705 **	.249	.033	.533	.576 †	.297
医療・福祉	-.279	.289	-.432	.328	.080	.195	.231	.248	.342	.226	-.067	.432	.067	.307
その他サービス業	-.065	.209	-.025	.219	-.067	.163	.064	.213	.124	.194	.124	.343	.064	.234
公務	.539 *	.248	.765 **	.245	-.191	.243	.708 **	.236	.139	.250	-.120	.516	.527 †	.300
その他	.114	.317	-.298	.389	-.196	.265	.407	.290	.136	.298	-.103	.627	.249	.362
職種（ref. 事務職）														
管理的職業	.523 *	.241	.440 *	.216	.096	.194	.263	.229	.403 †	.219	1.002 *	.442	.569 *	.249
専門的・技術的職業	.437 *	.192	.510 **	.186	.046	.148	.215	.176	.084	.163	.760 *	.330	.091	.226
販売	.968 ***	.208	.178	.247	.491 **	.165	-.241	.239	-.187	.228	.422	.400	1.290 ***	.218
サービス職業	.551 *	.264	.286	.304	.075	.195	.117	.246	.035	.221	.542	.436	.928 **	.267
生産工程	.332	.258	-.211	.329	.176	.191	.238	.244	.626 **	.205	-.904	.598	-.477	.396
輸送・機械運転	.445	.438	.278	.483	-.073	.397	.203	.456	.114	.427	.560	.732	.991 *	.504
建設・採掘	.796 †	.463	.610	.416	.569	.346	-.474	.627	-20.727	.000	1.095	.746	-.606	.760
運搬・清掃・包装	.308	.451	.635	.416	-.559	.456	-.455	.552	-.384	.500	.061	.821	.197	.636
その他	.445	.332	.511	.334	.401	.244	.234	.303	.344	.278	-.762	1.039	-.165	.482
役職（ref. 一般社員）														
主任~課長代理相当	.253 †	.147	.949 ***	.150	.231 †	.119	.297 *	.148	.239 †	.136	-.117	.277	.725 ***	.157
課長相当以上	.165	.211	1.281 ***	.193	-.014	.177	.129	.219	-.231	.213	-.551	.414	.559 *	.217
勤続年数	.003	.008	.007	.008	-.001	.006	.010	.008	.007	.008	.053 **	.018	.005	.009
転職回数（ref. 転職なし）														
転職1回	.255 †	.150	.288 †	.149	.207	.128	.248 †	.154	.042	.140	1.145 ***	.251	.275 †	.164
転職2回以上	.351 *	.161	.544 ***	.157	.585 ***	.127	.521 **	.159	.184	.147	1.102 ***	.298	.323 †	.177
χ2乗値	685.032													
-2 対数尤度	18939.285													
McFadden pseudo-R2	0.034													
N	8682													

注：*** p＜.001; ** p＜.01; * p＜.05; † p＜.10.

　役職との関係も示されている。一般社員に比べて、「主任~課長代理相当」では「長時間労働中心」「役割・地位変化中心」「顧客トラブル中心」の負荷を経験する確率が高く、「課長相当以上」でも「長時間労働中心」「顧客トラブル中心」の負荷の経験確率が高い。

　転職経験との関係では、転職なし（初職継続者）に比べて「転職2回以上」の者で「過重ノルマ中心」「長時間労働中心」「パワーハラスメント中心」「役割・地位変化中心」の負荷が経験されやすい。このように、強いストレスを伴う業務上の出来事は、特定の職業特性、職業キャリアと密接に結

びついていることがわかる。

メンタルヘルスの規定要因

　次に、業務負荷に関わる出来事とメンタルヘルスとの関係について計量分析を行う。具体的には、心理的ストレスがあるとみなすことができるK6スコア5点以上を被説明変数とし、関連変数をコントロールしたロジットモデルで検討する。

　第2節の基礎集計で検討したように、メンタルヘルスには属性による違いがあるが、同時に、ストレスを伴う業務上の出来事有無にも属性や職業キャリア（役職や転職経験等）による差異があり、それがメンタルヘルスを大きく左右する可能性がある。この点を検討するのが目的である。

　メンタルヘルスの規定要因の推定を行うにあたり、生活状況や個人差が大きいことから、そうした要因をコントロールした。具体的には、まず、身体的な健康状態がメンタルヘルスに関わる部分を考慮するため、通院・服薬の有無をコントロールした[18]。生活上のストレスフルな出来事有無についてもメンタルヘルスに関連することから、変数を投入した[19]。また、個人差の考慮については、ストレス耐性とも呼ばれる「首尾一貫感覚」を指標として用い[20]、コントロール変数として投入した。個人差を一定程度コントロールした上で、どのような労働環境要因がメンタルヘルスに関わるかを読むことができる。

　分析は2つのモデルをもとに行った。モデル1では、基本属性（年齢、性

18　調査票では「現在、通院、もしくは日常的に服薬している病気やケガはありますか」と尋ねており、その有無を用いた。

19　調査票では、過去6か月の間の生活関連の出来事として、「重い病気やケガをした（仕事とは関係なく）」「離婚、または、配偶者（パートナー）と別居した」「配偶者や子ども、親または兄弟が亡くなった」「配偶者や子どもが重い病気やケガをした」「親類の誰かで世間的にまずいことをした人が出た」「多額の財産を損失した、または、突然大きな支出があった」「天災や火災などにあった、または、犯罪に巻き込まれた」「強いストレスを伴うその他の生活上の出来事」の8項目について有無が尋ねられている。このうち1つでも該当があった場合に「生活上のストレスフルな出来事あり」として扱った。

20　調査票では、「私は、日常生じる困難や問題の解決策を見つけることができる」「私は、人生で生じる困難や問題のいくつかは、向き合い、取り組む価値があると思う」「私は、日常生じる困難や問題を理解したり、予測したりできる」の3項目で尋ねている。「首尾一貫感覚」の指標化や活用については、山崎ほか（2019）、近藤（2005）参照。

図表 3-12　メンタルヘルス（K6 スコア 5 点以上）の規定要因

	Model 1			Model 2		
	係数	標準誤差	限界効果	係数	標準誤差	限界効果
年齢	-.033 ***	.003	-.007	-.030 ***	.003	-.006
女性	.009	.059	.002	-.002	.060	.000
配偶者あり	-.186 ***	.053	-.038	-.178 **	.054	-.034
役職（ref. 一般社員）						
主任～課長代理相当	.162 *	.066	.033	.090	.068	.017
課長相当以上	.011	.095	.002	-.042	.098	-.008
勤続年数	-.002	.004	-.001	-.003	.004	-.001
転職経験（ref. 転職なし）						
転職 1 回	.119 †	.066	.024	.074	.068	.014
転職 2 回以上	.191 **	.071	.039	.102	.073	.020
出来事類型 （ref. 業務負荷イベントなし）						
類型 1（過重ノルマ中心）				1.431 ***	.129	.274
類型 3（長時間労働中心）				.703 ***	.114	.135
類型 4（パワーハラスメント中心）				1.471 ***	.103	.281
類型 5（役割・地位変化中心）				1.167 ***	.129	.223
類型 6（仕事量・質変化単独）				.708 ***	.109	.136
類型 7（全般的な負荷認識）				2.902 ***	.437	.555
類型 8（顧客トラブル中心）				1.036 ***	.131	.198
χ 2 乗値	1434.311			1938.236		
-2 対数尤度	10301.201			9797.276		
McFadden pseudo-R2	0.122			0.165		
N	8682			8682		

注 1：*** p ＜ .001; ** p ＜ .01; * p ＜ .05; † p ＜ .10. 頑健標準誤差を表示。
注 2：業種、職種、身体的な疾患の有無、首尾一貫感覚、睡眠時間、生活上のストレスフルイベントの有無をコントロール
　　　している。

別、配偶者有無）、職業特性やキャリア（業種、職種、役職、勤続年数、転
職有無）、生活（睡眠時間、生活上の負荷イベント）、個人差（身体的健康、
ストレス耐性）に関わる変数を投入し、検討した。続いて、モデル 2 で、過
去 6 か月間における強いストレスを伴う業務上の出来事に係る 8 類型の指標
を投入し、結果の変化を見た。係数がプラスである場合は、 K6 が 5 点以上
となる確率が高いことから、メンタルヘルスを悪くする方向に作用する要素

と解釈できる。また、限界効果からは、各変数が1単位変化したときの被説明変数（K6が5点以上）の確率の変化を読むことができる[21]。

結果を読む[22]（図表3-12）。まずモデル1の結果を見ると、年齢、配偶者有無、役職、転職経験が、メンタルヘルスに関係することがうかがえる。具体的には、年齢が低いほど、無配偶者ほど、K6スコアが5点以上となる確率が高い。また、役職が「主任〜課長代理相当」である場合や、「転職2回以上」の場合にもK6スコアが5点以上となる確率が高く、こうした地位やキャリアにある者がストレスを抱えやすいことが示されている。限界効果の数値を読むと、「主任〜課長代理相当」の者は「一般社員」に比べて、K6スコアが5点以上になる確率が約3.3%高く、「転職2回以上」の者は「転職なし」に比べて、K6スコアが5点以上になる確率が約3.9%高いことがわかる。

モデル2では、過去6か月間における業務上の出来事に係る8類型指標を投入し、結果の変化を見た。類型指標の基準カテゴリーは「業務負荷イベントなし」である。これを見ると、心理的負荷に関わる出来事がなかった類型と比べて、出来事があったどの類型でも、K6スコア5点以上となる確率が高く、業務負荷がメンタルヘルスに悪影響を与えた可能性が示唆される。また、モデル2の擬似決定係数（McFadden pseudo-R2）が上昇していることから、働く者のメンタルヘルスにおいて業務負荷が大きな意味をもっていることが示されている。限界効果の数値を見ると、出来事を経験した場合はK6スコア5点以上になる確率が10〜20%以上高くなることが読み取れる。モデル1からの変化を見ると、役職「主任〜課長代理相当」や「転職2回以上」の変数では、モデル1では示されていた統計的有意性が消滅している。役職が主任〜課長代理相当の地位にある場合や、転職経験の多い者ほどストレスフルな業務上の出来事を経験する事が多く、それがメンタルヘルス悪化を一定程度説明していることが示唆された[23]。図表3-11と合わせて解釈する

---

21 ここでの限界効果は、分析に用いたサンプルの限界効果を平均したもの（平均限界効果）である。

22 図表3-12に推計値を掲載していないコントロール変数については、図表内の注2に示している。業種、職種についてもコントロール変数とし、結果は表示していないが、有意な影響を示しているものはなかった。

23 この点は本書第5章における労災認定事案の分析と一致する傾向である。労災認定事案では、転職回数の多い事案、勤続年数が短い事案の占める割合が大きい。

ならば、強いストレスを伴う業務上の出来事は、職業キャリアと密接に関わり、それが働く者のメンタルヘルス悪化リスクに大きく関わることが示された。

第 5 節　おわりに

　本章では、働く者の健康状態（身体的健康、メンタルヘルス）について、アンケート調査データをもとに概観するとともに、メンタルヘルスに関わる業務負荷について詳細な分析を行った。要点は以下の通りである。

　働く者の健康・メンタルヘルスの状態は、主観的健康感や、身体的な自覚症状、健診での異常の有無、 K6 スコアで示されるように、個人差がある。性別や年齢による違いがあるほか、労働時間の長さによる相違も見られた。また、健康状態による仕事への影響について、業務効率の低下を認識している割合は、長時間労働者で相対的に多く見られた。

　本章後半でメンタルヘルス不調に関わる要因について詳細に検討した結果、長時間労働、過重なノルマ、パワーハラスメント、顧客クレーム等の業務上の出来事が関係することがわかった。こうした出来事については、その出来事単独で心理的負荷を生じさせるほか、複数の出来事を経験することでストレス要因となる場合もある。

　業務上の出来事経験に関わる業務負荷類型をもとに検討したところ、業務負荷の有無・内容には、年齢等の属性のほか、業種・職種などの職業特性、役職、転職経験などのキャリア特性が関係することが示された。特に、若年者、主任～課長代理相当の者、転職 2 回以上の者に、特定のストレスフルな出来事が経験されやすかった。メンタルヘルスの状態にも、年齢、役職、転職有無による違いがあるが、それは、そうした属性の者が、業務において強いストレスを伴う出来事を経験しやすいことによって説明される部分があった。

　人々の健康・メンタルヘルスは、個人の生活習慣や性格特性等、業務以外の要素が関わる部分もあり、私生活やプライバシーの領域に対しては労務管理が難しいところがある。ただ、本章で見たように、健康・メンタルヘルス

において業務上のストレス要因もきわめて重要であり、職務ストレスの低減が働く者の健康にとって重要であることがあらためて確認される。

　「過重労働」の問題について議論する際に、長時間労働に議論が焦点化されがちであるが、健康・メンタルヘルスに関わる業務負荷は労働時間の長さばかりではない。労働者にとってストレスとなりうる多様な業務負荷要因に十分留意し、働く者の健康を阻害しうる労働環境を是正していくことが切に求められる。法制度において、長時間労働を防止するための法令遵守、行政による監督指導の徹底が求められるとともに、企業の労務管理においても、ハラスメントの防止等、注意すべき点を示している。

第4章　労災認定事案に見る職場管理の実情

第1節　目的と方法

1　目的

　本章は、過重負荷による労災事故の予防に資するべく、職場管理における実務的課題及び法制度運用の課題の提示に向けて行うものである。具体的には、職場における労働時間の管理を軸として、これにかかわる方法・管理の状況を検討することを通じて、過重負荷による労災事故の予防に資する適正な職場管理の在り方を検討するものである。

2　方法

⑴　用いるデータと変数

　本研究においては、平成 22 年（2010 年）度から同 26 年（2014 年）度にかけて労働基準監督署において認定判断され、労働安全衛生総合研究所・過労死等防止調査研究センター（以下、「過労死研究センター」という。）が収集・整理したデータを基礎として用いる（労災認定に係る調査復命書等の情報に基づくデータセット。脳・心臓疾患事案（以下、「脳心事案」という。）1,516 件、精神障害事案（以下、「精神事案」という。）2,041 件）。

　そして、上記 1. の目的に応じて、既存データを確認し、以下の変数がない場合、新たな変数として作成した。

- ①　職位
- ②　出退勤管理方法（方法の重複あり）
- ③　労働組合等の有無
- ④　36 協定の有無
- ⑤　36 協定が定める法定外労働時間数等
- ⑥　36 協定が定める法定外労働時間数と被災者の実労働時間数との乖

離時間数[1]

　また、精神障害認定事案については、過労死研究センターにおいて整理済みの変数（精神障害認定基準における指標）である「特別な出来事」のうち、「極度の長時間労働」の有無について個別事案を確認し、変数を作成した。

　以上の結果、今回の検討で用いた変数は以下のとおりとなる。

【脳心事案】
　①　職位
　②　出退勤管理の方法（方法の重複あり）
　③　労働組合等の有無＜新規＞
　④　36協定の有無＜新規＞
　⑤　36協定が定める法定外労働時間数等＜新規＞
　⑥　36協定が定める法定外労働時間数と被災者の実労働時間数との乖離時間数＜新規＞

【精神事案】
　①　職位＜新規＞
　②　出退勤管理の方法（方法の重複あり）＜新規＞
　③　労働組合等の有無＜新規＞
　④　36協定の有無＜新規＞
　⑤　36協定が定める法定外労働時間数等＜新規＞
　⑥　極度の長時間労働の有無＜新規＞
　⑦　恒常的長時間労働の有無
　⑧　月80時間以上の時間外労働の有無

　なお、次節の検討結果で取り上げている、被災者が属する「業種」、「職種」、「事業場規模」、また、「法定時間外労働実時間数」、「拘束時間数」などは既存データに拠っている。

1　筆者が検討に当たって作った概念。被災者が実際に働いたと認定された法定外労働時間数と、被災者に適用されていたと考えられる36協定が定めていた法定外労働時間数との間に、何時間の開きがあるか、を表す文言として用いている。

⑵ **検討の視点**

　本研究では、労働時間の長さに着目して労災事故発生の要因を職場管理の
視点から検討するが、この際、検討に当たっての視点を示すと以下のとおり
である。

　「職位」の上昇に伴い業務上の役割が拡がり、かつ、その責任が重たくな
ると考えるなら、その分、労働時間が長く、過重負荷となるか。

　「出退勤管理方法」のひとつである「タイムカード」は、本研究が拠って
立つデータの元である個別事案の情報の中では、比較的客観性が高いと考え
られるが、これは適切に活用されているか。

　「労働組合」は、法的には労働条件の維持改善を主たる目的として活動す
る社会的に意義ある存在であるが（労働組合法 2 条本文参照）、過重負荷に
よる労災事故予防の観点からは、その役割を果たしているか。

　「過半数従業員代表」は 36 協定の締結主体の一つであるが（労働基準法
36 条 1 項参照）、"代表"としての意義を果たしているか。

　「36 協定」は、事業場においてどのように運用されているか。

⑶ **定量的検討**

　以上を踏まえ、まず、データ全体から定量的傾向を把握するよう努めた。
その結果は次項第 2 節で述べる。

⑷ **定性的検討**

　続いて、個別事案の検討を行った。この際、

　　・職位については、「課長・係長・主任」相当職を対象とした。なお、
　　　職名については、基本的に調査復命書に記載の名称に基づいている
　　　が、店長や班長など被災者の所属事業場における名称が用いられてい
　　　る場合は、特に「被災者の業務内容」を確認した上で、相当する職位
　　　の名称に読み替えている。

　　・出退勤管理の方法については、調査復命書の記載において、比較的客
　　　観的な記録方法と考えられるタイムカードが活用されている事案を対
　　　象とした。また、基本的に、

・「過半数労働組合」又は「過半数従業員代表」が存在し、「36協定」が存在する事案を対象とした。

その上で、検討事案をスクリーニングする具体的方法として、

【脳心事案】については、労災認定事案全数のうち、発症前月100時間又は発症前6か月間で月平均80時間超の事案を集計した。

【精神事案】については、労災認定事案全数のうち、「極度の長時間労働」、「恒常的長時間労働」、「月80時間以上の時間外労働」が認定されている事案をそれぞれ集計した。

そして、両事案ともに、それぞれ、

・「課長」職事案×「タイムカード」活用事案、

・「係長・主任」事案×「タイムカード」活用事案×「過半数労働組合あり」又は「過半数従業員代表あり」事案×「36協定あり」事案、

を集計し、個別事案を絞り込んだ。

なお、「課長」職は、所属企業から、法令上の管理監督者扱いをされている可能性が高く、これを理由に、事実上、労働組合員資格がないこととともに、時間規制の適用除外とされている可能性が高いことから、「(過半数)労働組合・過半数従業員代表あり」及び「36協定あり」の視点から検討すると実態と異なり得ることとなる。このため、「課長」職については、(過半数)労働組合等の有無及び36協定の有無とはクロス集計を行っていない。

上記にしたがってスクリーニングした結果、

・脳心×課長×タイムカードの事案54件、

・脳心×係長・主任×タイムカード×過半数労組あり×36協定ありの事案8件、

・脳心×係長・主任×タイムカード×過半数従業員代表あり×36協定ありの事案37件、

・精神×課長×タイムカードの事案13件、

・精神×係長・主任×タイムカード×過半数労組あり×36協定ありの事案0件、

・精神×係長・主任×タイムカード×過半数従業員代表あり×36協定ありの事案15件、

となった。

　この際、上記全件ではなく、基本的に、長期間にわたる時間外労働が認定され、かつ、時間外労働時間数がより長いことを軸に、被災者の発症・発病時年代（年齢）、業種、職種を考慮のうえ選択した事案を具体的検討対象とした。検討事案における被災者の基本属性をまとめると以下のとおりである。

【脳心事案】（19 件）

- ・性別：男 18 件、女 1 件
- ・発症時年代（年齢）：20 歳代 1 件、30 歳代 6 件、40 歳代 7 件、50 歳代 5 件
- ・業種：製造業 5 件、建設業 2 件、運輸・郵便業 1 件、卸小売業 4 件、サービス業 6 件、医療・福祉業 1 件
- ・職種：管理的職業従事者 4 件、生産工程従事者 3 件、専門的・技術的職業従事者 3 件、サービス職業従事者 2 件、販売従事者 3 件、事務従事者 4 件
- ・職位：課長相当職 5 件、係長・主任相当職 14 件

【精神事案】（10 件）

- ・性別：男 9 件、女 1 件
- ・発病時年代（年齢）：20 歳代 1 件、30 歳代 3 件、40 歳代 2 件、50 歳代 3 件、60 歳代 1 件
- ・業種：製造業 4 件、建設業 1 件、運輸・郵便業 2 件、卸小売業 1 件、サービス業 2 件
- ・職種：管理的職業従事者 2 件、生産工程従事者 3 件、輸送・機械運転従事者 1 件、専門的・技術的職業従事者 1 件、サービス職業従事者 1 件、販売従事者 1 件、事務従事者 1 件
- ・職位：課長相当職 4 件、係長・主任相当職 6 件

　検討した事案の概要は本稿の末尾に別添として掲げている。なお、事案の検討に当たり整理した事項は以下のとおりである。

- ・性別
- ・発症・発病時年代（年齢）

- ・業種
- ・所属事業場労働者数
- ・労働組合等の有無
- ・36 協定の有無
- ・職種・役職・職位
- ・被災者の業務内容
- ・疾患名
- ・所定労働時間数
- ・休憩と取得状況
- ・所定休日と取得状況
- ・深夜業の有無と勤務状況
- ・出退勤管理の方法
- ・既往歴
- ・被災者の性格
- ・業務上認定要因
- ・労働時間以外の負荷要因（※脳心事案）
- ・極度の長時間労働（※精神事案）
- ・恒常的長時間労働（※精神事案）
- ・1 か月 80 時間を超える時間外労働（※精神事案）
- ・具体的出来事の類型（※精神事案）
- ・具体的出来事（※精神事案）
- ・発症・発病前 1 か月から 6 か月の法定時間外労働時間数（拘束時間数）
- ・36 協定の時間外労働時間数
- ・36 協定時間数と法定外実時間数との乖離時間数（最大値）
- ・労災事故の発生状況（直接の原因を含めた概要）、その他の事情

第 2 節　検討結果

1　定量的検討－単純集計結果

ここでは、使用する変数の単純集計の分布を示す。

　「職位」は、脳心事案（図表 4-1）も精神事案（図表 4-2）も「一般」の割合がそれぞれ 55.1％、66.1％と半数を超えているが、精神事案ではその他の職位がそれぞれ 1 割に満たないのに対して、脳心事案では「係長」が 10.5％、「課長」が 16.2％となっている。

　「出退勤管理の方法」については、脳心事案（図表 4-3）も精神事案（図表 4-4）も「タイムカード」の割合が約 4 割で最も高く、続いて「出勤簿」が 36％前後、「本人の申告」が 30％前後、「管理者による確認」が 20％前後となっている。

　なお、脳心事案では、職種別で見た場合（図表 4-5）、「販売従事者」、「サービス職業従事者」、「生産工程従事者」、「運搬・清掃・包装等従事者」で、「タイムカード」の活用割合がおおむね 50％台から 60％台と、他の方法に比べて高い割合となっている。また、従業員規模別では（図表 4-6）、10

図表 4-1　職位（脳心事案）

	度数（N）	割合（%）
一般	789	55.1
主任	122	8.5
係長	151	10.5
課長	232	16.2
部長	124	8.7
役員	13	0.9
不明	1	0.1
合計	1432	100.0

図表 4-2　職位（精神事案）

	度数（N）	割合（%）
一般	465	66.1
主任	61	8.7
係長	53	7.5
課長	57	8.1
部長	32	4.5
不明	36	5.1
合計	704	100.0

図表 4-3　出退勤管理の方法（脳心事案）

	度数（N）	割合（%）
タイムカード	437	40.8
出勤簿	383	35.7
管理者による確認	254	23.7
本人の申告	358	33.4
サンプルサイズ	1072	100.0

（注）方法の重複あり。したがって、合計はサンプルサイズと一致しない。

図表 4-4　出退勤管理の方法（精神事案）

	度数（N）	割合（%）
タイムカード	667	45.2
出勤簿	535	36.3
管理者による確認	278	18.8
本人の申告	396	26.8
サンプルサイズ	1475	100.0

（注）方法の重複あり。したがって、合計はサンプルサイズと一致しない。

図表 4-5　職種別、出退勤管理の方法（脳心事案）

	タイムカード	出勤簿	管理者による確認	本人の申告	合計
輸送・機械運転従事者	102 36.3%	120 42.7%	94 33.5%	81 28.8%	281 100.0%
専門的・技術的職業従事者	54 31.8%	59 34.7%	38 22.4%	81 47.6%	170 100.0%
販売従事者	60 48.0%	42 33.6%	25 20.0%	41 32.8%	125 100.0%
サービス職業従事者	64 58.2%	25 22.7%	22 20.0%	24 21.8%	110 100.0%
管理的職業従事者	44 40.7%	40 37.0%	15 13.9%	36 33.3%	108 100.0%
事務従事者	39 40.6%	34 35.4%	16 16.7%	40 41.7%	96 100.0%
生産工程従事者	45 66.2%	15 22.1%	11 16.2%	13 19.1%	68 100.0%
建設・採掘従事者	12 25.5%	20 42.6%	10 21.3%	20 42.6%	47 100.0%
保安職業従事者	2 6.9%	15 51.7%	11 37.9%	14 48.3%	29 100.0%
運搬・清掃・包装等従事者	14 51.9%	9 33.3%	6 22.2%	5 18.5%	27 100.0%
農林漁業従事者	1 9.1%	4 36.4%	6 54.5%	3 27.3%	11 100.0%
合計	437 40.8%	383 35.7%	254 23.7%	358 33.4%	N=1072 100.0%

（注）方法の重複あり。したがって、合計はサンプルサイズ（N=1072）と一致しない。
（注）各セルの上段が度数（N）、下段が割合（%）である。

図表 4-6　従業員規模別、出退勤管理の方法（脳心事案）

	タイムカード	出勤簿	管理者による確認	本人の申告	合計
0 人（事業場閉鎖など）	2 40.0%	1 20.0%	2 40.0%	1 20.0%	5 100.0%
1-9 人	46 35.9%	51 39.8%	38 29.7%	54 42.2%	128 100.0%
10-29 人	107 48.6%	71 32.3%	50 22.7%	58 26.4%	220 100.0%
30-49 人	59 46.8%	40 31.7%	34 27.0%	39 31.0%	126 100.0%
50-99 人	49 47.6%	41 39.8%	21 20.4%	24 23.3%	103 100.0%
100-299 人	35 40.2%	35 40.2%	18 20.7%	25 28.7%	87 100.0%
300 人以上	15 30.0%	23 46.0%	13 26.0%	28 56.0%	50 100.0%
合計	313 43.5%	262 36.4%	176 24.5%	229 31.8%	N=719 100.0%

（注）方法の重複あり。したがって、合計はサンプルサイズ（N=719）と一致しない。
（注）各セルの上段が度数（N）、下段が割合（%）である。

図表 4-7　職種別、出退勤管理の方法（精神事案）

	タイムカード	出勤簿	管理者による確認	本人の申告	合計
専門的・技術的職業従事者	138 37.5%	148 40.2%	82 22.3%	136 37.0%	368 100.0%
事務従事者	135 42.9%	114 36.2%	68 21.6%	106 33.7%	315 100.0%
販売従事者	92 53.8%	52 30.4%	18 10.5%	38 22.2%	171 100.0%
サービス職業従事者	90 53.3%	59 34.9%	28 16.6%	29 17.2%	169 100.0%
生産工程従事者	104 65.0%	42 26.3%	21 13.1%	21 13.1%	160 100.0%
管理的職業従事者	39 40.6%	39 40.6%	8 8.3%	30 31.3%	96 100.0%
輸送・機械運転従事者	36 41.9%	32 37.2%	24 27.9%	12 14.0%	86 100.0%
運搬・清掃・包装等従事者	19 41.3%	18 39.1%	9 19.6%	8 17.4%	46 100.0%
建設・採掘従事者	10 23.8%	21 50.0%	12 28.6%	12 28.6%	42 100.0%
農林漁業従事者	1 8.3%	5 41.7%	3 25.0%	4 33.3%	12 100.0%
保安職業従事者	3 33.3%	4 44.4%	5 55.6%	0 0.0%	9 100.0%
運輸・通信従事者	0 0.0%	1 100.0%	0 0.0%	0 0.0%	1 100.0%
合計	667 45.2%	535 36.3%	278 18.8%	396 26.8%	N=1475 100.0%

（注）方法の重複あり。したがって、合計はサンプルサイズ（N=1475）と一致しない。
（注）各セルの上段が度数（N）、下段が割合（%）である。

～99 人の小規模事業場で「タイムカード」の活用割合が 50％弱と、他の方法に比べて高い割合となっている。加えて、精神事案については、職種別では（図表 4-7）、「販売従事者」、「サービス職業従事者」、「生産工程従事者」で、「タイムカード」の活用割合がおおむね 50％台から 60％台と、他の方法に比べて高い割合となっている。また、従業員規模別では（図表 4-8）、10～299 人の中小規模の事業場で「タイムカード」の活用割合が、他の方法に比べて高い割合となっている。

　「労組等の有無」は、脳心事案（図表 4-9）も精神事案（図表 4-10）も「労組なし・過半数従業員代表あり」の割合が 7 割弱を占め、その他はそれぞれ 1 割前後である。「労組なし・過半数従業員代表なし」は脳心事案が 11.2％、精神事案が 9.8％であり、「過半数労組あり」は脳心事案が 13.2％、

図表 4-8　従業員規模別、出退勤管理の方法（精神事案）

	タイムカード	出勤簿	管理者による確認	本人の申告	合計
0 人（事業場閉鎖など）	1 25.0%	0 0.0%	1 25.0%	3 75.0%	4 100.0%
1-9 人	23 40.4%	17 29.8%	10 17.5%	20 35.1%	57 100.0%
10-29 人	59 45.7%	42 32.6%	16 12.4%	41 31.8%	129 100.0%
30-49 人	38 50.0%	25 32.9%	10 13.2%	23 30.3%	76 100.0%
50-99 人	31 44.9%	22 31.9%	14 20.3%	22 31.9%	69 100.0%
100-299 人	38 47.5%	27 33.8%	11 13.8%	28 35.0%	80 100.0%
300 人以上	13 26.5%	18 36.7%	25 51.0%	30 61.2%	49 100.0%
合計	203 43.8%	151 32.5%	87 18.8%	167 36.0%	N=464 100.0%

(注) 方法の重複あり。したがって、合計はサンプルサイズ（N=464）と一致しない。
(注) 各セルの上段が度数(N)、下段が割合（%）である。

図表 4-9　労組等の有無（脳心事案）

	度数（N）	割合（%）
労組なし・過半数従業員代表なし	122	11.2
労組なし・過半数従業員代表あり	749	68.5
労組あり（過半数なし）	79	7.2
過半数労組あり	144	13.2
合計	1094	100.0

図表 4-10　労組等の有無（精神事案）

	度数（N）	割合（%）
労組なし・過半数従業員代表なし	71	9.8
労組なし・過半数従業員代表あり	480	66.5
労組あり（過半数なし）	79	10.9
過半数労組あり	92	12.7
合計	722	100.0

精神事案が 12.7％である。また、「労組あり・過半数なし」の割合は、精神事案が 10.9％あるのに対して、脳心事案は 7.2％と若干低い。

「36 協定の有無」の割合は、脳心事案（図表 4-11）の「あり」が 62.6％なのに対して、精神事案（図表 4-12）は 66.2％が「なし」となっている。

36 協定が定める法定外労働時間数などについて、まず、1 か月の「36 協定が定める法定外労働時間数」は、脳心事案（図表 4-13）が 45 時間以下（「45 時間未満」（27.2％）と「45 時間」（40.4％）を合わせた割合）が 67.6％であり「100 時間以上」も 11.6％と 1 割を超えているのに対して、精神事案

図表 4-11　36 協定の有無（脳心事案）

	度数（N）	割合（%）
なし	552	37.4
あり	922	62.6
合計	1474	100.0

図表 4-12　36 協定の有無（精神事案）

	度数（N）	割合（%）
なし	1255	66.2
あり	641	33.8
合計	1896	100.0

図表 4-13
36 協定が定める法定外労働時間数（1 か月／脳心事案）

	度数（N）	割合（%）
45 時間未満	247	27.2
45 時間	367	40.4
46-49 時間	5	0.6
50-59 時間	31	3.4
60-69 時間	17	1.9
70-79 時間	20	2.2
80-89 時間	46	5.1
90-99 時間	71	7.8
100 時間以上	105	11.6
合計	909	100.0

図表 4-13-1
月 100 時間以上の法定外労働時間を 36 協定で定める業種（大分類）（脳心事案）

	度数（N）	割合（%）
運輸業・郵便業	98	93.3
製造業	2	1.9
建設業	2	1.9
情報通信業	1	1.0
学術研究, 専門・技術サービス業	1	1.0
生活関連サービス業, 娯楽業	1	1.0
合計	105	100.0

図表 4-13-2
月 100 時間以上の法定外労働時間を 36 協定で定める職種（大分類）（脳心事案）

	度数（N）	割合（%）
輸送・機械運転従事者	93	88.6
専門的・技術的職業従事者	5	4.8
事務従事者	3	2.9
管理的職業従事者	2	1.9
サービス職業従事者	1	1.0
運搬・清掃・包装等従事者	1	1.0
合計	105	100.0

図表 4-13-3
月 100 時間以上の法定外労働時間を 36 協定で定める事業場（規模別）（脳心事案）

	度数（N）	割合（%）
0 人（事業場閉鎖など）	1	1.0
1-9 人	10	9.5
10-29 人	29	27.6
30-49 人	28	26.7
50-99 人	10	9.5
100-299 人	10	9.5
300 人以上	2	1.9
不明	15	14.3
合計	105	100.0

（図表 4-14）は 45 時間以下（「45 時間未満」（35.0％）と「45 時間」（52.8％）を合わせた割合）で 87.8％を占める。なお、脳心事案に係る図表 4-13 の「100 時間以上」の内訳（図表 4-13-1 から 4-13-3）を見ると、業種別では「運輸業・郵便業」が、職種別では「輸送・機械運転従事者」が圧倒的に高い割合となっており、また、従業員規模別では、10〜49 人の小規模事業場が比較的高い割合となっている。

図表 4-14　36 協定が定める法定外労働時間数（1 か月／精神事案）

	度数（N）	割合（％）
45 時間未満	224	35.0
45 時間	338	52.8
46-49 時間	1	0.2
50-59 時間	12	1.9
60-69 時間	13	2.0
70-79 時間	8	1.3
80-89 時間	11	1.7
90-99 時間	13	2.0
100 時間以上	20	3.1
合計	640	100.0

図表 4-15
36 協定が定める法定外労働時間数
（1 年／脳心事案）

	度数(N)	割合（％）
360 時間未満	186	20.6
360 時間	418	46.2
361-399 時間	1	0.1
400-499 時間	33	3.6
500-599 時間	16	1.8
600-699 時間	14	1.5
700-799 時間	24	2.7
800-899 時間	24	2.7
900-999 時間	34	3.8
1000 時間以上	155	17.1
合計	905	100.0

図表 4-15-1
年 1000 時間以上の法定外労働時間
を 36 協定で定める業種（大分類）
（脳心事案）

	度数(N)	割合（％）
運輸業・郵便業	149	96.1
卸売業・小売業	2	1.3
製造業	1	0.6
建設業	1	0.6
サービス業 （他に分類されないもの）	1	0.6
生活関連サービス業, 娯楽業	1	0.6
合計	155	100.0

　また、1 年の「36 協定が定める法定外労働時間数」は、脳心事案（図表 4-15）で 360 時間以下（「360 時間未満」（20.6％）と「360 時間」（46.2％）を合わせた割合）が 66.8％であり「1000 時間以上」も 17.1％あるのに対して、精神事案（図表 4-16）は 360 時間以下（「360 時間未満」（25.9％）と「360 時間」（62.7％）を合わせた割合）が 88.6％を占める。なお、脳心事案に係る図表 4-15 の「1000 時間以上」の内訳を見ると（図表 4-15-1 から

図表 4-15-2
年 1000 時間以上の法定外労働時間
を 36 協定で定める職種（大分類）
（脳心事案）

	度数(N)	割合（％）
輸送・機械運転従事者	147	94.8
販売従事者	2	1.3
管理的職業従事者	2	1.3
事務従事者	1	0.6
生産工程従事者	1	0.6
建設・採掘従事者	1	0.6
運搬・清掃・包装等従事者	1	0.6
合計	155	100.0

図表 4-15-3
年 1000 時間以上の法定外労働時間
を 36 協定で定める事業場（規模別）
（脳心事案）

	度数(N)	割合（％）
0 人（事業場閉鎖など）	1	0.6
1-9 人	16	10.3
10-29 人	38	24.5
30-49 人	40	25.8
50-99 人	17	11.0
100-299 人	18	11.6
300 人以上	2	1.3
不明	23	14.8
合計	155	100.0

図表 4-16　36 協定が定める法定外労働時間数（1 年／精神事案）

	度数（N）	割合（％）
360 時間未満	166	25.9
360 時間	401	62.7
361-399 時間	1	0.2
400-499 時間	10	1.6
500-599 時間	6	0.9
600-699 時間	9	1.3
700-799 時間	9	1.4
800-899 時間	3	0.5
900-999 時間	13	2.0
1000 時間以上	23	3.6
合計	640	100.0

4-15-3)、業種別では「運輸業・郵便業」が、職種別では「輸送・機械運転従事者」が圧倒的に高い割合となっており、また、従業員規模別では、10～49人の小規模事業場が比較的高い割合となっている。

　そして、1か月の「36協定が定める1か月の法定休日労働日数」については、脳心事案（図表4-17）も精神事案（図表4-18）も「2日」の割合が半数以上を占め、それぞれ66.7％と51.6％であり、どちらも4日までで9割を超える。

　36協定が定める特別条項については、まず、1か月の「36協定が定める法定外労働時間数」で脳心事案（図表4-19）も精神事案（図表4-20）も「80時間台」の割合が約30％で最も高く、次いで「100時間台」が約23％となっている。また、精神事案（図表4-20）では「60時間台」と「70時間台」が2割弱でほとんど差がないが、脳心事案（図表4-19）では「60時間台」が22.3％で「70時間台」が12.9％と差が少し大きい。

　1年の「36協定が定める法定外労働時間数」では、脳心事案（図表4-21）も精神事案（図表4-22）も「600時間台」と「700時間台」の割合が高く、合わせておおむね50％前後を占める。

　そして、「36協定が定める1か月当たりの特別条項適用回数」については、脳心事案（図表4-23）も精神事案（図表4-24）も「6回」の割合が9

図表4-17
36協定が定める1か月当たりの法定休日労働日数（脳心事案）

	度数（N）	割合（％）
1日	84	11.5
2日	486	66.7
3日	51	7.0
4日	85	11.7
5日	15	2.1
6日	4	0.5
8日	3	0.4
12日	1	0.1
合計	729	100.0

図表4-18
36協定が定める1か月当たりの法定休日労働日数（精神事案）

	度数（N）	割合（％）
1日	85	17.7
2日	247	51.6
3日	48	10.0
4日	82	17.1
5日	14	2.9
6日	2	0.4
7日	1	0.2
合計	479	100.0

割を超えている。

　次に、脳心事案について、発症前 6 か月間の時間外労働時間数と 36 協定及び 36 協定の特別条項で定める 1 か月の法定外労働時間数との乖離時間数を調べた結果を示す。発症前 6 か月間の時間外労働時間数は、最も短い時間数（以下、「最短」）と最も長い時間数（以下、「最長」）とで比べた。なお、

図表 4-19
36 協定が定める法定外労働時間数・特別条項（1 か月／脳心事案）

	度数（N）	割合（%）
30 時間台	1	0.3
40 時間台	3	1.0
50 時間台	11	3.6
60 時間台	69	22.3
70 時間台	40	12.9
80 時間台	94	30.4
90 時間台	16	5.2
100 時間台	71	23.0
200 時間台	3	1.0
300 時間台	1	0.3
合計	309	100.0

図表 4-20
36 協定が定める法定外労働時間数・特別条項（1 か月／精神事案）

	度数（N）	割合（%）
30 時間台	1	0.3
50 時間台	14	4.2
60 時間台	60	18.2
70 時間台	57	17.3
80 時間台	100	30.3
90 時間台	17	5.2
100 時間台	78	23.6
200 時間台	3	0.9
合計	330	100.0

図表 4-21
36 協定が定める法定外労働時間数・特別条項（1 年／脳心事案）

	度数（N）	割合（%）
300 時間台	8	3.4
400 時間台	38	16.2
500 時間台	30	12.8
600 時間台	57	24.4
700 時間台	55	23.5
800 時間台	24	10.3
900 時間台	13	5.6
1000 時間台	9	3.8
合計	234	100.0

図表 4-22
36 協定が定める法定外労働時間数・特別条項（1 年／精神事案）

	度数（N）	割合（%）
100 時間台	1	0.4
300 時間台	1	0.4
400 時間台	30	11.2
500 時間台	26	9.7
600 時間台	71	26.4
700 時間台	81	30.1
800 時間台	34	12.6
900 時間台	9	3.3
1000 時間台	16	5.9
合計	269	100.0

図表 4-23
36 協定が定める 1 か月当たりの
特別条項適用回数（脳心事案）

	度数（N）	割合（%）
2回	13	5.1
3回	1	0.4
4回	1	0.4
5回	7	2.7
6回	233	91.4
合計	255	100.0

図表 4-24
36 協定が定める 1 か月当たりの
特別条項適用回数（精神事案）

	度数（N）	割合（%）
2回	13	4.6
3回	3	1.1
4回	5	1.8
5回	1	0.4
6回	260	91.9
26回	1	0.4
合計	283	100.0

時間外労働時間数が 1 か月分しか記入されていない場合は最長のみ取り上げる。

　まず、「時間外実時間数（月・最短）と 36 協定時間数との乖離」（図表 4-25）では、プラスの値、つまり 36 協定で定められている時間数よりも時間外実時間数のほうが長い場合の割合が 5 割強である。分布は、乖離が 0 の周辺に多く、マイナスの値ではマイナス（－）60 時間までで約 4 割、プラス（＋）の値では 30 時間までで約 3 割となっている。

　「時間外実時間数（月・最長）と 36 協定時間数との乖離」（図表 4-26）では、9 割以上がプラスの値であり、40 時間から 100 時間の間で約 6 割を占める。

　なお、乖離時間がプラスの値である事案（N = 817）について、業種別、職種別、従業員規模別に見たのが図表 4-26-1 から 4-26-3 である。業種別では（図表 4-26-1）、「宿泊業、飲食サービス業」と「生活関連サービス業、娯楽業」で「100 時間以上」の乖離時間となっている割合が高い。職種別では（図表 4-26-2）、「サービス職業従事者」が「100 時間以上」で 41.3％と高い割合になっているほか、「販売従事者」、「管理的職業従事者」、「事務従事者」、「生産工程従事者」について 20％台の比較的高い割合となっている。従業員規模別では（図表 4-26-3）、「30〜49 人」の小規模事業場で「100 時間以上」、「60〜80 時間未満」のカテゴリで若干高い割合となっている。

　「時間外実時間数（月・最短）と 36 協定特別条項時間数との乖離」（図表

図表 4-25
時間外実時間数（月・最短）と
36 協定時間数との乖離（脳心事案）

	度数（N）	割合（%）
-100 時間未満	5	0.6
-100〜 -80 時間未満	12	1.5
-80〜 -60 時間未満	24	3.0
-60〜 -40 時間未満	64	8.1
-40〜 -20 時間未満	128	16.2
-20〜 -0 時間未満	136	17.2
0〜10 時間未満	89	11.3
10〜20 時間未満	74	9.4
20〜30 時間未満	83	10.5
30〜40 時間未満	55	7.0
40〜50 時間未満	43	5.4
50〜60 時間未満	24	3.0
60〜70 時間未満	16	2.0
70〜80 時間未満	12	1.5
80〜90 時間未満	10	1.3
90〜100 時間未満	5	0.6
100 時間以上	10	1.3
合計	790	100.0

図表 4-26
時間外実時間数（月・最長）と
36 協定時間数との乖離（脳心事案）

	度数（N）	割合（%）
-40 時間未満	3	0.3
-40〜 -20 時間未満	18	2.0
-20〜 -0 時間未満	51	5.7
0〜10 時間未満	25	2.8
10〜20 時間未満	30	3.4
20〜30 時間未満	30	3.4
30〜40 時間未満	46	5.2
40〜50 時間未満	84	9.4
50〜60 時間未満	114	12.8
60〜70 時間未満	95	10.7
70〜80 時間未満	88	9.9
80〜90 時間未満	68	7.6
90〜100 時間未満	68	7.6
100〜110 時間未満	41	4.6
110〜120 時間未満	32	3.6
120〜130 時間未満	26	2.9
130〜140 時間未満	16	1.8
140〜150 時間未満	20	2.2
150〜160 時間未満	9	1.0
160〜170 時間未満	5	0.6
170〜180 時間未満	5	0.6
180〜190 時間未満	3	0.3
190〜200 時間未満	4	0.4
200 時間以上	8	0.9
合計	889	100.0

4-27）については、プラスの値は２割強にとどまり、マイナス（−）60 時間までで約６割となっている。

他方、「時間外実時間数（月・最長）と 36 協定特別条項時間数との乖離」（図表 4-28）は、９割弱がプラスの値だが、プラス（＋）40 時間までで約４割となっている。

図表 4-26-1　業種（大分類）別、時間外実時間数（月・最長）と36協定時間数との乖離（脳心事案）

	0〜40 時間未満	40〜60 時間未満	60〜80 時間未満	80〜100 時間未満	100 時間以上	合計
運輸業，郵便業	93 37.2%	52 20.8%	39 15.6%	31 12.4%	35 14.0%	250 100.0%
卸売業・小売業	9 7.1%	32 25.2%	33 26.0%	26 20.5%	27 21.3%	127 100.0%
製造業	7 6.5%	23 21.5%	37 34.6%	19 17.8%	21 19.6%	107 100.0%
建設業	9 13.0%	19 27.5%	15 21.7%	10 14.5%	16 23.2%	69 100.0%
サービス業（他に分類されないもの）	6 8.1%	20 27.0%	11 14.9%	17 23.0%	20 27.0%	74 100.0%
宿泊業，飲食サービス業	1 1.9%	10 18.9%	14 26.4%	6 11.3%	22 41.5%	53 100.0%
情報通信業	1 3.2%	12 38.7%	8 25.8%	7 22.6%	3 9.7%	31 100.0%
医療，福祉	2 8.3%	13 54.2%	4 16.7%	0 0.0%	5 20.8%	24 100.0%
学術研究，専門・技術サービス業	0 0.0%	5 18.5%	8 29.6%	7 25.9%	7 25.9%	27 100.0%
生活関連サービス業，娯楽業	1 5.0%	2 10.0%	4 20.0%	6 30.0%	7 35.0%	20 100.0%
不動産業，物品賃貸業	1 7.7%	6 46.2%	3 23.1%	0 0.0%	3 23.1%	13 100.0%
教育，学習支援業	0 0.0%	3 30.0%	4 40.0%	3 30.0%	0 0.0%	10 100.0%
金融業・保険業	0 0.0%	1 20.0%	1 20.0%	2 40.0%	1 20.0%	5 100.0%
農業，林業	0 0.0%	0 0.0%	1 100.0%	0 0.0%	0 0.0%	1 100.0%
複合サービス事業	1 16.7%	0 0.0%	1 16.7%	2 33.3%	2 33.3%	6 100.0%
合計	131 16.0%	198 24.2%	183 22.4%	136 16.6%	169 20.7%	817 100.0%

（注）各セルの上段が度数（N）、下段が割合（%）である。

図表 4-26-2　職種（大分類）別、時間外実時間数（月・最長）と 36 協定時間数との乖離（脳心事案）

	0～40 時間未満	40～60 時間未満	60～80 時間未満	80～100 時間未満	100 時間以上	合計
輸送・機械運転従事者	92 40.4%	52 22.8%	27 11.8%	27 11.8%	30 13.2%	228 100.0%
専門的・技術的職業従事者	6 4.9%	32 26.2%	35 28.7%	26 21.3%	23 18.9%	122 100.0%
販売従事者	7 6.9%	30 29.4%	25 24.5%	17 16.7%	23 22.5%	102 100.0%
サービス職業従事者	2 2.7%	14 18.7%	18 24.0%	10 13.3%	31 41.3%	75 100.0%
管理的職業従事者	5 5.2%	20 20.6%	27 27.8%	19 19.6%	26 26.8%	97 100.0%
事務従事者	3 4.3%	18 26.1%	20 29.0%	14 20.3%	14 20.3%	69 100.0%
生産工程従事者	4 7.4%	12 22.2%	15 27.8%	9 16.7%	14 25.9%	54 100.0%
建設・採掘従事者	4 16.7%	10 41.7%	6 25.0%	3 12.5%	1 4.2%	24 100.0%
保安職業従事者	3 10.7%	9 32.1%	4 14.3%	9 32.1%	3 10.7%	28 100.0%
運搬・清掃・包装等従事者	5 31.3%	1 6.3%	5 31.3%	2 12.5%	3 18.8%	16 100.0%
農林漁業従事者	0 0.0%	0 0.0%	1 50.0%	0 0.0%	1 50.0%	2 100.0%
合計	131 16.0%	198 24.2%	183 22.4%	136 16.6%	169 20.7%	817 100.0%

（注）各セルの上段が度数（N）、下段が割合（%）である。

図表 4-26-3　事業場規模別、時間外実時間数（月・最長）と 36 協定時間数との乖離（脳心事案）

	0～40 時間未満	40～60 時間未満	60～80 時間未満	80～100 時間未満	100 時間以上	合計
0 人（事業場閉鎖など）	0 0.0%	0 0.0%	0 0.0%	1 100.0%	0 0.0%	1 100.0%
1-9 人	15 12.7%	29 24.6%	25 21.2%	26 22.0%	23 19.5%	118 100.0%
10-29 人	32 15.2%	55 26.1%	43 20.4%	33 15.6%	48 22.7%	211 100.0%
30-49 人	23 18.9%	23 18.9%	30 24.6%	16 13.1%	30 24.6%	122 100.0%
50-99 人	20 22.0%	19 20.9%	21 23.1%	18 19.8%	13 14.3%	91 100.0%
100-299 人	15 18.3%	23 28.0%	18 22.0%	11 13.4%	15 18.3%	82 100.0%
300 人以上	4 7.0%	21 36.8%	11 19.3%	12 21.1%	9 15.8%	57 100.0%
合計	109 16.0%	170 24.9%	148 21.7%	117 17.2%	138 20.2%	682 100.0%

（注）各セルの上段が度数（N）、下段が割合（%）である。

図表 4-27
時間外実時間数（月・最短）と
36 協定特別条項時間数との乖離
（脳心事案）

	度数（N）	割合（%）
-100 時間未満	10	3.7
-100〜 -80 時間未満	6	2.2
-80〜 -60 時間未満	25	9.3
-60〜 -40 時間未満	49	18.2
-40〜 -20 時間未満	60	22.3
-20〜 -0 時間未満	54	20.1
0〜10 時間未満	20	7.4
10〜20 時間未満	16	5.9
20〜30 時間未満	14	5.2
30〜40 時間未満	5	1.9
40〜50 時間未満	3	1.1
50〜60 時間未満	4	1.5
60〜70 時間未満	2	0.7
70 時間以上	1	0.4
合計	269	100.0

図表 4-28
時間外実時間数（月・最長）と
36 協定特別条項時間数との乖離
（脳心事案）

	度数（N）	割合（%）
-40 時間未満	9	3.0
-40〜 -20 時間未満	8	2.7
-20〜 -0 時間未満	25	8.4
0〜10 時間未満	18	6.0
10〜20 時間未満	37	12.4
20〜30 時間未満	33	11.0
30〜40 時間未満	39	13.0
40〜50 時間未満	21	7.0
50〜60 時間未満	26	8.7
60〜70 時間未満	17	5.7
70〜80 時間未満	19	6.4
80〜90 時間未満	10	3.3
90〜100 時間未満	12	4.0
100〜110 時間未満	7	2.3
110〜120 時間未満	5	1.7
120〜130 時間未満	4	1.3
130〜140 時間未満	2	0.7
140〜150 時間未満	3	1.0
200 時間以上	4	1.3
合計	299	100.0

2 定量的検討－クロス集計結果

　次に、「職位」、「出退勤管理の方法」、「労組等の有無」、そして「36 協定の有無」によるクロス集計の結果を示す。

(1) 脳心事案の 1 か月の最長の時間外労働時間数のクロス集計

　図表 4-29 から 4-32 は、脳心事案の 1 か月の最長の時間外労働時間数についてのクロス集計表である。

　職位別（図表 4-29）では、120 時間以上（「120-140 時間未満」と「140 時間以上」を合わせた割合）で見た場合に「係長」と「課長」が 5 割を超えて

図表 4-29　職位別、時間外労働時間数（月・最長／脳心事案）

職位	時間外労働時間数（月・最長）				合計
	100 時間未満	100-120 時間未満	120-140 時間未満	140 時間以上	
一般	191 25.0%	218 28.5%	145 19.0%	210 27.5%	764 100.0%
主任	32 26.7%	35 29.2%	24 20.0%	29 24.2%	120 100.0%
係長	36 24.2%	32 21.5%	40 26.8%	41 27.5%	149 100.0%
課長	49 21.6%	61 26.9%	43 18.9%	74 32.6%	227 100.0%
部長	34 28.6%	28 23.5%	27 22.7%	30 25.2%	119 100.0%
役員	6 46.2%	3 23.1%	1 7.7%	3 23.1%	13 100.0%
合計	348 25.0%	377 27.1%	280 20.1%	387 27.8%	1392 100.0%

（注）各セルの上段が度数（N）、下段が割合（%）である。

いる。「140 時間以上」では「課長」の 32.6％が最も高い。

　出退勤管理の方法別（図表 4-30）では、140 時間以上で比べた場合、「出勤簿」の割合が約 24％で若干低いが、その他の方法は 3 割前後でほとんど違いは見られない。

　労組等の有無別（図表 4-31）では、「労組なし・過半数従業員代表なし」と「労組なし・過半数従業員代表あり」の「140 時間以上」が 3 割前後となっており、労組がある場合（「労組あり・過半数なし」及び「過半数労組あり」）よりも割合が高い。

　36 協定の有無別（図表 4-32）では、協定がない方が「100 時間未満」の割合が若干高いが、顕著な傾向は見られない。しかし、36 協定の締結主体別で見ると（図表 4-32-1）、先に見たように、労組がない事案の方が、労組がある事案よりも時間外労働時間数が長い傾向にあるようである。

図表 4-30　出退勤管理の方法別、時間外労働時間数（月・最長／脳心事案）

出退勤管理の方法	時間外労働時間数（月・最長）				合計
	100 時間未満	100-120 時間未満	120-140 時間未満	140 時間以上	
タイムカード	110 25.8%	106 24.8%	89 20.8%	122 28.6%	427 100.0%
出勤簿	104 27.7%	105 27.9%	76 20.2%	91 24.2%	376 100.0%
管理者による確認	52 21.1%	79 32.1%	41 16.7%	74 30.1%	246 100.0%
本人の申告	87 24.8%	96 27.4%	71 20.2%	97 27.6%	351 100.0%
サンプルサイズ	269 25.6%	283 27.0%	213 20.3%	284 27.1%	1049 100.0%

（注）各セルの上段が度数（N）、下段が割合（%）である。方法の重複あり。したがって、合計はサンプルサイズと一致しない。

図表 4-31　労組等の有無別、時間外労働時間数（月・最長／脳心事案）

労組等の有無	時間外労働時間数（月・最長）				合計
	100 時間未満	100-120 時間未満	120-140 時間未満	140 時間以上	
労組なし・ 過半数従業員代表なし	27 22.5%	30 25.0%	25 20.8%	38 31.7%	120 100.0%
労組なし・ 過半数従業員代表あり	159 21.7%	212 28.9%	153 20.8%	210 28.6%	734 100.0%
労組あり（過半数なし）	20 26.0%	29 37.7%	11 14.3%	17 22.1%	77 100.0%
過半数労組あり	42 30.0%	33 23.6%	31 22.1%	34 24.3%	140 100.0%
合計	248 23.2%	304 28.4%	220 20.5%	299 27.9%	1071 100.0%

（注）各セルの上段が度数（N）、下段が割合（%）である。

図表 4-32　36 協定の有無別、時間外労働時間数（月・最長／脳心事案）

協定の有無	時間外労働時間数（月・最長）				合計
	100 時間未満	100-120 時間未満	120-140 時間未満	140 時間以上	
なし	156	133	97	144	530
	29.4%	25.1%	18.3%	27.2%	100.0%
あり	209	254	188	249	900
	23.2%	28.2%	20.9%	27.7%	100.0%
合計	365	387	285	393	1430
	25.5%	27.1%	19.9%	27.5%	100.0%

（注）各セルの上段が度数（N）、下段が割合（%）である。

図表 4-32-1　36 協定の締結主体別、時間外労働時間数（月・最長／脳心事案）

協定の有無	時間外労働時間数（月・最長）				合計
	100 時間未満	100-120 時間未満	120-140 時間未満	140 時間以上	
労組なし・過半数従業員代表なし	2	3	3	5	13
	15.4%	23.1%	23.1%	38.5%	100.0%
労組なし・過半数従業員代表あり	152	204	148	203	707
	21.5%	28.9%	20.9%	28.7%	100.0%
労組あり（過半数なし）	18	24	9	14	65
	27.7%	36.9%	13.8%	21.5%	100.0%
過半数労組あり	36	23	27	27	113
	31.9%	20.4%	23.9%	23.9%	100.0%
合計	365	387	285	393	1430
	25.5%	27.1%	19.9%	27.5%	100.0%

（注）各セルの上段が度数（N）、下段が割合（%）である。
（注）協定の有無は確認できるものの、記録からは締結主体の有無を明確にできない事案がある。当該事案は集計から除外しているため、「合計」は必ずしも「あり」事案の数と一致しない。

(2)　精神事案の極度の長時間労働・恒常的長時間労働・1 か月 80 時間以上
　　の時間外労働の有無のクロス集計

　図表 4-33 から図表 4-44[2] は、精神事案で「極度の長時間労働の有無」、「恒
常的長時間労働の有無」、そして「月 80 時間以上の時間外労働の有無」につ
いてのクロス集計表である。

　職位別では、「極度の長時間労働の有無」（図表 4-33）について、「主任」、
「係長」、「課長」の「あり」の割合が 15％前後で他の職位よりも高い。「恒
常的長時間労働の有無」（図表 4-34）では、「部長」の 62.5％が最も高く、次
いで「課長」と「係長」が約 55％、「主任」が 49.2％となっている。「月 80
時間以上の時間外労働の有無」（図表 4-35）については、「係長」が 27.5％
で最も高く、「主任」と「課長」が約 16％で次いで高い。全体として、主任

図表 4-33　職位別、極度の長時間労働の有無（精神事案）

職位	極度の心理的負荷　なし 極度の長時間労働　なし	極度の心理的負荷　なし 極度の長時間労働　あり	極度の心理的負荷　あり 極度の長時間労働　なし	不明	合計
一般	318 68.4%	32 6.9%	102 21.9%	13 2.8%	465 100.0%
主任	46 75.4%	10 16.4%	3 4.9%	2 3.3%	61 100.0%
係長	40 75.5%	8 15.1%	1 1.9%	4 7.5%	53 100.0%
課長	43 75.4%	10 17.5%	3 5.3%	1 1.8%	57 100.0%
部長	26 81.3%	4 12.5%	1 3.1%	1 3.1%	32 100.0%
不明	23 63.9%	0 0.0%	10 27.8%	3 8.3%	36 100.0%
合計	496 70.5%	64 9.1%	120 17.0%	24 3.4%	704 100.0%

（注）各セルの上段が度数（N）、下段が割合（％）である。

2　図表によっては、表頭に、労災認定基準にいう「特別な出来事」の「極度の心理的負荷」と
「極度の長時間労働」を縦に並記しているが、本章では労働時間に着目し検討しているため、図
表のタイトルでは「極度の長時間労働」のみ掲げている。なお、論理的にはいずれも「あり」を
考えることができるが、そのような事案は管見の限り認知されなかったため、表頭には掲げてい
ない。

図表 4-34　職位別、恒常的長時間労働の有無（精神事案）

職位	恒常的長時間労働なし	恒常的長時間労働あり	不明	合計
一般	284	126	55	465
	61.1%	27.1%	11.8%	100.0%
主任	23	30	8	61
	37.7%	49.2%	13.1%	100.0%
係長	15	29	9	53
	28.3%	54.7%	17.0%	100.0%
課長	21	32	4	57
	36.8%	56.1%	7.0%	100.0%
部長	10	20	2	32
	31.3%	62.5%	6.3%	100.0%
不明	22	4	10	36
	61.1%	11.1%	27.8%	100.0%
合計	375	241	88	704
	53.3%	34.2%	12.5%	100.0%

(注) 各セルの上段が度数（N）、下段が割合（%）である。

図表 4-35　職位別、月 80 時間以上の時間外労働の有無（精神事案）

職位	時間外労働なし	時間外労働あり	合計
一般	302	27	329
	91.8%	8.2%	100.0%
主任	36	7	43
	83.7%	16.3%	100.0%
係長	29	11	40
	72.5%	27.5%	100.0%
課長	31	6	37
	83.8%	16.2%	100.0%
部長	19	2	21
	90.5%	9.5%	100.0%
不明	27	1	28
	96.4%	3.6%	100.0%
合計	444	54	498
	89.2%	10.8%	100.0%

(注) 各セルの上段が度数（N）、下段が割合（%）である。

から課長クラスの中間管理職の割合が相対的に高い傾向が見られる。

　出退勤管理の方法別では、「極度の長時間労働の有無」（図表 4-36）、「恒常的長時間労働の有無」（図表 4-37）、「月 80 時間以上の時間外労働の有無」（図表 4-38）のそれぞれで、「本人の申告」で「あり」の割合が最も高く、特に「恒常的長時間労働の有無」で 53.0% と他の出退勤管理の方法と比べて顕著に高い。

　労組等の有無別では、まず「極度の長時間労働の有無」（図表 4-39）について、「労組なし・過半数従業員代表あり」と「過半数労組あり」の「あり」の割合がいずれも約 16% で相対的に高い。また、「恒常的長時間労働の有無」（図表 4-40）では、「あり」の割合はいずれも 6 割前後でほとんど差が見られない。そして、「月 80 時間以上の時間外労働の有無」（図表 4-41）では「労組なし・過半数従業員代表なし」と「労組なし・過半数従業員代表あり」の「あり」の割合が相対的に高い。

図表 4-36　出退勤管理の方法別、極度の長時間労働の有無（精神事案）

出退勤管理の方法	極度の心理的負荷　なし 極度の長時間労働　なし	極度の心理的負荷　なし 極度の長時間労働　あり	極度の心理的負荷　あり 極度の長時間労働　なし	不明	合計
タイムカード	500 75.0%	54 8.1%	74 11.1%	39 5.8%	667 100.0%
出勤簿	372 69.5%	45 8.4%	74 13.8%	44 8.2%	535 100.0%
管理者による確認	205 73.7%	28 10.1%	33 11.9%	12 4.3%	278 100.0%
本人の申告	302 76.3%	56 14.1%	27 6.8%	11 2.8%	396 100.0%
サンプルサイズ	1081 73.3%	134 9.1%	170 11.5%	90 6.1%	1475 100.0%

(注) 各セルの上段が度数（N）、下段が割合（%）である。方法の重複あり。したがって、合計はサンプルサイズと一致しない。

図表 4-37　出退勤管理の方法別、恒常的長時間労働の有無（精神事案）

出退勤管理の方法	恒常的長時間労働なし	恒常的長時間労働あり	不明	合計
タイムカード	359 53.8%	249 37.3%	59 8.8%	667 100.0%
出勤簿	303 56.6%	175 32.7%	57 10.7%	535 100.0%
管理者による確認	142 51.1%	108 38.8%	28 10.1%	278 100.0%
本人の申告	147 37.1%	210 53.0%	39 9.8%	396 100.0%
サンプルサイズ	759 51.5%	567 38.4%	149 10.1%	1475 100.0%

(注) 各セルの上段が度数（N）、下段が割合（%）である。方法の重複あり。したがって、合計はサンプルサイズと一致しない。

図表 4-38　出退勤管理の方法別、月 80 時間以上の時間外労働の有無（精神事案）

出退勤管理の方法	時間外労働なし	時間外労働あり	合計
タイムカード	435 89.1%	53 10.9%	488 100.0%
出勤簿	346 91.8%	31 8.2%	377 100.0%
管理者による確認	194 91.1%	19 8.9%	213 100.0%
本人の申告	258 85.4%	44 14.6%	302 100.0%
サンプルサイズ	965 89.0%	119 11.0%	1084 100.0%

(注) 各セルの上段が度数（N）、下段が割合（%）である。方法の重複あり。したがって、合計はサンプルサイズと一致しない。

図表 4-39　労組等の有無別、極度の長時間労働の有無（精神事案）

労組等の有無	極度の心理的負荷　なし 極度の長時間労働　なし	極度の心理的負荷　なし 極度の長時間労働　あり	極度の心理的負荷　あり 極度の長時間労働　なし	不明	合計
労組なし・ 過半数従業員 代表なし	57 80.3%	7 9.9%	6 8.5%	1 1.4%	71 100.0%
労組なし・ 過半数従業員 代表あり	352 73.3%	78 16.3%	17 3.5%	33 6.9%	480 100.0%
労組あり （過半数なし）	60 75.9%	9 11.4%	2 2.5%	8 10.1%	79 100.0%
過半数労組 あり	68 73.9%	15 16.3%	6 6.5%	3 3.3%	92 100.0%
合計	537 74.4%	109 15.1%	31 4.3%	45 6.2%	722 100.0%

（注）各セルの上段が度数（N）、下段が割合（％）である。

図表 4-40　労組等の有無別、恒常的長時間労働の有無（精神事案）

労組等の有無	恒常的長時間労働 なし	恒常的長時間労働 あり	不明	合計
労組なし・ 過半数従業員代表なし	23 32.4%	42 59.2%	6 8.5%	71 100.0%
労組なし・ 過半数従業員代表あり	124 25.8%	295 61.5%	61 12.7%	480 100.0%
労組あり（過半数なし）	24 30.4%	46 58.2%	9 11.4%	79 100.0%
過半数労組あり	28 30.4%	54 58.7%	10 10.9%	92 100.0%
合計	199 27.6%	437 60.5%	86 11.9%	722 100.0%

（注）各セルの上段が度数（N）、下段が割合（％）である。

図表 4-41　労組等の有無別、月 80 時間以上の時間外労働の有無（精神事案）

労組等の有無	時間外労働なし	時間外労働あり	合計
労組なし・過半数従業員代表なし	45 75.0%	15 25.0%	60 100.0%
労組なし・過半数従業員代表あり	294 78.6%	80 21.4%	374 100.0%
労組あり（過半数なし）	47 85.5%	8 14.5%	55 100.0%
過半数労組あり	68 89.5%	8 10.5%	76 100.0%
合計	454 80.4%	111 19.6%	565 100.0%

（注）各セルの上段が度数（N）、下段が割合（%）である。

図表 4-42　36 協定の有無別、極度の長時間労働の有無（精神事案）

協定の有無	極度の心理的負荷　なし 極度の長時間労働　なし	極度の心理的負荷　なし 極度の長時間労働　あり	極度の心理的負荷　あり 極度の長時間労働　なし	不明	合計
なし	897 71.5%	57 4.5%	220 17.5%	81 6.5%	1255 100.0%
あり	469 73.2%	104 16.2%	24 3.7%	44 6.9%	641 100.0%
合計	1366 72.0%	161 8.5%	244 12.9%	125 6.6%	1896 100.0%

（注）各セルの上段が度数（N）、下段が割合（%）である。

図表 4-43　36 協定の有無別、恒常的長時間労働の有無（精神事案）

協定の有無	恒常的長時間労働なし	恒常的長時間労働あり	不明	合計
なし	815 64.9%	307 24.5%	133 10.6%	1255 100.0%
あり	168 26.2%	391 61.0%	82 12.8%	641 100.0%
合計	983 51.8%	698 36.8%	215 11.3%	1896 100.0%

（注）各セルの上段が度数（N）、下段が割合（%）である。

図表 4-44　36 協定の有無別、月 80 時間以上の時間外労働の有無（精神事案）

協定の有無	時間外労働なし	時間外労働あり	合計
なし	804 95.0%	42 5.0%	846 100.0%
あり	400 80.0%	100 20.0%	500 100.0%
合計	1204 89.5%	142 10.5%	1346 100.0%

（注）各セルの上段が度数（N）、下段が割合（%）である。

　最後に、36 協定の有無別では、「極度の長時間労働の有無」（図表 4-42）、「恒常的長時間労働の有無」（図表 4-43）、「月 80 時間以上の時間外労働の有無」（図表 4-44）のそれぞれで「（協定）あり」の場合に「あり」の割合が高く、36 協定が締結されている事業場において長時間労働が抑制されるとは限らないと言えそうである。

3　定性的検討ー個別事案の検討

　ここでは、取り上げた 29 件の労災認定事案（脳心事案 19 件、精神事案 10 件）を、被災者の、職位、出退勤管理の方法、また、所属する職場の労働組合や過半数従業員代表の状況、36 協定の定めなどの視点から俯瞰する。

(1)　職位

　課長相当職は 9 件（脳心事案 5 件、精神事案 4 件）、係長・主任相当職は 20 件（脳心事案 14 件、精神事案 6 件）である。

　課長職（後掲検討事案の概要・脳心①〜⑤、精神①〜④）の「被災者の業務内容」を、係長・主任職（脳心⑥〜⑲、精神⑤〜⑩）のそれと比較すると、一概には言えないものの、所属する職場あるいは事業場における業務や人事の管理全般を職責として担っていると言えそうである。したがって、職位の観点から見た場合、課長職は、係長・主任職よりもやや負荷の大きい働き方をしていると言えそうである。

(2)　出退勤管理の方法

　検討事案の選択に当たり、「タイムカード」が用いられていることを要素としていることから、脳心⑧を除き、すべての事案で「タイムカード」が用いられている（但し、脳心⑧についても、「協働他者の確認押印」を経て管理されていることから、記録されている実労働時間数の客観性は高いと看做しうる。）。

　しかし、程度の差はあれ、すべての事案について月 80 時間あるいは 100 時間を超える時間外労働が行われていることから、"実労働時間の把握"という意味においてタイムカードは活用されていると見られるが、

"把握された実労働時間を抑制"することには活用されていないように思われる。

(3) 労働組合

　労働組合が「ある」事案は、脳心⑥⑦⑧⑨⑩、精神②④の7件である。このうち、脳心⑥⑧⑨⑩と精神②の5件では過半数労働組合が存在する。

　上記事案全体として、（調査復命書の性質や運用を考慮すると即断しかねるが、）労働組合が被災者の長時間労働や過重負荷の抑制に向けて何らかの活動を行った形跡は見られない。精神②事案は課長職の事案であるため、当該被災者である課長が組合員資格を認められていないとすれば（この点は調査復命書からは不明である。）、過半数労組が存在したとしても当該課長の長時間労働・過重負荷抑制に向けた活動をせずとも理解できなくはない。しかし他方、脳心⑩事案では、被災者の職場に過半数労働組合が存在し、かつ、直接の上長が当該組合の委員長という事案である。

　個別事案の検討であり、かつ、労災認定事案データという限られた範囲の情報に基づくため一般化は困難であるが、検討した限りにおいては、労働組合は職場における長時間労働や過重負荷の抑制について機能していないと言い得る余地がありそうである。

(4) 過半数従業員代表

　被災者の職場に過半数従業員代表が存在する事案は（過半数労働組合が存在する事案を除外するとの意）、脳心②③④⑦⑪⑫⑭⑮⑯⑰⑱⑲、精神⑤⑥⑦⑧⑨⑩の18件である。

　事業場における過半数従業員代表の役割は、36協定すなわち時間外・休日労働協定等の締結主体として同協定の内容を了知し、同協定に記名押印することである（労働基準法36条1項、同法施行規則16条1項様式第9号）。したがって、過半数従業員代表には、労働組合のように職場の労働条件を規制する権限は法的には認められていない。また、本研究で検討した事案は、近年の働き方改革関連法による労基法改正前のものであるため、法定時間外労働の限度基準という法的規制の強度が緩い規制の適用下

にあった（「労働基準法第 36 条第 1 項の協定で定める労働時間の延長の限度等に関する基準」平 10．12．28 労告 154 号）。

　それでもなお、精神⑤事案を除く上記すべての事案において、1 か月・1 年の限度基準に則って 36 協定において時間外労働時間数が定められている。（なお、精神⑤事案では、月 100 時間・年 900 時間の時間外労働時間数が定められている（法改正前の限度基準において「自動車の運転の業務」は適用除外されており、精神⑤事案はトラック運転手の事案であったことに留意を要する。））。したがって、過半数従業員代表は法的に適正に 36 協定の締結主体としての役割を果たしていると評しうる。

(5)　36 協定

　先に見たように、36 協定における法定時間外労働時間数の定め自体は法改正前の規制に応じて適正に締結されている。しかし、36 協定が存在する事案にあっても、本研究で取り上げた事案の限りにおいては、当該協定が定める時間数を超える時間外労働が行われていることから、使用者においては、改めて 36 協定を踏まえた労働時間管理を徹底する必要がある。

4　考察

本項では、先に示した「検討の視点」に則して考察する。

(1)　職位

　図表 4-29（脳心事案）から職位別の時間外労働の長さを見ると、120 時間以上カテゴリの合計で「係長」と「課長」が 5 割を超えており、他の職位よりも時間外労働が長い割合がやや高くなっている。

　また、図表 4-33（精神事案）から「極度の長時間労働　あり」のカテゴリに注目すると、割合は高くはないものの、「主任」「係長」「課長」で、「一般」や「部長」に比べてやや高い割合を示している。図表 4-34（精神事案）でも、「恒常的長時間労働　あり」は、「主任」「係長」「課長」「部長」で高い割合となっている。さらに、図表 4-35 では、「月 80 時間以上の時間外労働　あり」は、「主任」「係長」「課長」でやや高い割合となっている。

労災認定事案データの限りにおける結果であるため一概には言えないものの、職位の上昇に伴って時間外労働がより長くなり、また、より業務上の負荷が生じていると言えそうである。

　個別事案を見ても、課長職は係長・主任職よりもやや大きい業務上の負荷を負っているようであり、また、係長・主任職の一部についても、所属職場での業務や人事の管理について職責を負っている事例が散見され（脳心⑦⑨⑩⑪⑭⑯⑰⑱⑲、精神⑤⑦⑧⑨）、管理業務面での負荷が窺われる。

　もとより管理職は、業務や職場の管理を職責として担う者として事業組織上位置付けられていると考えられる。つまり管理職者は、配下の者に対して業務遂行のほか、労働時間等の管理についても差配しうる立場にあると言える。しかし上記に見たように、管理職者自身が長時間労働等の過重負荷に晒されている職場では、部下に対する管理が立ち行かないことが容易に推測されうる。したがって使用者としては、企業組織全体として長時間労働・過重負荷を予防・抑制するためには、まず、管理職を管理職たる業務に従事させることが非常に重要である。また併せて、職位・職責に応じた業務の内容について精査し、職場管理の改善に向けて取り組んでいく必要があると考えられる。

(2)　出退勤管理の方法

　図表4-30（脳心事案）から出退勤管理方法別の時間外労働の長さを見ると、方法の別で時間外労働の長さが大きく異なるといった特段の指摘をし得るような傾向は見出し難いように思われる。むしろ、四種の方法のうち最も客観的な記録方法であると思われる「タイムカード」が活用されている場合であっても、他の方法による場合と同様に長時間の時間外労働が発生していることに注目する必要がある。

　また、図表4-36から4-38（精神事案）から出退勤管理方法別の「極度の長時間労働　あり」「恒常的長時間労働　あり」「月80時間以上の時間外労働　あり」の状況を見ると、いずれも、「タイムカード」は「本人の申告」よりは低い割合となっているが、その他の方法と比べて低い割合とも言えない状況にある。

　個別事案を見ても、タイムカードによる実労働時間の把握が長時間労働の抑制に活用されているとは言い難いように思われる。

　労働時間を規制する労働基準法は、時間外・休日労働及び深夜業に対する割増賃金支払いを使用者に義務付けていることから（労働基準法 37 条）、使用者は労働者の労働時間を把握する責務が生じ、また、労働安全衛生法は、事業主が従業員の健康確保措置を講ずる前提として労働時間の状況の記録を取ることを義務付けている（労働安全衛生法 66 条の 8 の 3）。しかし、いずれの条文においても、明確には、把握・記録した実労働時間数等を過重負荷を防止するための職場管理の適正化に活用する旨に触れていない。一の条文の目的は、立法過程及び施行運用上一義的ではありうるが、当該目的の外縁あるいは波及効果に政策上有益な事柄が認められるのであれば、適切な政策連携が実施・推進される必要があるのではないか。この意味において、既存法令を有効に活用することにより、職場における長時間労働や過重負荷の予防・抑制に役立てていくことが政策上のオプションとして検討されていく必要があると考える。

(3)　労働組合・過半数従業員代表

　図表 4-31（脳心事案）を見ると、労働組合、とりわけ過半数労働組合が存在する方が、存在しないよりも、時間外労働の長さを抑制する可能性があると言えそうである。他方、過半数従業員代表については、労働組合に比して時間外労働の抑制効果は低いと言えそうである。

　図表 4-39 から 4-41（精神事案）を見ると、「極度の長時間労働」と「恒常的長時間労働」については、労働組合の存在はその抑制について効果がないように思われる。なお、「月 80 時間以上の時間外労働」については、労働組合の存在は抑制効果があると言えそうである。また、過半数従業員代表については、長時間労働の抑制について顕著な効果は認めることができないと思われる。

　他方、検討した事案を見る限りでは、労働組合はその本来的存在意義であるはずの労働条件の維持改善という役割（労働組合法 2 条本文参照）を果たしていないようにも思われる。また、過半数従業員代表についても、36 協

定の締結という法定の手続及びその規制内容については適切にその役割を果たしているようではあるが、36協定の締結届出は労働基準法の労働時間の原則の適用を回避し、罰則の適用を免除するという重大な役割、また、検討した事案の限りではあるが、被災者の時間外労働の長さに鑑みると、負うべき責任の程度が著しく軽いと考えざるを得ない。従業員の過半数を代表して36協定を締結するばかりでなく、過半数従業員をまさに"代表して"責任を全うするような役割を担う必要があろう。

　現行法に即せば、法令遵守の第一次的責任主体は使用者にあるが、生命や健康の確保につながる長時間労働・過重労働の予防・抑制の観点から考えるとき、個別事案を確認した限りにおいては、現状の（過半数）労働組合と過半数従業員代表の職場管理への関与は極めて小さいと思われ、この点を今後の制度・政策議論において積極的に取り上げる必要があると思料する。

(4)　36協定

　この問題については、まず、単純集計と乖離時間の状況を確認する。

　単純集計では、36協定が定める1か月当たりの時間外労働時間数45時間以下の割合は、図表4-13（脳心事案）では7割弱、図表4-14（精神事案）では9割弱となっている。また、特別条項による1か月当たりの時間外労働時間数は、図表4-19（脳心事案）でも図表4-20（精神事案）でも、60時間台から80時間台の合計で約66％となっている。

　しかし、36協定が定める時間外労働時間数と、労災認定された被災者の実際の時間外労働時間数との乖離の状況を見ると（精神事案については、データ全体として時間外労働時間数が集計されていないため言及しない。）、特に脳心事案について、図表4-26（1か月当たり最長の時間外労働時間の場合）からは、殆どの事案について36協定が定める時間よりも長い時間外労働が行われていることが分かる。とりわけ、乖離時間数がプラス40時間から100時間未満のカテゴリの合計で58％を占めている状況にある。また、各事案に特別条項が適用されていると考えても、図表4-28（脳心事案、特別条項、1か月当たり最長の時間外労働時間の場合）からは、殆どの事案で特別条項が定める時間数よりも長い法定外労働時間において就業していると

見られ、とりわけ、プラス 10 時間から 60 時間未満のカテゴリの合計で５割超となっていることが分かる。

　つまり、労災認定事案のデータからは、36 協定が時間外労働の歯止めとしてよく機能していないと言えるであろう。企業における人事管理の実務においては、このことを踏まえ、36 協定を労働時間管理に係る自主的規制として適切に認識し、運用する必要があると言える。なお、平成 30 年（2018年）の労働基準法改正により、法定時間外労働の上限時間数が法定化された（先に触れた限度基準から格上げされるなどした）ことから、今後、この改正法令が労災事故の発生にどのように影響するのか、推移を注意深く見ていく必要がある。併せて、労災認定事案の収集・整理・分析について関係者の一層の努力が求められていると言える。

　次に、クロス集計表を見ていくと、図表 4-32（脳心事案）によると、36協定が締結されている事業場において長時間労働が抑制されるとは限らず、同協定に基づく労働時間管理が適切になされる必要があるものと思われる。なお、図表 4-32-1 から、36 協定の締結主体別に時間外労働の長さを見ると、労組が「ない」よりも「ある」方が時間外労働が短くなっている可能性があるようではある。また、図表 4-42 から 4-44（精神事案）で、36 協定の存在が「極度の長時間労働」、「恒常的長時間労働」、「月 80 時間以上の時間外労働」の抑制に寄与しているかを見るに、否定的に解さざるを得ない。個別事案の検討結果についても同様である。

　したがって、検討した限りでは、全体として、36 協定が締結されていても、適切な運用がなされていない事案があることから、使用者においては、改めて 36 協定を踏まえた労働時間管理を徹底する必要があると思われる。ただ、今回研究の検討対象は近時の労働基準法改正前の事案であるため、将来の検討においては、法改正後、すなわち 36 協定による時間外労働の上限規制が法定化された後の制度運用の推移を注視した上で評価する必要があろう。また併せて、人事管理の実務においては、今回研究によって明らかにされた 36 協定の運用の実情を踏まえ、真に適正な労働時間の管理、またそれに向けた適切な職場管理（管理職の適切な職場マネジメントを通じたものも含めて）をよく認識する必要があろう。

第3節　結論

　以上を踏まえ、冒頭示した検討の視点についてまとめると、脳心・精神事案が発生した職場については以下のように考えられる。

　職位については、その上昇とともに職場管理が職責として付加され、かつ、業務の幅が広がり、責任も重たくなると考えられるところ、こうした理由により長時間労働・過重負荷が生じているものと考えられる。管理職は管理職としての役割を果たすべく、企業組織において業務の改善が図られる必要がある。このことが、管理職自身、そしてその配下の労働者の長時間労働・過重負荷の抑制・軽減につながるものと考えられる。

　出退勤管理、特にタイムカードについて、実労働時間の把握においては有効に活用されていると考えられるものの、記録した実労働時間の実態を長時間労働・過重負荷の予防・抑制には活用されていないと考えられるため、実務において、また、制度政策において適切な活用方法が工夫、議論される必要がある。

　労働組合、特に過半数労働組合について、法的に認知されている「労働条件の維持改善」を目指して活動する必要があるところ、特に企業や職場の労働条件を具体的に規制しうる社会的意義ある存在として、長時間労働・過重負荷の予防・抑制に向けて活動することが求められる。

　過半数従業員代表について、労災認定事案の状況に鑑みれば、また、36協定の締結主体としての法定手続の帰結（責任の重さ）に鑑みれば、単に36協定の締結に関与するだけでなく、協定内容の遵守についても責任を負うよう制度政策議論を行う必要がある。

　36協定が締結されている事業場であっても、必ずしも長時間労働・過重労働の予防・抑制が図られていない事案がみられる。このため、人事管理の実務においては、36協定が労働時間管理に係る自主的規制であることを踏まえ、適切に労働時間・職場の管理を行うことが求められていると言える。

検討事案の概要1　（脳・心臓疾患）

事案番号	脳心①	脳心②
性別	男	男
発症時年代（年齢）	30 歳代	50 歳代
業種	印刷業	金属製品製造業
所属事業場労働者数	13 人	66 人
労働組合等の有無	労働組合なし	労働組合なし、過半数従業員代表あり
36 協定の有無	―	あり
職種・役職・職位	課長	主査
被災者の業務内容	工場全体の管理業務（注文書受理から在庫製品の確認、材料注文、注文に対する計画の設定、出荷予定の設定、製品完成後の品質管理、製品に関するトラブル対応、新規製品の試作の作業など）	品質保証課で検査業務やクレーム処理を担当
疾患名	心臓性突然死（心停止）	脳梗塞
所定労働時間数	1 日 8 時間、1 週間 40 時間	1 日 8 時間
休憩と取得状況	午前午後の各 10 分と昼食時の 50 分、合計 1 時間 10 分取得していたもよう。	午前午後各 10 分、昼休憩 40 分、合計 1 時間。休憩時間を確保できていたかは不明。
所定休日と取得状況	毎週日曜日の他、第 1 から第 3 土曜日、祭日。発症 5 か月前から所定休日を確保できない週がある。	日曜日、会社が指定する土曜日、夏期休暇、年末年始。夏期休暇は取得できていたようだが、発症前 6 か月において、夏期休暇の 4 日間を除き土曜日に休日を取得しておらず、日曜日についても必ずしも休日を取得できていない。
深夜業の有無と勤務状況	22 時を超える深夜勤務が発症前 5 か月から顕著に多く、少ない月で 14 回、多い月で 23 回ある。	発症前 5 か月から 22 時を超える深夜就業回数が増加し、発症前 3 か月から 5 か月で 1 か月当たり 14 回前後、発症前の 2 か月間は各月とも 20 回を超えている。
出退勤管理の方法	タイムカード	タイムカード
既往歴	高血圧疑い、糖尿病疑い	前立腺肥大症、血糖値要観察、血圧要観察、HbA1c 要観察
被災者の性格	―	
業務上認定要因	短期間の過重業務については、休日があるものの、1 日当たり 6 時間を超える時間外労働が認められることから、過重な業務が継続していたと認められる。長期間の過重業務については、発症前 1 か月に 166 時間の時間外労働が認められることから、業務と発症との関連性は強く評価でき、著しい疲労の蓄積をもたらす特に過重な業務に就労したと認められる。	労働時間について、発症前 6 か月において、発症前 1 か月に 190 時間、発症前 2 か月ないし 6 か月にわたって、1 か月当たり 180 時間以上の時間外労働が認められ、業務と発症との関連性は強いと認められる。したがって、著しい疲労の蓄積をもたらす特に過重な業務に就労したと認められる。
労働時間以外の負荷要因	なし	なし
発症前 1 か月の法定時間外労働時間数（拘束時間数）	166（364）	197（365）
同 2 か月（拘束時間数）	165（374）	241（401）
同 3 か月（拘束時間数）	134（287）	160（320）
同 4 か月（拘束時間数）	208（368）	184（344）
同 5 か月（拘束時間数）	235（403）	165（325）
同 6 か月（拘束時間数）	102（270）	145（313）
36 協定の時間外労働時間数	―	1 か月 45 時間、1 年 360 時間
36 協定時間数と法定外実時間数との乖離時間数（最大値）	―	196
労災事故の発生状況（直接の原因を含めた概要）その他の事情	早朝に自宅の寝室で被災労働者が死亡しているところを妻が発見した。	自宅で朝食後に「視野が狭い」と座り込み、即日入院し治療を受けていたが、数日後に症状が急激に悪化し死亡した。

筆者注1）表中の「―」は原資料に情報がなく不明であることを示す。
筆者注2）「年休と取得状況」に関する記述は原資料にないため、記載欄を省略している。
筆者注3）「発症前」の「法定時間外労働時間数（拘束時間数）」は単月の時間数である。

事案番号	脳心③	脳心④
性別	男	男
発症時代（年齢）	50 歳代	40 歳代
業種	飲食業	産業廃棄物処理業、解体業、土木建築業
所属事業場労働者数	8 人	146 人
労働組合等の有無	労働組合の有無は不明、過半数従業員代表あり	労働組合なし、過半数従業員代表あり
36 協定の有無	あり	あり
職種・役職・職位	店長	工務課長（現場管理者）
被災者の業務内容	店舗・店員の管理、材料の発注、関係各所に対する折衝及び店舗での調理	所属課内の業務進行の管理及び建設現場における管理の業務
疾患名	脳梗塞	脳内出血
所定労働時間数	1 日 8 時間、1 週間 48 時間	1 日 6 時間 40 分、1 週間 40 時間
休憩と取得状況	2 時間。人員がぎりぎりのため所定どおり取得できていなかったもよう。	午前午後各 30 分、昼休憩 1 時間 20 分、計 2 時間 20 分。業務の状況により、時間どおり、思うようには取得できていなかったと認定されている。
所定休日と取得状況	週休 1 日	週休 1 日制、正月、盆、GW 等年間 62 日。所定の休日は取得できていたもよう。
深夜業の有無と勤務状況	客数が多い場合は出汁作りを深夜にかけて一人で行っていた。	週当たり平均でおおむね 1,2 回は 22 時を超える深夜業を行っていたもよう。この回数は多くないといえるかもしれないが、出勤時刻が朝 6 時台であり、これが拘束時間の長さにつながっている（なお、勤務先では自宅と現場の直行直帰が認められていないため、出勤と退勤は勤務先となっている。）。
出退勤管理の方法	タイムカード	タイムカード
既往歴	拡張型心筋症、肺尖	気管支喘息、高血糖、高脂血症
被災者の性格	―	
業務上認定要因	発症前 6 か月間において、発症前 1 か月の時間外労働は 200 時間であるため、業務と発症との関連性は強い。したがって、著しい疲労の蓄積をもたらす特に過重な業務に従事したと認められる。	発症前概ね 6 か月間においては、休日数が少なく、かつ、1 か月あたりの時間外労働時間数が 100 時間を超えていることと、恒常的な長時間労働の実施にあった。このため、過重業務が認められ、基礎疾患の高血圧が自然的経過を超えて増悪し、本件脳内出血を発症させた。
労働時間以外の負荷要因	認定判断に影響する事実は認められていない。	認定判断に影響を与える事実は認められない。
発症前 1 か月の法定時間外労働時間数（拘束時間数）	201（411）	138（345）
同 2 か月（拘束時間数）	169（389）	147（354）
同 3 か月（拘束時間数）	131（349）	157（364）
同 4 か月（拘束時間数）	177（395）	127（324）
同 5 か月（拘束時間数）	295（515）	171（378）
同 6 か月（拘束時間数）	247（467）	183（380）
36 協定の時間外労働時間	1 か月 45 時間、1 年 360 時間	1 か月 45 時間、1 年 360 時間（1 年単位変形労働時間制適用の場合は、1 か月 42 時間、1 年 320 時間）特別条項では、1 か月 95 時間、1 年 800 時間
36 協定時間数と法定外実時間数との乖離時間数（最大値）	250	138（特別条項が適用されていた場合は 88）
労災事故の発生状況（直接の原因を含めた概要）その他の事情	仕事中に手に力が入らなくなり、立っていられずに椅子に腰掛けようとしたところ座れずに倒れた。次第に右半身が痺れたため救急搬送を要請し、脳梗塞と診断された。	職場で倦怠感を覚え、帰宅後、左腕、左足が動かなくなり救急搬送されたところ、脳内出血と診断された。

筆者注1）表中の「―」は原資料に情報がなく不明であることを示す。
筆者注2）「年休と取得状況」に関する記述は原資料にないため、記載欄を省略している。
筆者注3）「発症前」の「法定時間外労働時間数（拘束時間数）」は単月の時間数である。

事案番号	脳心⑤	脳心⑥
性別	男	男
発症時年代〔年齢〕	40 歳代	30 歳代
業種	小売業	小売業
所属事業場労働者数	194 人	11 人
労働組合等の有無	—	過半数労働組合あり
36 協定の有無	—	あり
職種・役職・職位	副店長	営業主任
被災者の業務内容	売上数値予算管理（日々の実績管理）、伝票・書類管理（仕入れ・返品伝票、レジ書類などの管理監督）、他店チラシに対しての対策、商品管理（発注、返品、搬入）、社員管理、社員社宅管理、業績不振部門に対しての対策	所属営業所では自社製造の歯科用 X 線装置の販売・修理・メンテナンスを行っており、被災者は主任の昇格するに伴い主業務がメンテナンスから営業となった。内勤では、見積書・CAD 図面・他社製品との比較資料の作成、一般職の指導、外勤では、商談、セール
ス、故障対応、メンテナンス等を行っていた。外勤の比重が高く、外勤後に内勤してから退社していた。取引先が中部東海地域にわたることから宿泊を伴う出張が多く、また、相手方の都合に応じて外勤していたため、残業や休日出勤が多かった。
疾患名	くも膜下出血	くも膜下出血
所定労働時間数	管理職のため、労働時間の管理は本人の裁量に任せている。管理監督者の平均労働時間：出勤 9:00-9:30、退勤 22:00-23:00	1 日 8 時間、1 週間 40 時間
休憩と取得状況	1 時間（昼 45 分、適宜 15 分）。認定判断の当たっての実労働時間算定においては休憩を取得できていたとされている。	昼休憩 45 分、午後休憩 10 分、所定終業時刻後に勤務する場合はその後の 10 分。必ずしも決められた時間帯に取得できていないが、全体としては日中の 55 分休憩を取得できていたもよう。
所定休日と取得状況	週 2 日（平均月 6 日）。被災者も概ね同様。	完全週休 2 日制
深夜業の有無と勤務状況	発症日を除く発症前 6 か月において、22 時を超えない退勤日は 3 日のみ。退勤時間は概ね 22 時 30 分	記録によると、発症前 6 か月において 22 時を超える深夜業を行った日は 2 日のみである。
出退勤管理の方法	タイムカード	タイムカード
既往歴	糖尿病の疑い	肝機能経過観察
被災者の性格	—	—
業務上認定要因	発症前 1 週間、1 週間以前に継続した長時間労働が認められ、また、発症前 1 か月において 197 時間の時間外労働が認められることから、業務と発症との関連性が強いと評価でき、著しい疲労の蓄積をもたらす特に過重な業務に就労したと認められる。	発症前 1 か月の時間外労働時間数は 100 時間を超えており、業務と発症の関連性は強いと評価できる。
労働時間以外の負荷要因	なし	なし
発症前 1 か月の法定時間外労働時間数（拘束時間数）	170（370）	134（344）
同 2 か月（拘束時間数）	148（338）	—
同 3 か月（拘束時間数）	147（336）	—
同 4 か月（拘束時間数）	134（332）	—
同 5 か月（拘束時間数）	159（359）	—
同 6 か月（拘束時間数）	132（329）	—
36 協定の時間外労働時間数	—	1 か月 40 時間、1 年 360 時間（特別条項では 1 か月 60 時間）
36 協定時間数と法定外実時間数との乖離時間数（最大値）	—	94（特別条項が適用されていた場合は 74）
労災事故の発生状況（直接の原因を含めた概要）その他の事情	夕方に勤務先トイレ個室内で倒れているところを社員によって発見され救急搬送されたが、病院で死亡が確認された。	業務上のトラブル対応作業中に気分不良となり救急搬送され、くも膜下出血と診断された。

筆者注 1）表中の「—」は原資料に情報がなく不明であることを示す。
筆者注 2）「年休と取得状況」に関する記述は原資料にないため、記載欄を省略している。
筆者注 3）「発症前」の「法定時間外労働時間数（拘束時間数）」は単月の時間数である。

事案番号	脳心⑦	脳心⑧
性別	男	男
発症時年代（年齢）	40 歳代	30 歳代
業種	小売業	専門・技術サービス業
所属事業場労働者数	1967 人	6 人（企業全体では 52 人）
労働組合等の有無	労働組合あり、当該労働組合が過半数従業員代表に代替（話し合いによる選出）	過半数労働組合あり
36 協定の有無	あり	あり
職種・役職・職位	海産バイヤー（仕入れ担当）＊サブバイヤーの部下が一人いる。	主幹
被災者の業務内容	海産バイヤーとして、生鮮魚等の仕入れ・チェック・仕分け、各店舗の鮮魚売場の指導、報告書・広告・指示書の作成など事務処理、商談、視察等県外出張の業務に従事	農地・農業用施設の災害査定のため、測量、設計、積算業務の書類の審査業務に従事
疾患名	脳出血	橋出血（脳出血）
所定労働時間数	1 日 7 時間 45 分、1 週間 40 時間	1 日 8 時間、1 週間 40 時間
休憩と取得状況	午前休憩 15 分、昼休憩 1 時間、計 1 時間 15 分。取得できていたもよう。	昼休憩 1 時間
所定休日と取得状況	週休 2 日制	完全週休 2 日制。発症前 2 か月から 5 か月においては連続勤務が見られ、休日を所定どおりに取得できていない。
深夜業の有無と勤務状況	勤務が深夜に及ぶことはない。他方、業務の性質上、出勤は早朝であり、概ね朝 4 時半。	発症前 6 か月間において 22 時を超える深夜勤務回数は 40 回あり、特に発症前 2 か月目の深夜勤務回数が顕著である。
出退勤管理の方法	タイムカード	被災時は業務月報にて管理。協働他者の確認押印を経ているもの。
既往歴	脳梗塞疑い、めまい症、肝機能要精密検査、中性脂肪・HDL・LDL要治療、肥満、血圧・総コレステロール要経過観察	血圧要精密検査
被災者の性格	—	—
業務上認定要因	発症前 1 か月間において、119 時間の時間外労働が認められることから、業務と発症との関連性が強いと評価でき、著しい疲労の蓄積をもたらす特に過重な業務に就労したと認められる。	発症前 1 か月間に 98 時間（約 3 週間の勤務）、発症前 2 か月から 6 か月平均においても最も 135 時間、最少 97 時間と 100 時間を超える時間外労働が継続している状態であり、業務内容も、激甚災害の復旧のため急を要する一連の災害査定業務であり、労働密度が高く、業務と発症との関連性は強いと評価できる。したがって、著しい疲労の蓄積をもたらす特に過重な業務に就労したと認められる。
労働時間以外の負荷要因	なし	長期出張による単身赴任中であり、ホテル住まいをしており、相当なストレスがあったと推測される。また、業務では指導の立場にあり、精神的な負担はあったと推測される。
発症前 1 か月の法定時間外労働時間数（拘束時間数）	119（315）	98（243）
同 2 か月（拘束時間数）	134（321）	164（376）
同 3 か月（拘束時間数）	135（334）	144（340）
同 4 か月（拘束時間数）	127（314）	131（328）
同 5 か月（拘束時間数）	114（318）	46（245）
同 6 か月（拘束時間数）	122（315）	1（180）
36 協定の時間外労働時間	1 か月 15 時間、1 年 120 時間（1 年単位変形労働時間制適用の場合は、1 か月 42 時間、1 年 320 時間）	1 か月 20 時間、1 年 180 時間（特別条項では 1 か月 30 時間）
36 協定時間と法定外実時間数との乖離時間数（最大値）	92（被災者は変形労働時間制が適用されていたようであるため）	144（特別条項が適用されていた場合は 134）
労災事故の発生状況（直接の原因を含めた概要）その他の事情	業務上の理由から休暇予定日を返上して早朝から業務に従事し、夜に帰宅し夕食や風呂を終えたところで右半身が動かなくなり、救急搬送され、脳出血と診断された。	年末年始休暇中に自宅で頭痛を訴えた後に嘔吐し、意識不明となって救急搬送され、橋出血と診断された。発症前 6 か月、特に発症前 5 か月目以降においては連続勤務が繰り返し見られ、最大で 40 日間の連続勤務が見られる。被災者は農業災害の専門家として審査業務の大半を一人でこなしており、審査件数は数百件に及ぶものの、査定までの期間は極めて短いため、迅速な対応（査定）が求められていた。審査に必要な提出されてきた書類には不備が多く、その対応に相当な時間を取られていたことで労働密度は高く、業務指導に伴う精神的緊張、被害規模の大きな案件の審査漏れと相当なショックを受けていたことも認定されている。

筆者注 1）表中の「—」は原資料に情報がなく不明であることを示す。
筆者注 2）「年休と取得状況」に関する記述は原資料になかったため、記載欄を省略している。
筆者注 3）「発症前」の「法定時間外労働時間数（拘束時間数）」は毎月の時間数である。

160

事案番号	脳心⑨	脳心⑩
性別	男	男
発症時年代（年齢）	40 歳代	50 歳代
業種	金属製品製造業	機械部品製造業
所属事業場労働者数	223 人	9 人（企業全体）
労働組合等の有無	過半数労働組合あり	過半数労働組合あり
36 協定の有無	あり	あり
職種・役職・職位	工作課　係長	製造責任者。なお、上長たる事業場責任者は組合委員長である。
被災者の業務内容	品質不適合の削減に向けた業務（工作課各班の段取表や作業マニュアルの完全実施支援及び充実）、工作課マネジメント業務、品質マネジメントシステムの内部監査員業務など	地ビール・ミネラルウォーターの製造。製造業務従事者は被災者を含め 2 名のみ。製品開発、製造工程の計画、機械のメンテナンス、原料の仕入れ等製造に関するすべてを担当し、かつ、飲食店への営業も行っていた。
疾患名	虚血性心疾患疑い（心停止）	脳内出血
所定労働時間数	1 日 7 時間 45 分、1 週間 38 時間 45 分	1 日 7 時間。11 日ごとに通し勤務として所定終業時刻（15:50）後より翌朝 8:05 までの勤務が予定されている。
休憩と取得状況	昼休憩 1 時間。取得できていたと認定されている。	昼休憩 45 分。取得できていたと認定されている。
所定休日と取得状況	完全週休 2 日制。発症前 6 か月において概ね取得できていたもよう。なお、振替休日等を取得していたとも推測される。	隔週週休 2 日制。発症前 2 か月において休日は 1 日も取得されていない。
深夜業の有無と勤務状況	発症前 6 か月において 22 時を超える深夜勤務は 65 回ある。概ね、22 時台や 23 時台の退勤が多いようだが、24 時を回る退勤日も見られる。	発症前 2 か月において深夜時間帯（22 時～5 時）の勤務日が回あるが、いずれも予定されている通し勤務と思われる。
出退勤管理の方法	タイムカード	タイムカード
既往歴	左室高電位の異常所見あり	なし
被災者の性格	―	―
業務上認定要因	発症前 4 か月間において月平均 80 時間を超える時間外労働が認められることから、業務と発症との関連性が強いものと評価できる。	被災者の発症前 1 か月の時間外労働時間数が 142 時間となっているうえ、製造責任者であってノルマも過大であり労働密度が特に低い状況とは認められないことから、業務と発症の関連性は強いと評価する。また、発症前 2 か月間のみ労働時間が算定されているところ、著しい疲労の蓄積をもたらす特に過重な業務に就労したと認められる。
労働時間以外の負荷要因	社内服務心得の策定に当たって中間管理職として社内の意見集約、説明、調整を行い、批判的な意見を言われることもあったようであるが、認定判断に当たって考慮すべき日常的に精神的緊張を伴う業務の程度までには至っていないと判断されている。	認定判断に当たって考慮すべき事実は認められない。
発症前 1 か月の法定時間外労働時間数（拘束時間数）	70（238）	142（348）
同 2 か月（拘束時間数）	78（246）	―
同 3 か月（拘束時間数）	80（257）	―
同 4 か月（拘束時間数）	94（262）	―
同 5 か月（拘束時間数）	―	―
同 6 か月（拘束時間数）	―	―
36 協定の時間外労働時間数	1 か月 45 時間、1 年 360 時間（特別条項では、1 か月 80 時間、1 年 750 時間）	1 か月 45 時間、1 年 320 時間
36 協定時間数と法定外実時間数との乖離時間数（最大値）	49（特別条項が適用されていた場合は 14）	97
労災事故の発生状況（直接の原因を含めた概要）その他の事情	職場で昼休みに突然倒れて救急搬送され、虚血性心疾患により死亡したもの。	・左膝裏に違和感を感じたところ、その後体全体に力が入らなくなり、救急搬送され、脳内出血の診断を受けた。入院加療後、リハビリ目的で転院するなどしている。 ・発症前 2 か月間のみ労働時間が算定されているところ、所定労働時間内の労働日はなく（概ね実働 10 時間超）、かつ、休日は 1 日もない。

筆者注 1）表中の「―」は原資料に情報がなく不明であることを示す。
筆者注 2）「年休と取得状況」に関する記述は原資料にないため、記載欄を省略している。
筆者注 3）「発症前」の「法定時間外労働時間数（拘束時間数）」は単月の時間数である。

事案番号	脳心⑪	脳心⑫
性別	男	男
発症時年代（年齢）	30 歳代	30 歳代
業種	運輸業	建設業
所属事業場労働者数	579 人	10 人
労働組合等の有無	労働組合なし、過半数従業員代表あり	労働組合なし、過半数従業員代表あり
36 協定の有無	あり	あり
職種・役職・職位	運行管理者、サブセンター長	工事責任者・現場監督
被災者の業務内容	・運行管理業務（週2日）：点呼、積み込み作業チェック、無線・モニターによる配送状況確認・指示、配送日報の回収、翌日の勤務指示 ・事務所管理業務（週3日）：サブセンター長（兼 安全推進委員会）としての管理作業、センター運営全般	一般住宅請負工事施工のために、施主・施工業者との打ち合わせ、施工業者の手配、工事進捗確認、現場管理を行う。朝から晩まで現場で業務を行い、複数現場を回ることもあり。現場作業終了後は、職場に戻り、進捗状況の確認、施主・施工業者への進行報告など事務作業を 2 時間程度行う。
疾患名	脳幹部出血、四肢麻痺、遷延性意識障害	くも膜下出血
所定労働時間数	終業規則上は 1 日 8 時間。実務上の所定労働時刻は 7～19 時。	1 日 7 時間 50 分、1 週間 40 時間
休憩と取得状況	午前午後各 10 分ないし 15 分と、昼休憩 30 分ないし 40 分の、計 1 時間。発症前 6 か月間において取得できていたと認定されている。	午前 10 分、午後 15 分、昼休憩 1 時間の、計 1 時間 25 分
所定休日と取得状況	週 1 日以上、1 年間 105 日。発症前 6 か月間において、概ね週に 2 日の休日を取得できていたもよう。	隔週週休 2 日制。なお、発症前 6 か月において、所定の隔週週休 2 日を確保できていなかった月が 3 か月ある。
深夜業の有無と勤務状況	発症前 6 か月間において、22 時を超える深夜勤務が 4 回ある。	なし
出退勤管理の方法	タイムカード	タイムカード
既往歴	（重症）高血圧症（治療中）、左室肥大（要観察）	白血球増加要精検、尿潜血陽性要精検、 GPT やや増加要観察、HDL コレステロール低値要観察
被災者の性格	―	―
業務上認定要因	発症前 3 か月間の平均時間外労働時間は 80 時間以上に及んでおり、恒常的な長時間労働があったものと認められ、特に過重な業務に就労していたものと認められる。	発症前 2 か月平均の時間外労働時間は 92 時間と認められ、発症前の長期間にわたって著しい疲労の蓄積をもたらす特に過重な業務に就労したと認められる。
労働時間以外の負荷要因	なし	なし
発症前 1 か月の法定時間外労働時間数（拘束時間数）	85（274）	85（276）
同 2 か月（拘束時間数）	74（262）	99（301）
同 3 か月（拘束時間数）	107（298）	74（264）
同 4 か月（拘束時間数）	119（319）	95（297）
同 5 か月（拘束時間数）	98（280）	73（263）
同 6 か月（拘束時間数）	100（299）	92（294）
36 協定の時間外労働時間数	1 か月 42 時間、1 年 320 時間（特別条項では、1 か月 100 時間、1 年 852 時間）	1 か月 42 時間、1 年 320 時間
36 協定時間数と法定外実時間数との乖離時間数（最大値）	77（特別条項が適用されていた場合は 19）	57
労災事故の発生状況（直接の原因を含めた概要） その他の事情	・勤務先の喫煙所付近（戸外）で倒れているところを発見、救急搬送された。	パチンコ店の駐車場にあぐらをかくような姿勢でいたところ、パチンコ店員が発見し勤務先に通報。近隣の現場にいた同僚が病院へ搬送し、くも膜下出血と診断され加療したが、約 1 か月後に死亡した。

筆者注 1）表中の「―」は原資料に情報がなく不明であることを示す。
筆者注 2）「年休と取得状況」に関する記述は原資料にないため、記載欄を省略している。
筆者注 3）「発症前」の「法定時間外労働時間数（拘束時間数）」は単月の時間数である。

事案番号	脳心⑬	脳心⑭
性別	男	男
発症時年代（年齢）	20 歳代	40 歳代
業種	可塑物製品製造業	飲食業
所属事業場労働者数	60 人	568 人（企業全体）
労働組合等の有無	なし	労働組合の有無は不明、過半数従業員代表あり
36 協定の有無	被災者の発症時に正社員（被災者）に適用される時間外労働・休日労働協定なし	あり
職種・役職・職位	製造工・製造課主任	調理係長（売店の責任者）
被災者の業務内容	射出成形型金型のプロトタイプの製造。金型製造のうち型合わせ（ブロックで製造された型を合わせて接合部分の繋ぎ目を埋める業務）と放電加工（マシニングで加工できない細かな加工を電極を使用して削る作業）を行っていた。	・売場の責任者として、売場清掃、備品・用度品在庫管理、電話対応、レジ締め、売上金入金、釣り銭保管。・調理では、キャベツ切り、フライヤー準備、洗米、炒飯、納品片付け、揚げ業務、弁当盛り付け、丼製造、肉仕込み、調理場清掃、調理器具清掃、ゴミ捨て。・全体の管理として、発注業務、売上報告、勤怠報告、安全点検、衛生点検、営業成績報告書作成、月次勤怠報告、棚卸業務、ビル内書類手続き。
疾患名	急性循環不全（心停止）	低酸素性脳症、心肺停止
所定労働時間数	1 日 8 時間、1 週間 40 時間	1 日 8 時間、1 週間 40 時間
休憩と取得状況	昼休憩 45 分、午後 15 分の、計 1 時間	2 時間。なお、残業を見越して設定されていると推測する。
所定休日と取得状況	週休 2 日制（毎週第一土曜日のみ出勤）。なお、発症前 2 週間目においては休日が一日もない。	週休 2 日制（原則、火曜・金曜）。なお、発症前 6 か月間で取得した休日は、有給休暇の 2 日を含めて 12 日であり、週に 2 日の休日は確保されていない。一方、（認定されている勤務時間は長くないものの）30 回の休日出勤が認められる。
深夜業の有無と勤務状況	発症前 6 か月間において、深夜時間帯（22 時～5 時）における勤務は 89 回ある。	発症前 6 か月間において、22 時を超える深夜勤務は 9 回あるが、うち 7 回は 22 時を数分超えた退勤、2 回は 22 時半くらいの退勤である。
出退勤管理の方法	タイムカード	タイムカード。なお、出勤後すぐに打刻しないことがあり、休日出勤の場合も打刻しなかったと認定されている。
既往歴	心電図により右室肥大等の異常所見あり	両下肢下部静脈瘤（自覚状）、高血圧・要内科受診。肝機能・要再検。コレステロール・血糖値高め。尿検査異常値。
被災者の性格	—	—
業務上認定要因	短期間においては、日常業務を超える連続した極端な長時間労働があったこと（発症前 2 週間において 3 回の 24 時間以上連続勤務が認められる）。長期間においては、慢性的な時間外労働が継続され、業務と発症との関連性が強いと評価できる。	発症前 1 か月間の時間外労働時間が 100 時間を超えていることから、特に過重な業務に従事していたものと判断される。
労働時間以外の負荷要因	顧客から短期間での納期を求められ、かつ、精度の高い製造品を求められていたことから、心理的負荷が認められる。	なし
発症前 1 か月の法定時間外労働時間数（拘束時間数）	134（295）	133（309）
同 2 か月（拘束時間数）	244（404）	134（302）
同 3 か月（拘束時間数）	73（222）	133（301）
同 4 か月（拘束時間数）	171（330）	97（273）
同 5 か月（拘束時間数）	89（246）	132（292）
同 6 か月（拘束時間数）	106（275）	160（320）
36 協定の時間外労働時間数	—	1 か月 45 時間、1 年 360 時間
36 協定時間数と法定外実時間数との超過時間数（最大値）	—	115
労災事故の発生状況（直接の原因を含めた概要）その他の事情	・上司や先輩が退職したことから、その業務の 2／3 が被災者の担当とされ、同時期に受注量が増加した。・体調不良により欠勤し受診しようとしたものの受診せず、自宅で安静にしていたところ、意識不明となり、救急搬送されたが、急性循環不全により死亡。	午前 8 時半頃に通常どおり出勤し、開店準備をしていた午前 9 時頃突然倒れて意識不明となり、心肺停止に陥ったため、緊急措置後救急搬送された。4 日間の意識不明後、命はとりとめたが、低酸素脳症により高次脳機能障害となった。

筆者注 1）表中の「—」は原資料に情報がなく不明であることを示す。
筆者注 2）「年休と取得状況」に関する記述は原資料にないため、記載欄を省略している。
筆者注 3）「発症前」の「法定時間外労働時間数（拘束時間数）」は単月の時間数である。

事案番号	脳心⑮	脳心⑯
性別	男	男
発症時年代（年齢）	50 歳代	40 歳代
業種	クリーニング（リネンサプライ）業	農業協同組合
所属事業場労働者数	159 人	267 人
労働組合等の有無	労働組合なし、過半数従業員代表あり	労働組合の有無は不明、過半数従業員代表あり
36 協定の有無	あり	あり
職種・役職・職位	営業部次長	葬祭課課長代理
被災者の業務内容	月曜日・火曜日は、営業業務の他、再洗い作業。事業所内では、商品の劣化状況の確認及び商品補充の打ち合わせ。水曜日以降は、曜日ごとに訪問エリアを決め、得意先への訪問（営業活動、在庫管理）。曜日にかかわらず、夕方前からは翌日配送の準備（数名での積み込み）。	①葬祭事業部課長代理として、葬祭業務全般（病院等での遺体引き取り、納棺、運搬業者の手配、自宅での枕飾り、遺族との打ち合わせ、葬儀の受付、準備、施行、片付け、請求書作成等）のほか、職員勤務シフトの表の作成。 ②葬祭事業課長が欠員となったため、課長代理の被災者が業務管理者となり、上記①の業務に加え、職員勤務報告書の作成、システム入力業務及び職員への業務指示が追加となった。 ③葬祭事業部長及び葬祭課長が就任し、基本的には上記①の業務に戻ったが、葬祭課長は特殊な業務であり、新任の部長及び課長が不慣れであったため、引き続き課長業務も行いながら、葬祭業務の中心的な立場で業務を引っ張っていた。
疾患名	急性心筋梗塞	くも膜下出血
所定労働時間数	1 日 8 時間	1 日 7 時間 30 分、1 週間 37 時間 30 分
休憩と取得状況	昼休憩 45 分、午後 15 分の、計 1 時間	昼休憩 1 時間。休憩は取得できていたと認定されている。
所定休日と取得状況	日曜日、ほか。発症前 6 か月において、必ずしも所定の日曜日を取得できていたわけではないというえ、休日出勤が 4 回あるよう。	シフト制による完全週休 2 日制。発症前 6 か月間において、休日は概ね取得できていたようだが、業務の性質からか、1 週間に 3 日以上の休日を取得している週もあれば、23 日連続勤務の場合もあり、不規則性がうかがえる。
深夜業の有無と勤務状況	発症前 6 か月において、22 時を超える深夜勤務は 1 回のみである。しかし、出勤時間が概ね 6 時台と早く、5 時以前に出勤した日が 2 回ある。	発症前 6 か月間において、22 時を超える深夜勤務が 27 回ある。
出退勤管理の方法	タイムカード	タイムカード
既往歴	なし	急性腰痛症。肥満、高血圧の指摘あり、要指導。
被災者の性格	―	
業務上認定要因	発症前 1 か月間の業務について 100 時間を超える時間外労働が認められ、また、発症前概ね 6 か月間の業務についても平均 100 時間を超える時間外労働が認められ、被災者の就業状況を考慮すると労働密度が特に低いとは認められないことから、業務と発症との関連性は強いと判断され、発症前の長期間にわたって著しい疲労の蓄積をもたらす特に過重な業務に就労したと判断する。	発症前 1 か月間の時間外労働時間が 173 時間であり、発症前 2 か月間から 6 か月間のいずれの期間においても、1 か月当たりの平均時間外労働が 100 時間を超えていること、また、業務は突発的で不規則な勤務形態であったことも考慮すると、発症前の長期間にわたって、著しい疲労の蓄積をもたらす過重な業務に就労したと認められる。
労働時間以外の負荷要因	なし	・葬祭業務の性質上、突発的で不規則な勤務があったと認められる。 ・欠員となっていた葬祭事業部の部長と課長が就任したものの、葬祭業務は特殊であるため、両名が慣れるまでは引き続き、課長代理である被災者が中心的な立場で業務を引っ張っていたものと認められる。
発症前 1 か月の法定時間外労働時間数（拘束時間数）	127（315）	173（358）
同 2 か月（拘束時間数）	100（286）	141（324）
同 3 か月（拘束時間数）	97（291）	156（343）
同 4 か月（拘束時間数）	104（298）	132（316）
同 5 か月（拘束時間数）	95（288）	54（222）
同 6 か月（拘束時間数）	94（280）	84（265）
36 協定の時間外労働時間数	1 か月 45 時間、1 年 360 時間（特別条項では、1 か月 80 時間、1 年 750 時間）	1 か月 45 時間、1 年 360 時間
36 協定時間数と法定外実時間数との乖離時間数（最大値）	82（特別条項が適用されていた場合は 47）	128
労災事故の発生状況（直接の原因を含めた概要）その他の事情	顧客先のリネン庫で倒れているところを発見され、救急搬送されたが、搬送先の病院で死亡が確認された。	朝方に自宅で頭痛と左足の痺れを訴え救急搬送されたところ、くも膜下出血との診断を受け、移送のうえ治療を受けるも、翌日に死亡した。

筆者注 1) 表中の「―」は原資料に情報がなく不明であることを示す。
筆者注 2) 「年休と取得状況」に関する記述は原資料にないため、記載欄を省略している。
筆者注 3) 「発症前」の「法定時間外労働時間数（拘束時間数）」は単月の時間数である。

事案番号	脳心⑰	脳心⑱
性別	男	男
発症時年代（年齢）	30 歳代	50 歳代
業種	医療業	警備業
所属事業場労働者数	625 人	20 人
労働組合等の有無	労働組合の有無は不明、過半数従業員代表あり	労働組合なし、過半数従業員代表あり
36 協定の有無	あり	あり
職種・役職・職位	事務職、主任	係長
被災者の業務内容	総務課に所属し、研修医の募集、給与計算、苦情対応、人事管理業務全般	警備員の採用、労務管理、指導・教育
疾患名	虚血性心疾患疑い（心臓性突発死）	くも膜下出血
所定労働時間数	1 日 8 時間	1 日 8 時間、1 週間 40 時間
休憩と取得状況	特段の定めはないが、概ね 12～13 時において 1 時間取得	1 時間 30 分
所定休日と取得状況	日曜日及び日曜日以外で月 4 日間	日曜日、ほか、年間休日表による（105 日）。なお、発症前 6 か月平均で、休日は 1 か月当たり 3 日である。
深夜業の有無と勤務状況	発症前 6 か月において、22 時を超える深夜勤務は 20 回ある。なお、退勤時間は、遅くても 23:40 分頃である。	発症前 6 か月において、22 時を超える深夜勤務は 57 回である。
出退勤管理の方法	タイムカード	タイムカード
既往歴	なし	前交通動脈瘤。肥満・血圧高め・空腹時血糖境界型の異常所見あり
被災者の性格	ー	ー
業務上認定要因	発症前 1 か月において 100 時間を超える時間外労働が認められ、業務と発症との関連性が強いと判断される。	発症前 1 か月において 100 時間を超える時間外労働が認められるため、判断せず。
労働時間以外の負荷要因	なし。なお、発症前 6 か月において、5 回の出張と、3 回の 10 日を超える連続勤務が認められる。	発症前 1 か月の時間外労働時間数は約 128 時間であり、業務と発症との関連性は強いと評価できる。また、業務内容から、労働密度が低いとは認められない。総合的に判断すると、著しい疲労の蓄積をもたらす特に過重な業務に就労したものと認められる。
発症前 1 か月の法定時間外労働時間数（拘束時間数）	100（272）	129（337）
同 2 か月（拘束時間数）	88（256）	155（359）
同 3 か月（拘束時間数）	66（213）	107（300）
同 4 か月（拘束時間数）	88（258）	146（353）
同 5 か月（拘束時間数）	93（253）	115（327）
同 6 か月（拘束時間数）	98（258）	106（207）
36 協定の時間外労働時間数	1 か月 45 時間、1 年 360 時間（特別条項では、1 か月 80 時間、1 年 600 時間）	1 か月 45 時間、1 年 360 時間
36 協定時間数と法定外実時間数との乖離時間数（最大値）	55（特別条項が適用されていた場合は 20）	110
労災事故の発生状況（直接の原因を含めた概要）その他の事情	自宅で未明に呼吸停止状態であることに配偶者が気づき、救急搬送要請するも、救急隊到着時には死亡した状態であった。	出勤前にシャワーを浴びていたところ、風呂場で倒れているところを被災者の母が発見し、救急搬送されたが、死亡したもの。

筆者注 1）表中の「ー」は原資料に情報がなく不明であることを示す。
筆者注 2）「年休と取得状況」に関する記述は原資料にないため、記載欄を省略している。
筆者注 3）「発症前」の「法定時間外労働時間数（拘束時間数）」は単月の時間数である。

事案番号	脳心㉑
性別	女
発症時年代（年齢）	40 歳代
業種	生花等小売業
所属事業場労働者数	30 人（企業全体）
労働組合等の有無	労働組合の有無は不明、過半数従業員代表あり
36 協定の有無	あり
職種・役職・職位	技術指導担当
被災者の業務内容	被災者は、N 店の店長として勤務していたが、2 か月後に T 店に異動となり、技術指導担当として 3 店舗（O 店・N 店・E 店）の業務統括を行っていた。事務処理としては、本数出しなどの集計作業で、月・水・金は水揚げ作業を行っている。また、婚礼やイベント装花の制作も行っていた。
疾患名	被殻出血
所定労働時間数	1 日 7 時間 30 分
休憩と取得状況	昼休憩 1 時間、夕食休憩約 30 分の、計約 1 時間 30 分
所定休日と取得状況	完全週休 2 日制
深夜業の有無と勤務状況	発症前 6 か月間において、22 時を超える深夜勤務が 85 回ある
出退勤管理の方法	タイムカード
既往歴	高血圧症、総コレステロール・LDL コレステロール高値（要経過観察）
被災者の性格	―
業務上認定要因	発症前 1 か月間に 139 時間の時間外労働が認められることから、業務と発症との関連性は強いと評価できる上、発症前 6 か月間においても、休日は確保されていたものの極度の長時間労働に従事した事実が認められることから、相当の疲労の蓄積、恒常的な睡眠不足の状態であったと推測され、著しい疲労の蓄積をもたらす特に過重な業務に就労したと判断できる。
労働時間以外の負荷要因	なし
発症前 1 か月の法定時間外労働時間数（拘束時間数）	139（327）
同 2 か月（拘束時間数）	97（297）
同 3 か月（拘束時間数）	66（234）
同 4 か月（拘束時間数）	198（380）
同 5 か月（拘束時間数）	82（263）
同 6 か月（拘束時間数）	145（343）
36 協定の時間外労働時間	1 か月 45 時間、1 年 360 時間
36 協定時間数と法定外実時間数との乖離時間数（最大値）	153
労災事故の発生状況 （直接の原因を含めた概要） その他の事情	・帰宅途中に意識が朦朧とし、自宅最寄り駅に辿り着けずに深夜にふらつきながらさまよっていたところを通行人に助けられ、救急搬送された。 ・被災者は、事務作業に加え、事業主の指示により他店舗へ行き、婚礼やイベントの装花製作業務にも従事しており、繁忙期など、婚礼やイベントの状況によっては、早朝から深夜までの作業を余儀なくされる状況にあった。

筆者注 1）表中の「―」は原資料に情報がなく不明であることを示す。
筆者注 2）「年休と取得状況」に関する記述は原資料にないため、記載欄を省略している。
筆者注 3）「発症前」の「法定時間外労働時間数（拘束時間数）」は単月の時間数である。

166

検討事案の概要 2　（精神障害）

事案番号	精神①	精神②
性別	男	男
発病時年代（年齢）	30 代	40 代
業種	運輸業、郵便業	製造業
所属事業場労働者数	430 人（センターは約 40 人規模）	186 人
労働組合等の有無	－	過半数労働組合あり
36 協定の有無	あり	あり
職種・役職・職位	センター長	製造課課長
被災者の業務内容	コンビニエンスストアへの納品業務。センター長としてセンター業務全般に係わる業務に従事	ポテトチップス製造課課長としてポテトチップス製造に関わるマネジメントを担当
疾患名	うつ病エピソード	うつ病エピソード（自殺）
所定労働時間数	1 日 8 時間、1 週間 40 時間	1 日 7 時間 45 分
休憩と取得状況	昼休憩 1 時間	昼休憩 50 分
所定休日と取得状況	週休 1 日制。その他（日曜日、国民の休日、年末年始（4 日間）、お盆（4 日間）、毎月の休日を 1 月は 10 日、2 月～8 月は 9 日、9 月～12 月は 8 日に達するまでとし、その日は指定は前月末までに本人に通告する）	週休 2 日（年間 122 日）[日曜日・祝祭日・その他（企業のカレンダーによる）]
深夜業の有無と勤務状況	終業時刻が 22 時を超えるのは月に 2～7 日ある（発病前 1 か月は 7 日）が、ほとんどが 23 時くらいまで	なし
出退勤管理の方法	タイムカード	タイムカード
既往歴	なし	なし
被災者の性格	真面目で責任感が強い。何でも自分でやらないと気が済まないタイプ。頑固で意固地なところもあった。	－
業務上認定要因	センター長に就任する以前より行っていた書類作成等の管理業務を担当したまま、センター長業務である本社とのやり取り、経費や人件費の管理、取引先との営業活動等を行うことになり、業務量が増加した。発病直前の連続した 2 か月において、1 か月あたりおおむね 120 時間以上の時間外労働が認められた。また、上司である部長との間で意見の相違、対立等があり、部下も実際に口論等を目撃している。	ポテトチップス製造過程についてクレームが多発したことへの対応、輸入馬鈴薯の不良品の発生に対する対応、上司とのトラブル、そしてポテトチップス食油の排水に関する対応があった。また、輸入馬鈴薯の不良品の発生に対応する出来事前には、月 80 時間以上の恒常的時間外労働が認められる。
極度の長時間労働	なし	なし
恒常的長時間労働	なし	あり
1 か月 80 時間を超える時間外労働	あり	－
具体的出来事の類型	・仕事の量・質 ・対人関係	・仕事の失敗、過重な責任の発生等 ・仕事の量・質 ・対人関係
具体的出来事	① 1 か月に 80 時間以上の時間外労働を行った ②上司とのトラブルがあった	①顧客や取引先からクレームを受けた ②仕事内容・仕事量の（大きな）変化を生じさせる出来事があった ③上司とのトラブルがあった ④会社で起きた事故、事件について責任を問われた
発病前 1 か月の法定時間外労働時間数（拘束時間数）	127（292）	96（273）
同 2 か月（拘束時間数）	111（302）	67（257）
同 3 か月（拘束時間数）	79（269）	74（272）
同 4 か月（拘束時間数）	42（155）	49（216）
同 5 か月（拘束時間数）	83（265）	70（257）
同 6 か月（拘束時間数）	107（298）	48（242）
36 協定の時間外労働時間数	月 45 時間、年 320 時間	3 か月 120 時間、1 年 360 時間（特別条項では 3 か月 180 時間、1 年 540 時間）
36 協定時間数と法定外実時間数との乖離時間数（最大値）	82	発病前 3 か月の合計 237 との乖離：117（特別条項が適用されていた場合は 57）
労災事故の発生状況（直接的な原因を含めた概要）その他の事情	請求人の申述によると、センター長就任後より業務量が増加し、労働時間が長時間化した。また、前センター長であった上司から残業の削減を強要され、業務増加に伴う人員の増員や退職者に対する人員の補充にすぐに対応してもらえず、遅配のトラブルに対する叱責、非難等パワハラを受けた。この件は本社の取締役へも相談するも改善が得られず、他の従業員からの職場での無視も感じるようになった。このような職場の状況からイライラ感や孤独感が生じて、精神障害の発病に至ったとしている。	ポテトチップス製造にかかるクレームの対応や、所定外労働時間削減への対応などが求められ、対応に苦慮したことが認められる。また、ポテトチップス製造には、月 80 時間以上の恒常的時間外労働が認められる。発病後、輸入した馬鈴薯の品質不良によるトラブルや食油の流出事故への対応があり、一時休職した。復帰後は配置転換されたが、それも心理的負荷となった。

筆者注 1）表中の「－」は、非該当又は原資料に情報がない等不明であることを示す。

筆者注 2）「年休と取得状況」に関する記述は原資料にないため、記載欄を省略している。

筆者注 3）「発症前」の「法定時間外労働時間数（拘束時間数）」は単月の時間数である。

事案番号	精神③	精神④
性別	男	男
発病時年代（年齢）	60代	50歳代
業種	製造業	製造業（アルミサッシ及びスチールドア、サッシの製造）
所属事業場労働者数	190人	66人
労働組合等の有無	労働組合なし、過半数従業員代表者なし	労働組合あり
36協定の有無	－	あり
職種・役職・職位	営業（製品企画課長）	第二製造課長
被災者の業務内容	お弁当・おにぎり・サンドイッチの製造に関わるクレーム処理、営業、新商品の企画、開発	アルミ製造課の責任者として、受注から出荷まで管理責任者として勤務。取引先との納期折衝（渉外）、トラック積み込みの配車、出荷のための積み込み作業、翌日の工場への生産指示など。
疾患名	うつ病エピソード	うつ病エピソード
所定労働時間数	1日8時間	1日8時間、1週間40時間
休憩と取得状況	昼休憩1時間	昼休憩45分。その他、午前5分、午後10分の休憩あり
所定休日と取得状況	週休2日制	年間カレンダーにより年間105日の所定休日が設定
深夜業の有無と勤務状況	なし	終業時刻が22時を超える勤務はほとんどない（多くて月に2日程度）
出退勤管理の方法	タイムカード、本人の申告	タイムカード
既往歴	なし	なし
被災者の性格	几帳面、責任感が強い	－
業務上認定要因	恒常的な長時間労働およびクレーム処理、上司とのトラブルによる精神的な負荷より発症した。	発病直前1か月の時間外・休日労働の時間数は179時間に及んでおり、極度の長時間労働を行った。受注量が前年比で1.5倍から2倍に増加した環境において、取引先メーカーの手違いにより製作したアルミサッシの色違いが発覚し、通常の生産に加えて、色違いとなった製品を再製作しなければならない状況に追い込まれた。
極度の長時間労働	なし	あり
恒常的長時間労働	あり　出来事前後	あり
1か月80時間を超える時間外労働	－	－
具体的出来事の類型	仕事の失敗、過重な責任の発生等	・仕事の失敗、過重な責任の発生等 ・仕事の量・質
具体的出来事	顧客や取引先からクレームを受けた	①達成困難なノルマが課された ②仕事内容・仕事量の（大きな）変化を生じさせる出来事があった
発病前1か月の法定時間外労働時間数（拘束時間数）	94（275）	180（376）
同2か月（拘束時間数）	80（271）	129（314）
同3か月（拘束時間数）	95（293）	76（249）
同4か月（拘束時間数）	104（294）	125（318）
同5か月（拘束時間数）	92（281）	122（305）
同6か月（拘束時間数）	110（300）	154（358）
36協定の時間外労働時間数	－	月42時間、年320時間（特別条項では月100時間、年600時間）
36協定時間数と法定外実時間数との乖離時間数（最大値）	－	138（特別条項が適用されていた場合は80）
労災事故の発生状況（直接の原因を含めた概要） その他の事情	社員親睦サッカー大会で弁当600食の注文を受けたが、誤って賞味期限切れをラベルに打刻したことにより、弁当自体に問題はないが、気持ち悪くて食べられないなどクレームを受けた。通常より大きなクレームであったことや、出来事以前に、恒常的な長時間労働が認められる。	アルミ製品の受注量が大幅に増加したため、生産ラインを含めアルミ製造部門全体の長時間労働が恒常化していたところ、取引先メーカーの手違いによりアルミサッシの色違いが発覚し、再製作を並行して行わなければならない状況に追い込まれ、納期を期間に合わせる生産ベースを取り戻すことができない状況に陥った。請求人はアルミ部門の責任者として、長時間労働の状態が解消されることはなかった。

筆者注）表中の「－」は、非該当又は原資料に情報がなく不明であることを示す。
筆者注2）「年休と取得状況」に関する記述は原資料になかったため、記載欄を省略している。
筆者注3）「発症前」の「法定時間外労働時間数（拘束時間数）」は単月の時間数である。

事案番号	精神⑤	精神⑥
性別	男	男
発病時年代（年齢）	30 代	50 代
業種	運輸業、郵便業	卸売業・小売業（スーパーマーケット）
所属事業場労働者数	23 人	65 人
労働組合等の有無	労働組合なし、過半数従業員代表あり	労働組合なし、過半数従業員代表あり
36 協定の有無	あり	あり
職種・役職・職位	トラック運転手、運行管理業務	主任
被災者の業務内容	コンビニエンスストアの商品を各店舗に配送している。配送業務以外には、運行管理業務（①勤務シフト作成、②業務日報の取りまとめ、③点呼業務）を行っている。	スーパーの鮮魚部で、惣菜の製造・販売の仕事に加え、これまでの鮮魚部の補助業務として鮮魚の調理加工等の仕事（生魚の仕入れ・調理・値付・バック作業など）に従事していた。
疾患名	パニック障害	うつ病エピソード、身体症状を伴うもの（反応性うつ病）
所定労働時間数	1 日 8 時間	1 日 8 時間、1 週間 40 時間
休憩と取得状況	昼休憩 1 時間	昼休憩 1 時間
所定休日と取得状況	カレンダー等で指定	変則週休 2 日　週 1 日全休　週 2 日早帰り
深夜業の有無と勤務状況	終業時刻が 22 時を超えることはほとんどない	始業時刻は朝 4 時台が多く、1 日 12 時間程度の勤務がほとんど
出退勤管理の方法	タイムカード	タイムカード
既往歴	過呼吸の既応症（中学生のときに 3 回）	なし
被災者の性格	－	－
業務上認定要因	具体的出来事として「上司とのトラブルがあった」と認められ、その前後に月 100 時間を超える恒常的な長時間労働が認められる。	発症直前の 1 か月の時間外労働が、おおむね 160 時間以上認められる。また、発症直前の連続した 2 か月間の時間外労働も、1 月当たりおおむね 120 時間以上であった。
極度の長時間労働	なし	あり
恒常的長時間労働	あり	－
1 か月 80 時間を超える時間外労働	－	－
具体的出来事の類型	対人関係	－
具体的出来事	上司とのトラブルがあった	－
発症前 1 か月の法定時間外労働時間数（拘束時間数）	79（270）	164（329）
同 2 か月（拘束時間数）	98（290）	169（341）
同 3 か月（拘束時間数）	112（304）	165（338）
同 4 か月（拘束時間数）	103（295）	172（336）
同 5 か月（拘束時間数）	102（292）	199（371）
同 6 か月（拘束時間数）	103（303）	200（373）
36 協定の時間外労働時間数	月 100 時間、年 900 時間	月 45 時間、年 360 時間（特別条項では月 80 時間、年 750 時間）
36 協定時間数と法定外実時間数との乖離時間数（最大値）	12	155（特別条項が適用されていた場合は 120）
労災事故の発生状況（直接の原因を含めた概要）その他の事情	被災労働者は、所長から休日の日に勤務シフト表のやりかえを指示され、休日を返上して自宅で 3 時間から 4 時間かけて勤務シフトの手直しを行い、変更前の案と変更後の案を提出するが、採用したのは変更前の案であったため、やる気を失い、部長に班長を降りることを告げた。その後、所長との話し合いの中、所長は変更案を絶対採用するとは言っていない等の口論となった。	手作り工房の主任となってからは、惣菜の製造・販売の仕事に加え、これまでの鮮魚部の補助業務として鮮魚の調理加工等の仕事に従事していた。勤務中にも動悸がするようになり、耳鳴りも感じるようになると、体力は限界だった。作業効率も上がらなくなり、指を切ったり数を数え間違えたりすることも増えた。社員と話をすると気分が悪くなり、ひどいときには嘔吐するようになったため、必要以上のことはしゃべらなくなった。

筆者注）表中の「－」は、非該当又は原資料に情報がなく不明であることを示す。
筆者注 2）「年休と取得状況」に関する記述は原資料にないため、記載欄を省略している。
筆者注 3）「発症前」の「法定時間外労働時間数（拘束時間数）」は単月の時間数である。

事案番号	精神⑦	精神⑧
性別	男	男
発病時年代（年齢）	20代	40代
業種	製造業	宿泊業、飲食サービス業
所属事業場労働者数	50人	634人
労働組合等の有無	労働組合なし、過半数従業員代表あり	労働組合なし、過半数従業員代表あり
36協定の有無	あり	あり
職種・役職・職位	産業用機械製造作業員（班長）	マネージャー（調理師）
被災者の業務内容	各班に割り振られた製品の製造作業に自らも従事するとともに、期日までに仕上げるための工程を組み、各班員に作業内容を分担して進行管理を行う。	ホテルの洋食部門の責任者であり、洋食料理の業務計画の作成、洋食調理部門の組織構成を行う
疾患名	うつ病エピソード（自殺）	うつ病エピソード
所定労働時間数	1日7時間35分	1日8時間
休憩と取得状況	昼休憩50分、午後休憩15分	就業規則では「6時間を超えて勤務する場合に1時間の休憩を付与する」と定められている。
所定休日と取得状況	隔週週休2日制	完全週休2日制
深夜業の有無と勤務状況	発病前1か月は、終業時刻が22時を超える日が12日あり、発病前5か月にも13日ある	終業時刻が22時を超える勤務は、発病前1か月に16日、発病前2か月に12日ある
出退勤管理の方法	タイムカード	タイムカード
既往歴	なし	なし
被災者の性格	―	責任感がある。悪く言えば融通が利かない
業務上認定要因	発病直前の連続した2か月間に、1か月当たり概ね120時間以上の時間外労働が認められる。外注業者の製品の不備などに対応するために出荷日程が遅れて工程表の見直しが求められ、以降の業務が無理な納期に追われる事態を招いたものと推認される。	東日本大震災の影響とみられる業務量の増大（繁忙終期のずれ込み）があり、発病直前の5か月にわたり、1か月当たり100時間以上の時間外労働が連続して認められる。管理部門からの固定人件費削減指示に基づく要員不足から時間外労働が増加し、恒常的な長時間労働となった。
極度の長時間労働	なし	あり
恒常的長時間労働	なし	あり
1か月80時間を超える時間外労働	あり	あり
具体的出来事の類型	・仕事の失敗、過重な責任の発生等 ・仕事の量・質	仕事の量・質
具体的出来事	①1か月に80時間以上の時間外労働を行った ②顧客や取引先からクレームを受けた	1か月に80時間以上の時間外労働を行った
発病前1か月の法定時間外労働時間数（拘束時間数）	150（348）	164（363）
同2か月（拘束時間数）	144（343）	193（376）
同3か月（拘束時間数）	83（276）	136（317）
同4か月（拘束時間数）	75（265）	137（327）
同5か月（拘束時間数）	95（282）	120（318）
同6か月（拘束時間数）	35（202）	80（268）
36協定の時間外労働時間数	月45時間、年360時間（特別条項では月60時間、年630時間）	月45時間、年360時間（特別条項では、月65時間2回、月100時間4回、年800時間）
36協定時間数と法定外時間数との乖離時間数（最大値）	105（特別条項が適用されていた場合は90）	148（特別条項が適用されていた場合は93）
労災事故の発生状況（直接の原因を含めた概要）その他の事情	海外輸出向け産業用乾燥機の製造作業に従事する中で、現場責任者として派遣された神戸出張業務や納期に追われる業務により長時間労働及び連続勤務が増加したことから心理的負荷を受けて自らの命を絶ったとされる。	請求人は、洋食調理部門のマネージャー職として業務に従事していたが、東日本大震災の影響とみられる業務量の増大（繁忙終期のずれ込み）や、収益管理の観点から、管理部門より固定人件費削減の指示があり、人員補充や36協定上限超えによる部下での時間外労働対応が困難な中、業務効率化を図るべく行った人員配置も機能せず、請求人の業務負担が増大したものと認められる。

筆者注）表中の「―」は、非該当又は原資料に情報がなく不明であることを示す。
筆者注2）「年休と取得状況」に関する記述は原資料にないため、記載欄を省略している。
筆者注3）「発病前」の「法定時間外労働時間数（拘束時間数）」は単月の時間数である。

170

事案番号	精神⑨	精神⑩
性別	男	女
発病時年代（年齢）	50 代	30 代
業種	建設業（上下水道工事業）	複合サービス事業（農業協同組合）
所属事業場労働者数	19 人	105 人
労働組合等の有無	労働組合なし、過半数従業員代表あり	労働組合なし、過半数従業員代表あり
36 協定の有無	あり	あり
職種・役職・職位	土木工事課　課長代理	金融渉外課　課長代理
被災者の業務内容	土木工事部で課長代理として、上司 2 名と部下 5 名の中で中核的な立場であった。担当現場がない場合は、本社において見積や技術提案を作成した。	共済保険（生命・建物・車両等）・貯金の推進業務（勧誘、プランの立案、契約後の集金等）、推進業務の実績管理（金融渉外課の課長代理に就任以降）
疾患名	うつ病エピソード	軽症うつ病エピソード
所定労働時間数	1 日 7 時間 30 分	1 日 8 時間
休憩と取得状況	昼休憩 1 時間。その他、午前午後各 15 分の休憩あり	昼休憩 1 時間だが、実際は 30 分程度しか取れない状況で、5 分程度しか取れないこともあった
所定休日と取得状況	第 2、第 4 土曜日、日曜、祝日	日曜日、第 2 土曜日と 1 か月に 2 回休日割振により特定した土曜日は休み。しかし、休みの土曜日も午前 8 時過ぎから 12 時頃まで、ほとんど出勤していた。
深夜業の有無と勤務状況	自殺直前の 2 週間はほぼ毎日深夜 2 時、3 時まで労働し、終業時刻が 22 時を超えるのは、発病前 1 か月に 20 日、同 2 か月に 21 日、同 3 か月に 20 日、同 4 か月に 21 日となっている。	なし
出退勤管理の方法	タイムカード、管理者による確認、本人の申告	タイムカード
既往歴	なし	両浸出性中耳炎、アレルギー性鼻炎、慢性乳腺炎、変形脊椎症、第 5 腰椎分離症、胃炎
被災者の性格	－	－
業務上認定要因	被災労働者は、自殺を図った直前の 1 か月に 160 時間を超える時間外労働を行っていたことが認められた。自殺は、業務による心理的負荷により精神障害を発病して行われたものと推定される。	被災者は、渉外班の係長になってから、上司がノルマの達成度合の把握や部下の指導管理をしてくれないため、ノルマ達成の責任がかかってくるようになったこと、ノルマ達成のために始業前勤務・昼休み勤務・17 時以降勤務・土曜出勤をするようになったことから長時間労働になった。聴取結果等により推計した労働時間数によれば、月 100 時間以上の恒常的時間外労働も認められる。ノルマ管理および長時間労働については特に上司からの指示はなかったが、被災者が仕事に対する責任感により行っていたようである。
極度の長時間労働	あり	なし
恒常的長時間労働	－	あり
1 か月 80 時間を超える時間外労働	－	－
具体的出来事の類型	－	・仕事の失敗、過重な責任の発生等 ・役割・地位の変化等
具体的出来事	－	①達成困難なノルマが課された ②自分の昇格・昇進があった
発病前 1 か月の法定時間外労働時間数（拘束時間数）	253（454）	56（220）
同 2 か月（拘束時間数）	226（428）	95（274）
同 3 か月（拘束時間数）	202（404）	40（211）
同 4 か月（拘束時間数）	188（390）	76（246）
同 5 か月（拘束時間数）	150（349）	80（255）
同 6 か月（拘束時間数）	123（320）	84（262）
36 協定の時間外労働時間数	月 45 時間、年 360 時間	月 45 時間、年 360 時間
36 協定時間数と法定外実時間数との超過時間数（最大値）	208	50
労災事故の発生状況（直接の原因を含めた概要）その他の事情	被災労働者は歩道設備工事に従事していたが、工事現場の担当者が他の現場に行くために現場を外れ、現場担当者が被災労働者一人となり、書類の作成が深夜にまで及んだ。また、会議で現場の進捗状況の報告をしなければならないが、工期の遅れもあり、心理的負担が大きかった。午前 3 時まで現場事務所で仕事をし、その 1 時間後に、マンションの 5 階からの飛び降り自殺により死亡した。	係長として部下の指導等の職責が増えた以外に、課長が共済課の事務処理に時間をとられ、課長の職責と考えられる農協全体のノルマの管理についても、実務上担当せざるを得ない状況となり、始業前・休憩前・平日の 17 時以降・出勤日以外の土曜日の午前中に業務を行うようになった。状況は変わらなかった。最終的には全体のノルマは達成できたものの、ノルマを達成できない部下がいたこともあり、相当な精神的負担を感じていた。

筆者注）表中の「－」は、非該当又は原資料に情報がなく不明であることを示す。
筆者注2）「年休と取得状況」に関する記述は原資料にないため、記載欄を省略している。
筆者注3）「発症前」の「法定時間外労働時間数（拘束時間数）」は単月の時間数である。

第 5 章

精神障害の労災認定事案
─長時間労働との関係から検討する

第 1 節　はじめに

　本章は、精神障害の労災認定事案について、長時間労働との関係から検討するものである[1]。

　厚生労働省『過労死等の労災補償状況』によると、過労死等（脳・心臓疾患、精神障害）の労災認定件数は、近年も多くを数えている。脳・心臓疾患に係る労災請求件数は、過去 10 年余りの間、700 件台後半から 900 件台前半の間で推移している。認定件数も、平成 14（2002）年度に 300 件を超えて以降、200 件台前半から 300 件台後半で推移してきた。令和 3（2021）年度は 172 件となっている。精神障害の労災に関しても、平成 22（2010）年度に認定件数が 300 件を超え、平成 24（2012）年度以降は 400 件台前半から 500 件台前半で推移してきたが、令和 3（2021）年度は 629 件となっている。精神障害に係る労災請求件数は増加を続けており、平成 21（2009）年度には 1,000 件を超え、令和 3（2021）年度には 2,346 件となっている。

　過労死等の労災は、業種等による件数の差も大きく、仕事・職場環境をはじめとした背景要因の解明と防止策が喫緊の課題となっている。脳・心臓疾患の場合、業種で言えば運輸業において労災請求・認定件数が多い。精神障害では、運輸業、医療福祉、小売業、情報サービス業などで件数が多いが、就業人口比で見ると、情報通信、運輸業、専門・技術サービス業などで発生率が高い（Takahashi 2019）。

　脳・心臓疾患、精神障害における業務上の負荷の考え方については、労災認定基準で示されている。精神障害には人間関係や事件・事故への遭遇も関

1　本章は、高見具広（2020）「精神障害の労災認定事案における記述内容の研究」資料シリーズ No.223 第 2 章、高見具広（2020）「精神障害・長時間労働関連事案の特徴及び負荷認識に関する分析」資料シリーズ No.234 第 2 章の内容をもとに、再構成したものである。

わるが、脳・心臓疾患、精神障害とも、長時間労働は重要な判断要素である。長時間労働是正をはじめとした過労死等防止対策が求められている。

　本章では、精神障害の労災認定事案、特に長時間労働が関わる事案について、その特徴を検討する。

第 2 節　分析資料と分析対象

1　分析資料

　本章で分析に用いる資料は、労働基準監督署が労災認定判断のために作成する「精神障害の業務起因性判断のための調査復命書（以下、調査復命書）」および関連資料である[2]。「調査復命書」は、労災請求人の申立書や聴取記録、職場関係者や家族等への聴取記録、使用者申立書、タイムカードや就業規則等の関連資料の収集などをもとに作成される行政文書である。

　本章で扱う精神障害の労災認定事案は、平成 22（2010）年 1 月から平成27（2015）年 3 月までの間に支給決定された事案であり、当該事案を労働安全衛生総合研究所がデータベース化した「過労死等データベース」を用いて抽出されたものである。本章で集計数値を示す際は、上記データベースに基づいている。

　なお、本章の分析は、職場管理やキャリア段階の観点から検討を行う目的のため、発病時年齢が 59 歳以下で、雇用形態が正社員であり、勤務先の従業員規模 10 人以上の者に対象を限定している。従業員規模で対象を限定した理由は、従業員 10 人以上の事業場には労働基準法において就業規則の作成義務があることや、従業員 10 人未満の、商業、映画・演劇業、保健衛生業、接客娯楽業の事業（特例事業）においては、法定労働時間が週 40 時間ではなく、週 44 時間に緩和されているなど、組織形態・労働基準の面で相違が見られるからである。

2　過労死大綱に基づき、労働安全衛生総合研究所内に設置されている過労死等防止調査研究センターに、労働基準監督署が労災認定判断のために作成する「精神障害の業務起因性判断のための調査復命書（以下、調査復命書）」および関連資料が、研究目的で収集されている。JILPT は、労働安全衛生総合研究所と過労死等防止に関する共同研究を行っており、共同研究において同資料が閲覧可能となっている。

また、本章第4節における事案の中身の検討では、被災者本人の申述を研究する目的から、被災者が死亡に至っていない事案（以下、生存事案）を対象とする。

２ 長時間労働が関係する事案とは何か

　精神障害の労災認定事案のうち、長時間労働が心理的負荷に大きく関わる事案とは何か。精神障害の労災認定基準において、労働時間の心理的負荷に及ぼす影響は様々な観点から評価されている。長時間労働が評価要素としてそれだけ重要であることを示しているが、逆に、長時間労働が関わる事案（の範囲）を量的に把握し、どういう属性の人が長時間労働事案に多く含まれるのか等を詳細に研究することは容易ではない。そこで、本章では、調査復命書に記載の認定事実をもとに「長時間労働関連事案」を暫定的に定義することで、その量的集計や質的研究を行うこととした。

　具体的には、以下の方法で長時間労働が関係する事案の範囲を定めた。精神障害の労災認定における業務負荷要因の有無の判断では、発病前6か月間における、発病に関係したと考えられる業務上の出来事の有無および心理的負荷強度が判断要素となっている（厚生労働省「心理的負荷による精神障害の認定基準」（2011年12月[3]）、以下「認定基準」という）。労働時間については、次の3つの観点から、発病前おおむね6か月の間の時間外労働時間数が認定判断の考慮要素とされる。そのため、本研究では、その基準をもとに「長時間労働関連事案」の範囲を定めた。すなわち、

①　特別な出来事「極度の長時間労働」に該当する事案

②　「仕事の量・質」（労災認定基準において業務上の負荷として示される具体的出来事15〜17）で「強」認定の事案

③　「恒常的長時間労働」が総合評価に関係した事案

の3つを長時間労働関連事案として扱った。以下で詳しく説明しよう。

3　認定基準は、2020年5月に、「パワーハラスメント」の出来事を「心理的負荷評価表」に追加するなどの改正が行われた。

⑴　「極度の長時間労働」に該当する事案

　まず、特別な出来事「極度の長時間労働」に該当する事案である。「極度の長時間労働」は、「発病直前の 1 か月におおむね 160 時間を超えるような、又はこれに満たない期間にこれと同程度の（例えば 3 週間におおむね 120 時間以上の）時間外労働を行った」ことが基準とされる。発病直前の短期間でのきわめて長い労働時間が、心理的負荷の評価要素とされているものである。これは、長時間労働関連事案に該当する。

⑵　「仕事の量・質」（具体的出来事 15〜17）で「強」認定の事案

　次に、具体的出来事の「仕事の量・質」（具体的出来事 15〜17）で心理的負荷が「強」と認定された事案である。つまり、「仕事内容・仕事量の（大きな）変化を生じさせる出来事があった」（具体的出来事 15）、「1 か月に 80 時間以上の時間外労働を行った」（具体的出来事 16）、「2 週間以上にわたって連続勤務を行った」（具体的出来事 17）への該当有無を、長時間労働関連事案の識別の際に考慮した[4]。以下で述べるように、どの出来事の認定においても、長時間労働が密接に関連しているからである。

　まず、「仕事内容・仕事量の（大きな）変化を生じさせる出来事があった」（具体的出来事 15）において、その心理的負荷が「強」とされる場合は、「仕事量が著しく増加して時間外労働も大幅に増える（倍以上に増加し、1 月当たりおおむね 100 時間以上となる）などの状況になり、その後の業務に多大な労力を費やした（休憩・休日を確保するのが困難なほどの状態となった等を含む）」と例示される。この例にあるように、当項目は、労働時間の長さの変化の観点から仕事内容・仕事量の変化を評価するものといえる。そして、「強」事案は、1 月当たりおおむね 100 時間以上の時間外労働が認められるものである[5]。

4　「仕事の量・質」には、他にも、「勤務形態に変化があった（具体的出来事 18）」「仕事のペース、活動の変化があった（具体的出来事 19）」という具体的出来事の項目があるが、いずれも平均的な心理的負荷の強度は「弱」であり、「強」になることはまれとされる。

5　なお、同出来事の認定基準では、「過去に経験したことがない仕事内容に変更となり、常時緊張を強いられる状態となった」場合にも心理的負荷が「強」と認定される。これは、仕事の質の面から大きな変化を捉えるものであり、労働時間の長さが負荷評価の際に必ずしも考慮されるわけではない。対象とする事案の中には、この基準に基づき「強」と認定されている事案がごく少

次に、「1か月に80時間以上の時間外労働を行った」（具体的出来事16）において、その心理的負荷が「強」とされる場合は、「発症直前の連続した2か月間に、1月当たりおおむね120時間以上の時間外労働を行い、その業務内容が通常その程度の労働時間を要するものであった」「発症直前の連続した3か月間に、1月当たりおおむね100時間以上の時間外労働を行い、その業務内容が通常その程度の労働時間を要するものであった」と例示される。これは長い労働時間それ自体を、強い心理的負荷にかかわるものとして評価するものであり、本研究で「長時間労働関連事案」として扱った。

　次に、「2週間以上にわたって連続勤務を行った」（具体的出来事17）において、その心理的負荷が「強」とされる場合は、「1か月以上にわたって連続勤務を行った」「2週間（12日）以上にわたって連続勤務を行い、その間、連日、深夜時間帯に及ぶ時間外労働を行った」と例示される。連続勤務それ自体は、労働時間（時間外労働）の長さが直接の評価要素ではないが、心理的負荷の強度が「強」となるのは、1か月以上にわたる連続勤務の場合等であり、その場合、労働時間も極めて長いのが通常であることから、本研究では「長時間労働関連事案」として扱った。

(3) 「恒常的長時間労働」が総合評価に関係する事案

　恒常的長時間労働が認められる場合の総合評価によって負荷強度が「強」と認定された事案も、長時間労働関連事案に該当するものとして扱った。

　労災認定基準では、「出来事に対処するために生じた長時間労働は、心身の疲労を増加させ、ストレス対応能力を低下させる要因となることや、長時間労働が続く中で発生した出来事の心理的負荷はより強くなることから、出来事自体の心理的負荷と恒常的な長時間労働（月100時間程度となる時間外労働）を関連させて総合評価を行う」「具体的には、「中」程度と判断される出来事の後に恒常的な長時間労働が認められる場合等には、心理的負荷の総合評価を「強」とする」と記載される。つまり、出来事単独での評価は「強」に至らなくても、出来事前後の長時間労働が認められる場合に、評価が「強」

　数ながら存在するが、こうした例は、（時間外労働時間数の調査がされていない等もあり）本稿の「長時間労働関連事案」の対象として扱わない。

に修正されるものである。

　事案を見ると、例えば、「転勤を機に長時間労働になった」「長時間労働が続く中で、上司から叱責を受けた」「顧客からのクレームを受け、その処理のため長時間労働になった」「長時間労働が続く中で事故を起こした」などのケースが散見される。このような場合、各出来事単独での負荷評価は「強」に該当しない場合でも、出来事前後の恒常的時間外労働を考慮して「強」と認定（出来事の負荷強度評価の修正、あるいは複数の出来事の総合評価の際に考慮されて決定）されたケースが多く見られる。こうした事案は、各出来事自体の心理的負荷もさることながら、「特定の出来事（転勤、クレーム等）による長時間労働化」、「特定の出来事（叱責や事故等）が起こった背景にある長時間労働」が心理的負荷の強度に大きくかかわるものであり、「長時間労働関連事案」として扱うことが妥当と考えられた。

　なお、そうした点から見ると、出来事単体の評価で「強」と認定されている事案（負荷評価の際、恒常的長時間労働が考慮されていない事案）は、その出来事単体で、長時間労働と関わりなく精神障害を引き起こしたものと推測できる。そのため、それが時間外労働の長い事案か否かを問わず、本研究における「長時間労働関連事案」には含めないこととした。もっとも、そうした事案でも、「極度の長時間労働」への該当や、「仕事の量・質の変化」（具体的出来事15〜17）で「強」認定項目がある場合は長時間労働関連事案として扱った。

　本章では、上記①②③のいずれかの条件に該当する事案について、「長時間労働関連事案」として扱うことで検討を進める[6]。

6　「長時間労働関連事案」に該当しない事案は、特別な出来事「心理的負荷が極度のもの」への該当事案や、出来事の類型「事故や災害の体験」「仕事の失敗、過重な責任の発生等」「役割・地位の変化等」「対人関係」「セクシュアルハラスメント」などが主要な業務上負荷とみなされ、長時間労働が認定判断に関わらない事案である。なお、労災認定基準はその後改定されているが、本章が扱う事案の範囲内では、「パワーハラスメント」該当事案は含まれていない。

第3節　長時間労働関連事案の量的把握

1　全事案の中に占める割合

　まず、認定事実（発病に関わるものと認定された出来事と、その心理的負荷の強度）をもとに、長時間労働が心理的負荷に大きく関わる「長時間労働関連事案」の特徴を把握しよう。図表 5-1 を見ると、生存事案で 302 件、自殺事案で 120 件、合計 422 件がこれに該当することが示される。

　全体に占める長時間労働関連事案の割合を見ると、生存事案では 40.0%、自殺事案では 66.3% がこれに該当する。全体に占める長時間労働関連事案の割合は、自殺事案において、生存事案よりも高いといえる[7]。

　また、年齢層による特徴を見ると、生存・自殺計の長時間労働関連事案の件数では 30 代が 153 件と最も多い。全体に占める長時間労働関連事案の割合は、20 代で 37.2% と相対的にやや低いものの[8]、ほかの年齢層では 40% 代

図表 5-1　長時間労働関連事案の件数及び労災認定事案全体に占める割合
　　　　　―発病時年齢層別、生存・自殺事案別―
　　　　　（業務上認定事案、発病時年齢 59 歳以下、正社員、事業場規模
　　　　　10 人以上に限って集計 N=936）

	20 代		30 代		40 代		50 代		年齢計	
	長時間労働関連事案	長時間労働関連以外の事案	長時間労働関連事案	長時間労働関連以外の事案	長時間労働関連事案	長時間労働関連以外の事案	長時間労働関連事案	長時間労働関連以外の事案	長時間労働関連事案	長時間労働関連以外の事案
生存事案	53	111	121	143	85	132	43	67	302	453
	32.3%	67.7%	45.8%	54.2%	39.2%	60.8%	39.1%	60.9%	40.0%	60.0%
自殺事案	21	14	32	21	40	17	27	9	120	61
	60.0%	40.0%	60.4%	39.6%	70.2%	29.8%	75.0%	25.0%	66.3%	33.7%
合計	74	125	153	164	125	149	70	76	422	514
	37.2%	62.8%	48.3%	51.7%	45.6%	54.4%	47.9%	52.1%	45.1%	54.9%

7　逆に言うと、生存事案では、長時間労働関連以外の事案が全体の約 6 割を占めているとみることができる。それには、特別な出来事「心理的負荷が極度のもの」への該当事案や、出来事の類型「事故や災害の体験」「仕事の失敗、過重な責任の発生等」「役割・地位の変化等」「対人関係」「セクシュアルハラスメント」などが主要な業務上負荷とみなされ、長時間労働が認定判断に関わらない事案の割合が高いとみることができる。

8　読者の利便のため、図表では「20 代」と表記するが、10 代のケースを対象から除外しているわけではなく、若干含む。

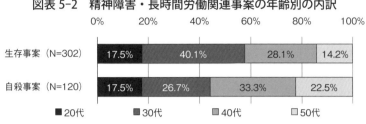

図表 5-2　精神障害・長時間労働関連事案の年齢別の内訳

後半の割合を占めており、年齢層による相違は小さい。自殺事案に限って見ると、40 代（70.2%）、50 代（75.0%）において、30 代以下（60%程度）と比べて、全体に占める長時間労働時間の割合が高いという特徴がある。

　長時間労働関連事案の年齢層分布を、生存・自殺事案で比較すると、生存事案では、20 代 17.5%、30 代 40.1%、40 代 28.1%、50 代 14.2%のように分布しており、自殺事案では、20 代 17.5%、30 代 26.7%、40 代 33.3%、50 代 22.5%と分布している（図表 5-2）。生存事案で 30 代事案の占める割合がやや高く、自殺事案で 40〜50 代の占める割合がやや高いという特徴が見られる。

2　長時間労働関連事案の内訳

　長時間労働関連事案について、年齢層別、事案の種別（生存・自殺事案別）に、業種、職種等による内訳を検討する。

　まず、業種・職種による内訳を示す（図表 5-3）。業種で見ると、「製造業」「卸売業・小売業」「情報通信業」で件数が多いことは、生存事案・自殺事案で共通しているが、相違もある。生存事案では、「運輸業、郵便業」（15.9%）、「宿泊業、飲食サービス業」（10.6%）の占める割合が自殺事案と比べて高く、自殺事案では、「製造業」（24.2%）、「建設業」（12.5%）の占める割合が相対的に高い。

　職種で見ると、「専門的・技術的職業従事者」の占める割合が最も高い点は生存事案・自殺事案で共通しているものの、生存事案では「事務従事者」（21.9%）、「サービス職業従事者」（12.3%）の占める割合が相対的に高いのに対し、自殺事案では「専門的・技術的職業従事者」（39.2%）、「管理的職

図表 5-3　精神障害・長時間労働関連事案の集計
－業種別・職種別－

		生存事案		自殺事案	
		n	%	n	%
業種	製造業	48	15.9%	29	24.2%
	卸売業・小売業	34	11.3%	17	14.2%
	医療，福祉	18	6.0%	5	4.2%
	運輸業，郵便業	48	15.9%	11	9.2%
	建設業	11	3.6%	15	12.5%
	サービス業（他に分類されないもの）	23	7.6%	4	3.3%
	宿泊業，飲食サービス業	32	10.6%	1	0.8%
	情報通信業	33	10.9%	14	11.7%
	学術研究，専門・技術サービス業	18	6.0%	10	8.3%
	教育，学習支援業	8	2.6%	2	1.7%
	金融業・保険業	4	1.3%	5	4.2%
	不動産業，物品賃貸業	11	3.6%	4	3.3%
	生活関連サービス業，娯楽業	10	3.3%	1	0.8%
	農業，林業	1	0.3%	1	0.8%
	複合サービス事業	3	1.0%	0	0.0%
	電気・ガス・熱供給・水道業	0	0.0%	1	0.8%
	漁業	0	0.0%	0	0.0%
	鉱業，採石業，砂利採取業	0	0.0%	0	0.0%
		302	100.0%	120	100.0%
職種	専門的・技術的職業従事者	80	26.5%	47	39.2%
	事務従事者	66	21.9%	19	15.8%
	販売従事者	27	8.9%	11	9.2%
	サービス職業従事者	37	12.3%	1	0.8%
	生産工程従事者	28	9.3%	10	8.3%
	管理的職業従事者	23	7.6%	23	19.2%
	輸送・機械運転従事者	22	7.3%	3	2.5%
	建設・採掘従事者	5	1.7%	4	3.3%
	運搬・清掃・包装等従事者	10	3.3%	1	0.8%
	農林漁業従事者	1	0.3%	0	0.0%
	保安職業従事者	3	1.0%	1	0.8%
		302	100.0%	120	100.0%

業従事者」（19.2％）の占める割合が相対的に高いという特徴が見られる。
なお、図表は割愛したが、「管理的職業従事者」の割合は、50 代に限って見るといっそう顕著な違いが見られ、生存事案では 16.3％であるのに対し、自殺事案では 55.6％を占めていた。

　勤め先経験数について、生存事案と自殺事案を比較する。事案種別・年齢階層別に勤め先経験数の割合を示した [9]（図表 5-4）。勤め先経験数は、生存事案と自殺事案では顕著な違いが見られる。図表は割愛したが、年齢計で見ると「1 社のみ」の占める割合は生存事案で 28.5％であるのに対し、自殺事案では 60.0％であった。一方、生存事案では「3 社以上」の割合が 56.0％と、自殺事案に比べて大きな割合を占めている。事案の年齢構成の違いを考慮し、40 代、あるいは 50 代事案における勤め先経験数を比較しても、生存事案では、自殺事案に比べて「1 社のみ」の割合が低く、「3 社以上」の割合が高い傾向に変わりはない。

　次に、事案種別・年齢層別に勤続年数の分布を示す [10]（図表 5-5）。図表は

図表 5-4　精神障害・長時間労働関連事案の勤め先経験数内訳
－発病時年齢別－

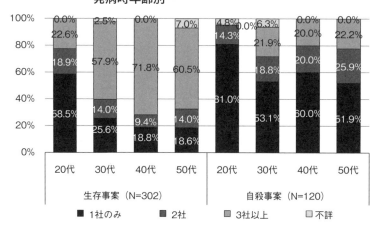

9　勤め先経験数については、発病時点の勤め先を含む数である。
10　勤続年数は、雇入年月日と発病年月日をもとに算出し、その期間が 1 年以下のケースを「1 年目」、1 年を超え 2 年以下のケースを「2 年目」のようにカテゴリー化した。自殺事案について、

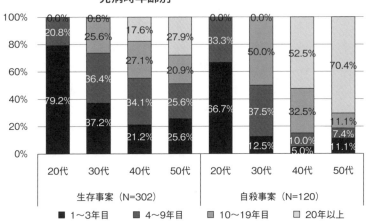

図表 5-5　精神障害・長時間労働関連事案の勤続年数内訳
－発病時年齢別－

■ 1〜3年目　■ 4〜9年目　■ 10〜19年目　□ 20年以上

割愛したが、年齢計で見ると、生存事案では勤続年数「1〜3年目」（38.4％）、「4〜9年目」（31.5％）の占める割合が、自殺事案と比べて高く、自殺事案では「20年以上」（33.3％）の割合が相対的に高かった。40代、50代の事案に限って見ても、生存事案では「1〜3年目」「4〜9年目」の割合が高いという傾向が顕著である。

　なお、図表は省略するが、決定時疾患名については、生存事案、自殺事案とも、「うつ病エピソード」の割合が高いことが共通していた。生存事案で55.6％、自殺事案で79.2％が「うつ病エピソード」である。生存事案ではほかに「適応障害」の割合も高いが（23.5％）、自殺事案では該当が少なかった（3.3％）。

3　認定事実別の内訳

　次に、認定事実別の内訳を見る（図表5-6）。特別な出来事「極度の長時間労働」の占める割合は、年齢計で見ると、生存事案で21.5％、自殺事案で28.3％である。「仕事の量・質」の負荷強度が「強」とされた事案の割合は、

　発症年月日が調査復命書に明記されていない事案については、死亡年月日をもとに算出した。

図表 5-6　精神障害・長時間労働関連事案の認定事実内訳（発病時年齢別）N=422

	生存事案						自殺事案					
	20代	30代	40代	50代	年齢計		20代	30代	40代	50代	年齢計	
	n	n	n	n	n	%	n	n	n	n	n	%
a. 特別な出来事「極度の長時間労働」該当事案	11	27	17	10	65	21.5%	5	8	11	10	34	28.3%
b. 「仕事の量・質」の負荷強度が「強」の事案	30	61	46	26	163	54.0%	11	16	17	13	57	47.5%
＊「強」と認定された「仕事の量・質」の出来事												
15 仕事内容・仕事量の（大きな）変化を生じさせる出来事があった	16	28	26	12	82	27.2%	9	11	8	6	34	28.3%
16 1か月に80時間以上の時間外労働を行った	14	32	14	10	70	23.2%	2	5	4	4	15	12.5%
17 2週間以上にわたって連続勤務を行った	3	8	8	8	27	8.9%	1	2	5	3	11	9.2%
c. 恒常的長時間労働によって負荷強度が「強」と認定された事案	13	37	25	7	82	27.2%	5	9	12	6	32	26.7%
合計	53	121	85	43	302	100.0%	21	32	40	27	120	100.0%

注1　特別な出来事と具体的出来事が重複している事例もあるため、事案数と出来事の合計は一致しない。割合の算出は事案数を分母としている。
注2　具体的出来事が複数該当している事例もある。
注3　生存事案・自殺事案とも、雇用形態が正社員であり、勤務先の従業員規模 10 人以上の事案に限定して集計。
注4　「仕事の量・質」の負荷強度が「強」の事案のうちには、「仕事の量・質」に関わる出来事以外にも「強」とされる出来事があったケースも含まれるが、本表にはその数値は記載しない。

生存事案で 54.0％、自殺事案で 47.5％である。恒常的長時間労働によって負荷強度が「強」とされた事案の割合は、生存事案で 27.2％、自殺事案で 26.7％である。生存事案では、自殺事案に比べて、「1 か月に 80 時間以上の時間外労働を行った」で認定されている事案の占める割合が高いのに対し、自殺事案では、生存事案に比べて、「極度の長時間労働」の占める割合が高いという特徴が見られる。

4　「恒常的長時間労働」事案の内容

　次に、恒常的長時間労働事案（該当 114 件）では、どのような具体的出来事が心理的負荷に関わったのか。年齢層別に、該当事案数が多い認定事実（10％以上の事案で認定された出来事）を示す（図表 5-7）。

図表 5-7 「恒常的長時間労働によって負荷強度が「強」と認定された事案」において、認定された具体的出来事（発病時年齢別）N=114

生存事案						自殺事案					
30代以下 (N=50)		40~50代 (N=32)		年齢計 (N=82)		30代以下 (N=14)		40~50代 (N=18)		年齢計 (N=32)	
認定された出来事	件数	認定された出来事	件数	認定された出来事	件数	認定された出来事	件数	認定された出来事	件数	認定された出来事	件数
上司とのトラブルがあった	17	上司とのトラブルがあった	7	上司とのトラブルがあった	24	会社の経営に影響するなどの重大な仕事上のミスをした	4	顧客や取引先からクレームを受けた	4	上司とのトラブルがあった	7
（ひどい）嫌がらせ、いじめ、又は暴行を受けた	9	会社の経営に影響するなどの重大な仕事上のミスをした	6	（ひどい）嫌がらせ、いじめ、又は暴行を受けた	13	上司とのトラブルがあった	3	上司とのトラブルがあった	4	会社の経営に影響するなどの重大な仕事上のミスをした	6
顧客や取引先からクレームを受けた	8	配置転換があった	5	配置転換があった	11	配置転換があった	3	配置転換があった	3	配置転換があった	6
達成困難なノルマが課された	7	（ひどい）嫌がらせ、いじめ、又は暴行を受けた	4	顧客や取引先からクレームを受けた	10	会社で起きた事故、事件について、責任を問われた	2	会社の経営に影響するなどの重大な仕事上のミスをした	2	顧客や取引先からクレームを受けた	5
配置転換があった	6			達成困難なノルマが課された	9			会社で起きた事故、事件について、責任を問われた	2	会社で起きた事故、事件について、責任を問われた	4

注 1. 年齢層ごとに、該当する事案数が多い具体的出来事（恒常的長時間労働事案のうち 10％以上の事案で認定された出来事）のみ掲載している。

注 2. 具体的出来事が複数該当している事例もある。また、各出来事の負荷強度の識別はしていない。

注 3. 恒常的長時間労働とともに認定された出来事として、「15：仕事内容・仕事量の（大きな）変化を生じさせる出来事があった」「16：1 か月に 80 時間以上の時間外労働を行った」「17：2 週間以上にわたって連続勤務を行った」が挙げられるケースもあったが、これらは労働時間自体が評価要素となっている項目であり、「恒常的長時間労働によって生じた出来事」「恒常的長時間労働が引き起こされた出来事」という意味合いから離れることから、ここでは集計対象としない。なお、参考として、出来事 15 は生存事案 14 件、自殺事案 7 件、出来事 16 は生存事案 3 件、自殺事案 0 件、出来事 17 は生存事案 13 件、自殺事案 4 件が該当する。

　年齢計で見ると、生存事案では、「上司とのトラブルがあった」（24 件）、「（ひどい）嫌がらせや、いじめ、又は暴行を受けた」（13 件）、「配置転換があった」（11 件）などが認定事実として多く挙げられる。自殺事案においては、「上司とのトラブルがあった」（7 件）、「会社の経営に影響するなどの重大な仕事上のミスをした」（6 件）、「配置転換があった」（6 件）、「顧客や取引先からクレームを受けた」（5 件）などが多く挙げられる。

　上司とのトラブルや、いじめ・嫌がらせといった対人関係の出来事、配置

転換といった環境変化、重大なミス、顧客クレームといった特定の事象への対処に、恒常的長時間労働が伴い、強い心理的負荷を生じさせていることがうかがえる。

　生存事案について、年齢層による特徴を見ると、「上司とのトラブルがあった」「（ひどい）嫌がらせ、いじめ、又は暴行を受けた」「配置転換があった」は、各年齢層に共通して多く見られる。これらに加え、30代以下の事案では、「顧客や取引先からクレームを受けた」（8件）、「達成困難なノルマが課された」（7件）の例が目立つのに対し、40～50代の事案では、「会社の経営に影響するなどの重大な仕事上のミスをした」（6件）の例が目立つという特徴がある。なお、自殺事案においては、年齢層別に見ると各出来事の該当件数がきわめて少ないため、ここで年齢層ごとの傾向を解釈することは控えたい。

　なお、上記のほかに、「仕事内容・仕事量の（大きな）変化を生じさせる出来事があった」「1か月に80時間以上の時間外労働を行った」「2週間以上にわたって連続勤務を行った」も出来事として挙げられたが、これらの出来事は、先に分析対象の節で述べたように、労働時間の長さを評価要素に含むものであり、「恒常的長時間労働を生じさせた出来事」（もしくは「恒常的長時間労働によって生じた出来事」）として、あらためて恒常的長時間労働と関連させて解釈することは難しい。例えば、「仕事内容・仕事量の（大きな）変化を生じさせる出来事があった」については、繁忙期などのため仕事量が増加し、時間外労働数が100時間以上となる場合などが考えられるが、これは、時間外労働時間数の変化から当出来事の心理的負荷強度が評価されている部分があり、それとは別に恒常的長時間労働による総合評価（評価の修正）の対象となる出来事とはみなしにくい。そのため、ここで出来事として挙がっているケースは、当出来事が既に「中」（もしくは「弱」）程度として評価済のものと考えられ、恒常的長時間労働と合わせて「強」となる出来事としては認められにくい。「連続勤務」についても、恒常的長時間労働に関わる出来事としての因果関係を解釈しにくい。こうした理由から、これらの出来事に関わる集計数値は図表5-7に挙げていない。

　分析結果が示すように、事案全体に占める長時間労働関連事案の割合は、自殺事案で生存事案よりも高い。業務による精神障害は、長時間労働によってもたらされるものばかりでなく、事故や災害の体験、仕事の失敗、過重な責任の発生、役割・地位の変化、対人関係、セクシュアルハラスメントなどが発病要因とされる事案もある。本稿の中でも、これらの出来事が長時間労働を付随する（もしくは長時間労働が出来事を付随する）事案については、長時間労働関連事案として扱ったが、長時間労働と関わりなく出来事単独で強い心理的負荷が認定された（出来事それ自体が精神障害発病の要因となった）事案もあり、こうしたケースの占める割合が、自殺事案よりも生存事案において高いことがうかがえる。

　また、長時間労働関連事案の属性も、生存事案と自殺事案で異なる。自殺事案では、1社での長期勤続者の割合が比較的高いのに対し、生存事案では、40代・50代の事案においても、長期勤続者、1社勤続者の割合が相対的に低い。また、自殺事案では、「製造業」「建設業」や、「管理的職業従事者」の割合が高いのに対し、生存事案では、「宿泊業、飲食サービス業」「運輸業、郵便業」や「サービス職業従事者」の割合が高い。年齢分布の相違もある。このような属性比較から、生存事案と自殺事案では、「被災者像」がやや異なることがうかがえた。

　では、長時間労働関連事案における生存事案と自殺事案との被災者属性（業種、職種、勤め先企業数、勤続年数）の違いをどう考えたらよいか。まず、業種、職種、勤め先経験数、勤続年数といった被災者属性の相違は、精神障害の疾患の種類とは関係が薄い。例えば、自殺事案のほうが「うつ病エピソード」と認定された事案の割合が高いが、決定時疾患名が「うつ病エピソード」であるケースに限定して集計しても、生存事案と自殺事案で、勤め先経験数、勤続年数のちがいに変化が見られない（掲表は省略）。また、男女比の違い、業種分布の違い、被災時点での年齢構成の違いが、勤続年数や勤め先経験数のちがいに反映されているとも判断できない。

　こうしたことから、生存事案と自殺事案の被災者像は、精神障害の労災認定事案という共通性をもちながら、やや異質の性格をもっている可能性を否

定できない。もちろん、長時間労働等の過重な業務負荷が背景にあること
に、両者で違いはない。労災認定事案を見るかぎり、必ずしも、負荷の大小
で相違を説明できるわけではない。図表 5-6 で示した認定事実内訳を見る限
り、40〜50 代の自殺事案で「極度の長時間労働」の割合がやや高いものの、
全体として大きな違いは見出しにくい。自殺事案が生存事案より労働時間が
極端に長いといった特徴は見られず、業務負荷の強さで両者を識別すること
は困難である。

　では、生存事案における被災者像はどのようなものとして描けるのか。ど
のような業務負荷が体調悪化をもたらすのか。第 4 節における事案の中身の
検討は、それに答えることを企図しているが、一方で、引き続き検討すべき
課題も残されている。例えば、生存事案においては、体調悪化を強く自覚
し、自らの意思で心療内科等の医療機関を受診するケースが少なからず存在
する。こうした現象（認識・行動）には、ストレスに対する社会認識の変
化、身体・精神の脆弱性に関する認識の広がりといった社会的・文化的背景
が大きくかかわろう。逆に、自殺事案においては、自殺以前に医療機関を受
診しているケースばかりではなく、体調変化への対処の面で相違がうかがえ
る。

第 4 節　長時間労働関連事案の中身の検討

　本節では、精神障害の長時間労働関連事案（生存事案）について、事案の
中身を検討する。図表 5-8 では、高見（2020a）に掲載した 20〜30 代の事案
から、いくつかの事案を示している。

　図表 5-8 では、事案ごとに、年齢・性別・業種・職種・勤続年数のほか、
認定事実、発病前 6 か月間における時間外労働時間数、決定時疾患名、事案
の概要を示した。事案の概要については、「調査復命書」等から読み取れる
被災者の申述、周囲の人々（職場の上司・同僚など）の聴取結果に基づき、
被災者の精神障害発病に関わる心理的負荷の状況について記載している。

　ここで考察する事案はいずれも長時間労働が認定事実に大きく関係してい
るが、健康を損なうに至る負荷の中身は多様である。ここでは、仕事・職場

図表 5-8　精神障害・長時間労働関連事案の例

事案No	性別	年齢	業種・職種	勤続年数	認定事実	時間外労働	決定時疾患名	事案の概要
1	男性	20代	宿泊業，飲食サービス業　サービス職業従事者	1～3年目	時間外労働（強）、上司トラブル（中）、転勤（中）	① 126 ② 130 ③ 148 ④ 148 ⑤ 95 ⑥ 56	適応障害	調理師見習。店舗異動（転居転勤）後、朝8,9時から深夜0時頃までの恒常的な長時間労働に加え、指導係の調理師から「なぜできないのか」といわれたり、ミスを問い詰められたり、叩かれたりした。朝仕事に行くのが怖くなり、何もかも投げ出してしまいたい気持ちになった。店長によると、その指導係は、厳しい指導はしていたが、早く一人前になってもらいたいという一生懸命さからと認識。
2	女性	30代	不動産業，物品賃貸業　販売従事者	4～9年目	連続勤務（中）、時間外労働（強）、いじめ（中）、達成困難なノルマ（弱）	① 112 ② 103 ③ 110 ④ 85 ⑤ 94 ⑥ 99	その他の不安障害	不動産営業職。休日や自宅でも資料作成する必要があり、連続勤務、長時間労働となった。過重なノルマ、上司からの人格否定の発言も負荷に。腹痛などを訴え受診。会社によると、休日勤務や持ち帰り残業は指示していない。また、売上目標はあるが、高い目標ではなく、未達成でも叱責・ペナルティがあるわけではないという。また、上司は強い言葉で叱責することもあるが、他の人にも同様に行っているという。
3	男性	30代	卸売業・小売業　事務従事者	10年以上	仕事内容・量の変化（強）	① 156 ② 35 ③ 72 ④ 122 ⑤ 20 ⑥ 25	適応障害	マネージャー職。製品の不具合に関する取引先への対応で、数ヶ月にわたって深夜・休日勤務を含む長時間労働。当初、本人は体調変化を気にせずも、部下は「表情が硬い」と異変を感じていた。病院に行こうと思った矢先に身体動かず。会社と面談、休職に。被災者が受けていた取引先のタイトな要求、プレッシャーは、上司・同僚も事実と認識。また、上司は、被災者は優秀な社員で責任感が強く、無理をしたものと認識。
4	男性	30代	情報通信業　専門的・技術的職業従事者	4～9年目	時間外労働（強）	① 121 ② 103 ③ 137 ④ 184 ⑤ 147 ⑥ 100	うつ病エピソード	システムエンジニア。リーダーに昇進し、部下の管理業務もある中、短納期、プログラム修正作業等で残業増加。睡眠障害、頭痛、めまい、食欲不振、休職に。不眠が続き、嘔吐、幻覚が出たため受診、休職に。上司・部下によると、会社を休むまで、態度や様子、体調変化に気づかなかった。業務負荷が大きかったことは事実で、技術的に優秀な社員だったと評価。残業や休日出勤の際、「無理しないように」と声をかけていた。
5	女性	20代	卸売業・小売業　販売従事者	1～3年目	仕事内容・量の変化（強）	① 63 ② 106 ③ 50 ④ 55 ⑤ 71 ⑥ 86	うつ病エピソード	先輩社員の退社で担当業務が増加。緊急の対応もあり、携帯電話を気にして気が休まらず。業務量・分担に関する会社や上司の対応に不信感もあった。頭痛、不眠、食欲低下などがあり、会社の電話が怖くて、何に関しても興味が持てなくなったため、まずいと思い受診。上司は、業務改善に関する不満は聞いていたが、病気とはみていなかった。上司・同僚の能力評価は高いが、周りにまかせられない性格とも。

注1　認定された具体的出来事について：「達成困難なノルマ＝達成困難なノルマが課された」「仕事内容・量の変化＝仕事内容・仕事量の（大きな）変化を生じさせる出来事があった」「時間外労働＝1か月に80時間以上の時間外労働を行った」「連続勤務＝2週間以上にわたって連続勤務を行った」「転勤＝転勤をした」「いじめ＝（ひどい）嫌がらせ、いじめ、又は暴行を受けた」「上司トラブル＝上司とのトラブルがあった」

注2　時間外労働①～⑥は、発症前○ヵ月（各数字）の時間外労働数（時間）を表す。時間数は、小数点以下を切り捨てて表示している。

への適応困難が体調悪化に関わる事案、業務責任・達成義務を本人が強く感じたことが体調悪化に関わる事案、体調悪化に関わる業務困難性について本人・職場関係者の認識の共有がある事案という形で、いくつかの特徴を整理して示す。

1　仕事・職場への適応困難が体調悪化に関わる事案

　第 1 に、初期キャリアにおける仕事・職場適応局面での問題が見いだされるケースがある（事案 1）。ただ、労災認定事案では時間外労働時間が総じて長いことから、通常の組織適応の議論には還元できない。恒常的な長時間労働や深夜就業などにより睡眠不足に陥り、その過酷さ、仕事・職場への適応困難が強く認識される中、健康を損なってしまったものである。当事案では、初期キャリアで、本人の負荷認識として、仕事量や忙しさや睡眠不足等による体力的な問題、仕事のリズムへの適応の難しさが指摘される。仕事のミスもある中、上司の厳しい叱責・指導もあって大きな負荷になったといった内容が付随することもある。ただ、職場として多忙な働き方が当然視される中、被災者の負荷への問題意識は薄く、問題は見過ごされがちである。例えば、上司・同僚の認識としては、繁忙期に残業が増えるのは仕方がないという認識や、業界的に忙しさが当たり前と認識されている場合もある。また、被災者に課された業務負荷よりも、被災者の業務の進め方に問題があるとする例や、コミュニケーションなど社会人としての基礎的な能力に問題があったとする例、生活習慣の問題を指摘する例もある。こうした例では、職場において長時間労働を伴う仕事のやり方が当然視されていることに問題がある。

2　業務責任・達成義務を強く感じたことが体調悪化に関わる事案

　第 2 に、業務責任・達成義務を強く感じたことで、健康を損なうまで働いてしまった例である（事案 2, 5）。これは特定業務の責任者・リーダー等にみられる。時間外労働も長いが、会社・上司からの残業命令があったというより、自ら業務責任を強く感じる中、長時間労働になった例が多く見られる。この点、職場の上司・同僚の認識では、ペナルティがあるほど強い達成

義務はないとされるなど、責任やノルマに関する事実認識が異なり、職場において本人の負荷の大きさは見過ごされている。例えば、業務に係る心理的負荷としては被災者の性格特性に起因する部分が大きいという指摘もある。具体的には、責任感が強い性格、周囲にまかせず仕事を抱え込む性格等の人物評価がみられる。このように、職場の認識では強い達成義務がなくとも被災者がノルマと感じ、心理的負荷の要因となっているケースが見られる。被災者の仕事への貢献意欲が高く、責任感が強いケースも多いほか、それが時に、周囲は頼りにならないという意識も伴い、業務を1人で抱えてしまったと周囲から認められるケースもある。業務責任・達成義務の捉え方が焦点になる事例からは、業務分担のあり方が問われる。

■3 業務困難性に対する認識の共有があった事案

　第3に、配置転換、新規業務への関わり、顧客対応・短納期などの事情があり、困難な業務に従事した、もしくは被災者に負荷が偏り、健康を損なってしまった例がある（事案3，4）。職場においてある程度キャリアを重ね、負荷の大きな仕事をまかされたケースが典型的である。職場の上司・同僚においても、発病を機に、被災者の担っていた業務負担の重さについて一定の認識の一致がみられる。また、高い能力評価がなされているケースもある。ただ、医療機関の受診を機に被災者が会社を休むまで、それほど体調が悪いとは周囲に認識されていなかった。キャリアを積み、能力が高いと評価されている社員であるからこそ、その心理的負荷が周囲から見えなくなっている例があることを示している。

　このように、一口に業務負荷といっても、長時間労働だけでなく、ノルマ・責任の意識や、仕事上の失敗、周囲との人間関係などが合わさって健康を損なうに至っている。また、長時間労働や夜勤は、多くの場合、睡眠不足や不眠などの睡眠の阻害を通じて、体調悪化をもたらしている。時間外労働に関しては、会社・上司の残業命令によらず、被災者が強い業務責任や達成義務を感じたことで、長時間労働に陥った例も見られる。

　なお、当初はハードな働き方に問題を感じていない場合でも、徐々に（も

しくは、ある時点を境に）負荷認識が変化し、発病にいたるケースも見られる。体調の異変認識について、被災者においては、医療機関の受診以前より何らかの体調変化を認識していることも少なくないが、会社の上司・同僚は必ずしも異変（精神障害に関わる体調変化）として認識していなかったケースも多い。職場において、ある仕事の仕方や働き方が当然視されていると、個々が抱える業務負荷、異変のサインは容易に見過ごされてしまうと考えられる。労災認定事案は、事業場が労働者の仕事量や質、健康状況をどうマネジメントしたらよいか、難しい課題を提示している。

第5節　おわりに

　本章では、精神障害の労災認定事案のうち、長時間労働が負荷の主要部分を占める事案について検討した。具体的には、まず、精神障害の労災認定基準に即して、長時間労働が関わる事案（長時間労働関連事案）の範囲を定義した。そして、労災認定事案全体に占める割合のほか、年齢・性別・業種・職種・勤続年数・勤め先経験数などの属性について、生存事案と自殺事案の長時間労働関連事案を比較し、生存事案の被災者属性の特徴を検討した。次に、調査復命書等の記述内容をもとに、長時間労働が関わる負荷の中身を検討した。

　精神障害の労災認定事案のうち、長時間労働が関連する事案は少なくない割合を占めている。生存事案と自殺事案ではその割合や内訳は異なる。特に、量的検討においては、被災者属性において、職種や、勤続年数、勤め先経験数が異なるという特徴が見られた。

　いくつかの事案の中身を検討した結果、仕事・職場への適応困難が体調悪化に関わる事案、業務責任・達成義務を本人が強く感じたことが体調悪化に関わる事案、体調悪化に関わる業務困難性について本人・職場関係者の認識の共有がある事案といった、いくつかの特徴的な事案が確認された。こうした事案では、長時間労働とともに、環境変化、対人関係、職場での出来事等にも焦点があたっている場合が少なくない。ただ、長時間労働が、こうした精神障害発病のきっかけとなる事象・認識を生む「土壌」となっていること

も見逃してはならない。

　精神障害による労災請求・認定件数は、いまだ多くを数えている。労働時間に関しては、2018年の労働基準法改正において時間外労働の上限規制が法制化され、本章で扱った水準の長時間労働は法違反とされ、監督・指導の対象となった。本稿で見たように、長時間労働は、様々な過程を経て労働者の健康を著しく悪化させる。企業における法令順守、行政による監督指導強化等によって、長時間労働の是正が強く求められる。

終 章

　本書の最後に、これまで見てきた各章の検討から、明らかになったこと、明らかにならなかったこと、そして、労働時間や働き過ぎの調査研究を進めていく上で検討すべき残された課題についてまとめよう。

1　明らかになったこと

(1)　職場での働き方改革について

　第1章では、労働者個人アンケート調査結果に基づいて、職場での働き方改革の取り組みが仕事や働き方の変化に与える影響を分析した。明らかになった主な結果は、次のとおりである。

　「翌日の出勤時刻を遅くする」「ペーパーワークを減らす」「会議を見直す」「進捗管理や情報共有をする」といった取り組みは、時短や生産性の向上という観点から、良くない影響を示す項目がなく、おおむね良好な効果をもたらしている。

　しかし、「ノー残業デー」「声を掛けて退勤を促す」「強制消灯・強制施錠する」「長時間労働の者に注意を促す」「管理職自身が働く時間を減らす」「成果で評価される仕組み」「業務量を減らす」「業務配分のムラをなくす」「在宅勤務・テレワーク」「管理職研修」「無理な発注を改める」などの取り組みは、一概に良好な取り組みであるという評価を下せないことがわかった。それらは、たんなる掛け声だけでは実効性に疑問符が付き、業務量と労働時間の適切な管理の必要性など、企業の人事管理において課題がある。またこれらは、業務量の配分や労働時間の管理などの実際の運用によって、働き方改革が意図する所とは逆の（マイナス）効果をもたらす可能性もある。

　したがって、職場における働き方改革の取り組みは、目的（労働時間の短縮、ワーク・ライフ・バランスの向上、生産性の向上など）を明確化し、取り組みが与えるプラス／マイナス両面の効果を想定した上で、良好な効果を

もたらすような具体的な施策を注意深く実践することが重要である。一見、プラスの効果をもたらすように見えても、逆効果となる可能性もある施策については、運用の途上で見直し、常に軌道修正可能な状態にしておくことも重要だろう。

　なお、勤務時間制度については、「通常の勤務時間制度」に対して、「裁量労働等」と「管理監督者扱い」は労働時間が長い。勤務時間制度（始業・終業時刻の決定など）が形式的に自由であっても、実際には労働時間を長くしていることがわかった。

　また、働き方改革に関しては、序章で触れたように、改正法制度の運用状況などが未だ十全ではない状況も見られた。労働者個人調査結果を基に、企業が行った働き方改革の効果や影響の観点から月当たり実労働時間の状況を見ると、「160〜180時間未満」のカテゴリの割合の中で比較的高い割合となっているのが、「残業が減った」、「取引先や顧客からの無理な要求が少なくなった」であった。他方、「200〜240時間未満」のやや長めの実労働時間のカテゴリでは、企業の働き方改革による変化として、「サービス残業や持ち帰りの仕事が増えた」、「休憩時間が減った／休憩を取れなくなった」が、他の事項に比べて高い割合となっていた。職場での働き方改革が首尾よく浸透しておらず、一部の労働者にはしわ寄せが生じているようであった。

　36協定が定める1ヶ月あたりの法定外労働時間数については、「45時間未満」、「45時間」が比較的高い回答割合であり、回答者の8割超は、改正労基法により定められた時間外労働上限時間数の45時間以下の36協定の適用下にあるようであった。しかし、残りの18.5％の回答者は、1ヶ月あたり45時間を超える定めの36協定の適用下にあった。

　また、36協定が定める時間外労働時間数と実労働時間数との関係を見ると、協定の定める時間数が長い方が実労働時間が比較的長くなる傾向にあるといえそうであり、かつ、平均時間を見ても、協定時間数が短いカテゴリから長いカテゴリになるにしたがって時間数が長くなる傾向にあった。

　残業の理由別で見た平均時間は、「仕事が面白いから」と「能力や技術を高めて自分が成長するため」が192時間前後と比較的長くなっていた。業務性は否定できないが、どちらかというと個人的理由による残業は労働時間を

長くする要因の一つであると考えられる。加えて、業務関連理由として、「上司の指示や手順が非効率的で仕事の進め方にムダが多いから」も 191 時間と、残業理由全体の中では残業が長くなる要因の一つと考えられる。

日々の業務遂行では、職場で上司の指示を受けて行う場合が多いであろうが、上司が「残業を前提に仕事の指示をする」に「あてはまる」場合は、部下の労働時間を明らかに長くしていた。

個人的理由による残業との関連では、労働者自身がワーク・ライフ・バランスを保つために心がけている事柄があるかどうかも、労働時間の長さを考える重要な指標となり得る。ワーク・ライフ・バランスに肯定的な選択肢を掲げ問うたところ、全体的には、「あてはまる」回答割合は、実労働時間カテゴリ「200〜240 時間未満」「240 時間以上」で、「あてはまらない」回答割合よりも低めの傾向にあった。また、各選択肢の平均時間を見ても、多くの場合、「あてはまる」方が「あてはまらない」よりも時間数が短くなっていた。したがって、労働者の仕事や生活に対する意識も、労働時間の長さに影響を与えているといえそうである。仕事に対して節度ある適切な"距離感"が、長い（長めの）実労働時間を抑制するといえそうである。

第 2 章では、組織における管理職のマネジメント時間が不足する要因を中心に分析した。働き方改革を個々の職場で実践していくに当たっては、管理職が果たす役割が非常に大きいと考えるためである。

管理職の働き方は、一般社員と比べて労働時間が長く、残業の頻度も高く、所定時間外に仕事をする頻度も高いなど、仕事の負荷が高い傾向が見られた。また、プレイング業務を一定以上抱えていると労働時間も長くなり、マネジメントに使う時間が足りなくなる傾向がある。

そして、年齢が若く、管理職としての経験年数が短い課長相当がマネジメント時間が不足していると感じている。「課長相当」と「部長相当」に分けて検討したところ、「課長相当」はプレイング比率は高いほうがマネジメント時間が不足していた。その一方、「部長相当」ではプレイング比率の影響は見られなかった。プレイング比率の結果の違いは、職場での役割の違いが反映されていると推察される。

仕事特性との関係では、「時間内に仕事が処理しきれない」や「一生懸命

働かなければならない」など、仕事の負荷が高いとマネジメント時間も不足する傾向にあった。「課長相当」と「部長相当」の違いは、「課長相当」では、「仕事の範囲や目標が明確」な人はマネジメント時間が足りていて、「部長相当」では、「自分のペースで仕事ができる」や「仕事の順番・やり方を決めることができる」といった人はマネジメント時間が足りていることから、「課長相当」は仕事の範囲や目標が明確であること、「部長相当」は仕事の進め方の裁量性（自律性）がマネジメント時間に影響していることが示唆された。

　職場の状況（「部下」「職場」「上司」）との関係で一貫して得られた傾向は、「職場の人数に比べて仕事の量が多い」と、マネジメント時間が不足する傾向にあった。人員配置が適切に行われないことは職場全体の仕事の負荷を高めることになり、マネジメント時間にも影響する。「課長相当」と「部長相当」の違いは、「部下の現状」では、「課長相当」では、「部下が育たない」や「管理職が部下の業務をフォロー」でマネジメント時間が不足していて、「部長相当」では、「部下の能力のばらつきが大きい」でマネジメント時間が不足している。また、「職場の現状」については、「課長相当」のみ「特定の人に仕事が偏っている」ことの影響があり、「直属の上司の現状」についても、「課長相当」のみ「残業を前提に仕事の指示をする」ことが影響している。したがって、仕事の量と人員の配置がマッチしていないこと、部下の能力が十分ではなくて業務がこなせないこと、上司が仕事量の調整をしないことなどが、管理職のマネジメント時間の不足に影響を与えていることが分かった。

　部下の能力がマネジメント時間の不足に影響していることに関連して管理職としての自己評価について調べたところ、「統括する部署の管理（マネジメント）の自己評価」に比べて「部下の指導や育成の自己評価」が相対的に低く、部下の育成が思うようにできていないことが示唆された。

　職場改善の取り組みとの関係について、「管理職としての取り組み」では、「他部署や上司、顧客と話し合って可能な限り業務量を削減している」でマネジメント時間が不足していて、「部下になるべく仕事を任せ、管理職の業務に専念できるようにしている」でマネジメント時間は足りている傾向

が見られた。しかし、「課長相当」と「部長相当」それぞれの分析では、後者について「課長相当」のみが有意であり、「部長相当」ではいずれの項目も有意な結果が得られなかった。「働き方改革の取り組み」については、「時間・休暇に関する取り組み」で、一貫して「管理職自身が働く時間を減らしたりする」でマネジメント時間が足りている傾向が見られた。「職場管理・業務遂行に関する取り組み」では、全体と「部長相当」で、「業務量を減らす」、「課長相当」では、「ペーパーワークを減らす」でマネジメント時間が不足している傾向が見られた。今回の調査結果からは、仕事を任せることのできる部下がいること、管理職自身の働く時間を減らすことがマネジメント時間の過不足に影響していることが分かった。

　全体を通して、マネジメント時間の不足に影響している主な要因は、そもそも業務量が多いこと、業務量に対して適切な人員配置がなされていないこと、上司が業務量の調整を怠っていること、部下がこなせない業務の肩代わりをしていること、そして管理職自身が時間制約を意識しているかどうかなどである。部下をうまく育成することは、管理職自身のマネジメント時間の確保とともに、職場の生産性を上げることにもつながるであろう。

(2)　働き過ぎについて

　第3章では、労働者の健康状態（身体的健康、メンタルヘルス）について、アンケート調査データをもとに概観し、また特に、メンタルヘルスに関わる業務負荷について分析した。

　労働者の健康・メンタルヘルスの状態は、主観的健康感や、身体的な自覚症状など、個人差がある。性別や年齢による違いのほか、労働時間の長さによる相違も見られた。また、健康状態による仕事への影響に関し、業務効率の低下を認識している割合は、長時間労働者で相対的に多く見られた。

　そして、メンタルヘルス不調に関わる要因について詳細に検討した結果、長時間労働、過重なノルマ、パワーハラスメント、顧客クレーム等の業務上の出来事が関係することがわかった。こうした出来事については、その出来事単独で心理的負荷を生じさせるほか、複数の出来事を経験することでストレス要因となる場合もある。

業務上の出来事や経験に関わる業務負荷類型をもとに検討したところ、業務負荷の有無・内容には、年齢等の属性のほか、業種・職種などの職業特性、役職、転職経験などのキャリア特性が関係することが示された。特に、若年者、主任～課長代理相当の者、転職2回以上の者に、特定のストレスフルな出来事が経験されやすかった。メンタルヘルスの状態にも、年齢、役職、転職有無による違いがあるが、それは、そうした属性の者が、業務において強いストレスを伴う出来事を経験しやすいことによって説明される部分があった。

　人々の健康・メンタルヘルスは、個人の生活習慣や性格特性等、業務以外の要素が関わる部分もあるが、職務ストレスの低減が労働者の健康にとって重要であることがあらためて確認された。

　第4章では、脳・心臓疾患事案と精神障害事案が発生した職場の状況について検討した。

　職位については、その上昇とともに職場管理が職責として付加され、かつ、業務の幅が広がり、責任も重たくなると考えられ、こうした理由により長時間労働・過重負荷が生じていると考えられた。

　出退勤管理、特にタイムカードについて、実労働時間の把握においては有効に活用されていると考えられるものの、記録した実労働時間の実態を長時間労働・過重負荷の予防・抑制には活用されていないと考えられた。

　労働組合、特に過半数労働組合について、法的に認知されている「労働条件の維持改善」を目指して活動する必要があるが、過重労働の抑制について首尾よくその役割を果たしているとはいいがたい実情であった。

　過半数従業員代表についても、労災認定事案の状況に鑑みれば、36協定の内容を遵守することについて、その役割を果たしているとはいえないような状況であった。

　そして、36協定が締結されている事業場であっても、必ずしも長時間労働・過重労働の予防・抑制が図られていない事案がみられた。

　第5章では、精神障害の労災認定事案のうち、長時間労働が負荷の主要部分を占める事案について検討した。

　精神障害の労災認定事案のうち、長時間労働が関連する事案は少なくない

割合を占めている。生存事案と自殺事案ではその割合や内訳は異なる。特に、量的検討においては、被災者属性において、職種や、勤続年数、勤め先経験数が異なるという特徴が見られた。

事案の質的分析の結果、仕事・職場への適応困難が体調悪化に関わる事案、業務責任・達成義務を本人が強く感じたことが体調悪化に関わる事案、体調悪化に関わる業務困難性について本人・職場関係者の認識の共有がある事案という形で、いくつかの特徴が見られた。長時間労働それ自体というより、むしろ、環境変化、対人関係、職場での出来事等に焦点があたっている場合も少なくない。長時間労働は、精神障害発病の重要な背景を成しているが、被災者の認識過程、職場での関係が、発病プロセスの検討の際に重要な要素であることがわかる。ただ、長時間労働が、こうした精神障害発病のきっかけとなる事象・認識を生む「土壌」となっていることも見逃してはならない。

2 明らかにならなかったこと、あるいは、今後の課題

(1) 職場での働き方改革について

まず、労働時間の分析に関して、より適切な分析モデル、そのための適切な説明変数（調査項目・調査内容）が必要である。今回は、労働者個人に対するアンケート調査という性質から、主観的な回答から一定の成果を得られた。しかし、勤務先の労働時間、業務量、生産性などのより客観的な状況を知ることはできなかった。ゆえに、管理職の役割が部下の労働時間や働き方へどのような影響を与えているか、また、働き方改革の取り組みの効果について十分には実態を解明することができなかった。勤務先の客観的な状況を回答者個人と同時に調査したマッチング・データを用いることが重要であろう。さらに、パネルデータを整備することが、より精緻な研究のためには重要である。その上で、職場での働き方改革の取り組みについては、業種や職種の特性ごとに、どのような取り組みが効果的であるのかも、今後の検討課題となろう。

職場の実情とともに、働き方改革によって改正された労基法の運用状況もさらに詳細に調査する必要があるであろう。とりわけ、法定外労働時間につ

いて定めた36協定の運用状況である。この点、労働者が残業をするかしないかは上司である管理職の差配にかかっている。管理職の職場マネジメントの実情をさらに明らかにしていく必要があるだろう。ただ、職場での働き方改革を前線で担う管理職とはいっても、様々な職場・現場で働いているため、働き方の特徴を加味した分析が必要であろう。加えて、本書では職場の状況について、部下や上司の現状との関係も検討したが、職場での部下や上司とのより具体的な関わりについて調べる必要があろう。

　さらに、労働者の働くことに対する意識も、職場での働き方改革を推進していく上では見逃せない論点である。分析モデルを工夫することとともに、より適切な調査を行う必要があるであろう。

(2)　働き過ぎについて

　働き過ぎについては、労働者個人アンケート調査結果と、労災認定事案の検討から、今後の検討課題をうかがい知れる。

　「過重労働」問題を検討するとき、本書での検討が焦点を当ててきたように、今後も長時間労働が中心に位置付けられる必要があろう。依然、検討すべき課題が残されている。その一方で、特に、労働者の健康やメンタルヘルスに関わる業務負荷は、労働時間の長さばかりではない。労働者にとってストレスとなりうる多様な業務負荷要因に十分留意し検討していくこと、また、働く者の健康を阻害しうる労働環境を、法令遵守・監督によって是正していくことが切に求められる。加えて、個別の事案において、どのような事象がどのように絡み合って過重負荷が生じたのかを検討し、詳しく見ていくことが必要であろう。このようにすることで、長時間労働を防止するための法令遵守、行政による監督指導の要点が明らかになっていくであろう。同時に、企業の労務管理においても、ハラスメントの防止等、注意すべき点を示すことができよう。

　職場管理全般の視点からは、働き方改革の実践と重複するが、管理職は管理職としての役割を果たすべく、企業組織において業務の改善が図られる必要があると考えられる。このことを通じて、管理職自身、そしてその配下の労働者の長時間労働・過重負荷の抑制・軽減につなげていけるであろう。こ

うした動向について、先のとおり、より精緻な調査や分析、また、個別事案の検討が必要になってこよう。

　また、出退勤管理、特にタイムカードについて、実務において、適切な活用方法を工夫していく前提として、個別企業における聞き取り調査などを実施していく必要がある。

　集団的労使関係についても、労働組合は社会的に意義のある存在として、長時間労働・過重負荷の予防・抑制に向けて活動することが求められるところ、労働者の長時間労働や過重負荷の抑制に対してどのような活動を行っているのか、また、過半数従業員代表についても、36協定の締結に関与するだけではなく、協定内容の遵守についても責任を負うような形で活動しているのか否か、制度政策上、補完していくべき点はないのか、といったことの調査が必要であろう。加えて、36協定が、労働時間管理に係る使用者の自主的規制であることを踏まえ、適切に労働時間・職場の管理を行うことが求められているところ、この運用の実態について、様々な手法で把握し、検討していく必要があると考えられる。

参考文献

池添弘邦（2019）「脳・心臓疾患及び精神障害に係る労災認定事案の研究」『高橋正也（研究代表者）．労災疾病臨床研究事業補助金　過労死等の実態解明と防止対策に関する総合的な労働安全衛生研究』平成 30 年度総括・分担研究報告書，pp.149-181

池添弘邦（2020）「裁量労働制適用者の労災認定事例の分析」『高橋正也（研究代表者）．労災疾病臨床研究事業補助金　過労死等の実態解明と防止対策に関する総合的な労働安全衛生研究』令和元年度総括・分担研究報告書，pp.135-15

犬丸義一校訂（1998）『職工事情（上）』（岩波書店）．

小倉一哉（2009）「管理職の労働時間と業務量の多さ」『日本労働研究雑誌』No.592, pp.73-87.

小倉一哉（2012）「年休を取り残す理由が年休取得率に与える影響」『日本労働研究雑誌』，No.625, pp.55-69.

小倉一哉（2016）「成果主義人事と労働時間」労働政策研究・研修機構『働き方の二極化と正社員』労働政策研究報告書，No.185, pp.189-213.

小倉一哉（2019）「労働時間の規制改革と企業の対応」『日本労働研究雑誌』，No.702, pp.40-50.

小倉一哉・藤本隆史（2010）「仕事特性と個人特性から見たホワイトカラーの労働時間」JILPT Discussion Paper Series 10-02.

小野浩（2016）「日本の労働時間はなぜ減らないのか？　―長時間労働の社会学的考察」『日本労働研究雑誌』，No.677, pp.15-27.

川人博（2014）『過労自殺　第二版』岩波書店．

木内敬太（2021）「精神障害の労災認定事案におけるいじめ・暴力・ハラスメント並びに関連して生じた出来事の組み合わせに関する研究」高橋正也研究代表『令和 2 年度労災疾病臨床研究事業費補助金「過労死等の実態解明と防止対策に関する総合的な労働安全衛生研究」』分担研究報告書』．

企業活力研究所（2016）『長時間労働体質からの脱却と新しい働き方に関する調査研究報告書』．

企業活力研究所（2017）『働き方改革に向けたミドルマネージャーの役割と将来像に関する調査研究報告書』．

熊沢誠（2018）『過労死・過労自殺の現代史―働きすぎに斃れる人たち』岩波書店．

久米功一・中村天江（2020）「日・米・中の管理職の働き方：ジョブ型雇用を目指す日本企業への示唆」『日本労働研究雑誌』No.725, pp.19-30.

厚生労働省（2021）「裁量労働制実態調査」（https://www.mhlw.go.jp/toukei/list/171-1.html）．

小森田龍生（2018）『過労自死の社会学―その原因条件と発生メカニズム』専修大学出版局．

近藤克則（2005）『健康格差社会―何が心と健康を蝕むのか』医学書院．

坂爪洋美（2020）「管理職の役割の変化とその課題：文献レビューによる検討」『日本労働研究雑誌』62(12), pp.4-18.

坂爪洋美・高村静（2020）『管理職の役割』中央経済社．

佐藤博樹（2017）「長時間労働の解消と働き方改革：管理職の役割が鍵」『季刊労働法』257, pp.99-105.

佐藤博樹（2020）「働き方改革の担い手としての管理職」佐藤博樹・松浦民恵・高見具広『働き方改革の基本』中央経済社，pp.75-103.

鈴木宏昌（2016）「主要先進国の労働時間―多様化する労働時間と働き方」日本労働研究雑誌 No.677, pp.4-14.

高見具広（2020a）「精神障害の労災認定事案における記述内容の研究」労働政策研究・研修機構編『過重負荷による労災認定事案の研究　その 1』JILPT 資料シリーズ No.223、第 2 章.

高見具広（2020b）「労働環境・職場風土の「常識」を見つめ直す―精神障害の労災認定事案が指し示す問題―」『労働の科学』75(2), pp.10-13.

高見具広（2021）「コロナ禍における仕事・生活とメンタルヘルス―感染不安と生活不安の中で」JILPT リサーチアイ第 69 回.

高見具広（2022a）「仕事・働き方と健康状態」調査シリーズ No.222 第 5 章.

高見具広（2022b）「メンタルヘルスに関わる業務負荷」労働政策研究報告書 No.217 第 5 章.

堤明純（2006）「職業階層と健康」川上憲人・小林廉毅・橋本秀樹編『社会階層と健康―社会疫学からのアプローチ』東京大学出版会．

戸田淳仁・安井健悟（2009）「労働時間の決定要因」内閣府経済社会総合研究所『平成 20 年度ワークライフバランス社会の実現と生産性の関係に関する研究会報告書』，pp.231-246.

武藤孝司（2019）『プレゼンティーイズム —その意義と研究のすすめ—』星和書店．

守島基博（2010）「労働時間，企業経営，そして働く人－どういう人がどういう企業で労働時間が長くなっていると感じているか」RIETI Discussion Paper Series 10-J-011.

山崎喜比古・戸ヶ里泰典・坂野純子編（2019）『ストレス対処力 SOC—健康を生成し健康に生きる力とその応用』有信堂．

山本勲（2019）「働き方改革関連法による長時間労働是正の効果」『日本労働研究雑誌』，No.702, pp.29-39.

山本勲・黒田祥子（2014）『労働時間の経済分析』日本経済新聞出版社．

山本勲・石井加代子・樋口美雄（2021）「新型コロナウイルス感染症流行初期の雇用者の就業・生活・ウェルビーイング—パンデミック前後のリアルタイムパネルデータを用いた検証—」『三田商学研究』64(1), pp.67-99.

リクルートワークス研究所（2020）「プレイングマネージャーの時代」（2021 年 8 月 24 日取得，https://www.works-i.com/research/works-report/item/pmgrjobassign2020.pdf）

労働政策研究・研修機構（JILPT）（2011）『仕事特性・個人特性と労働時間』労働政策研究報告書，No.128.

労働政策研究・研修機構（JILPT）（2022a）『働く人の仕事と健康、管理職の職場マネジメントに関する調査結果』調査シリーズ，No.222.

労働政策研究・研修機構（JILPT）（2022b）『管理職ヒアリング調査結果—管理職の働き方と職場マネジメント—』資料シリーズ，No.254.

労働政策研究・研修機構（JILPT）（2022c）『労働時間の研究—個人調査結果の分析—』労働政策研究報告書，No.217.

Berg, Peter, Bosch, Gerhard and Charest, Jean (2014) "Working-time configurations: A flame work for analyzing diversity across countries." *Industrial and Labor Relations Review*, 67(3), pp.805-837.

Furukawa, T. A., Kawakami, N., Saitoh, M., et al. (2008) "The performance of the Japanese version of the K6 and K10 in the World Mental Health Survey Japan." *International Journal of Methods in Psychiatric Research*, 17, pp.152-158.

Kessler, R. C., Andrews, G., Colpe, L. J., et al. (2002) "Short screening scales to monitor population prevalences and trends in non-specific psychological distress." *Psychological Medicine*, 32, pp.959-976.

Kuroda, Sachiko and Yamamoto, Isamu (2013) "Firms' demand for work hours: Evidence from matched firm-worker data in Japan." *Journal of Japanese and International Economies*, 29, pp.57-73.

Takahashi, Masaya (2019) "Sociomedical problems of overwork-related deaths and disorders in Japan" *Journal of Occupational Health*, 61(4), pp.269-277.

Takami, Tomohiro (2020) "A Case Study on Overwork-related Mental Disorders in Japan: Focusing on Young Employees," *Japan Labor Issues* 4(26), pp.10-15.

Yamauchi, Takashi, Sasaki Takeshi, Yoshikawa Toru, Matsumoto Shun, Takahashi Masaya, Suka Machi, and Yanagisawa Hiroyuki (2018) "Differences in Work-related Adverse Events by Sex and Industry in Cases Involving Compensation for Mental Disorders and Suicide in Japan from 2010 to 2014," *Journal of Occupational Environmental Medicine.*, Apr; 60(4), pp.e178-e182.

個人アンケート調査
「働く人の仕事と健康、管理職の職場マネジメントに関する調査」の概要

　本調査は、労働時間を軸に、働く人々の就業状態や健康、管理職[1]による職場マネジメントの実態等を明らかにすることを通じて、労働時間や職場マネジメントの在り方、過重労働の予防や働く人々の健康確保に資する方策を分析すべく実施されたものである。また、新型コロナウイルス感染症拡大による仕事や生活への影響などに関する設問を設け、それら実情の把握にも努めた。

　調査対象は、回答時に日本国内で収入を得る仕事を有する自営業者等を除く20〜65歳で、週所定労働時間が35時間以上の者とした。回収目標は10,000サンプルである。

　本調査では管理職者のサンプルを収集する必要性から、賃金構造基本統計調査に基づき、男女別で20歳代から60歳代ごとに、管理職×大卒、管理職×大卒以外、管理職以外×大卒、管理職以外×大卒以外の4種を割付けた。したがって、割り付けたセルは計40となる。実査の過程で目標サイズに不足するセルが生じた場合は、年齢や学歴が近似する別のセルに再割り当てを行った。なお、賃金構造基本統計調査に基づく限り、業種・職種による割付けは不能であるため、大卒か大卒以外かの最終学歴により業種・職種は分散されうると推定した。

　調査方法は、調査会社が保有する個人登録モニターに対するWeb調査であり、回答者には、PC等のブラウザを通じて回答を求めた。

　調査項目は概略、フェース項目、職場の状況、職場のマネジメント、労働時間、就業や生活に関する意識、健康状態　等である。調査項目の詳細は、労働政策研究・研修機構（2022a）（2022c）に収録している調査票を参照されたい。

　調査実施期間は、令和2（2020）年11月下旬から同年12月上旬の約2週

1　本調査における「管理職」は、労働基準法41条2号の解釈に則した「管理監督者」と同義ではないことに留意されたい。しかし、法令にいう管理監督者に近似する者を補足しようとしている。

間である。

　回収の結果、有効回答サンプルは 10,998 となった。有効回答サンプルの
基本属性は、次に掲げる個人属性表と職業属性表を参照されたい。

有効回答サンプルの個人属性

		%	N
性別	男性	64.6%	7105
	女性	35.4%	3893
年齢	20代	17.6%	1932
	30代	21.8%	2395
	40代	25.9%	2849
	50代	22.1%	2431
	60代	12.6%	1391
学歴	中学校卒	1.2%	131
	高等学校卒	28.9%	3178
	専修・各種学校卒	11.9%	1307
	短大・高専卒	10.4%	1144
	四年制大学卒	41.3%	4538
	大学院修了（修士課程以上）	6.4%	700
年収	100万円未満	1.7%	185
	100～199万円	5.4%	597
	200～299万円	16.6%	1823
	300～399万円	19.2%	2116
	400～499万円	16.4%	1804
	500～599万円	11.6%	1271
	600～699万円	8.6%	945
	700～799万円	6.9%	761
	800～899万円	4.3%	468
	900～999万円	3.1%	341
	1000～1499万円	4.6%	511
	1500～1999万円	0.1%	81
	2000万円以上	0.1%	95
配偶者の有無	いる	53.0%	5828
	いない	47.0%	5170
子の有無			
3歳未満の子	いる	6.3%	696
	いない	93.7%	10302
3歳以上小学校就学前の子	いる	6.9%	754
	いない	93.1%	10244
小学生の子	いる	10.1%	1115
	いない	89.9%	9883
中学生の子	いる	6.5%	718
	いない	93.5%	10280
高校生以上の子	いる	20.1%	2213
	いない	79.9%	8785
介護・介助が必要な者の有無			
同居している	いる	5.9%	654
	いない	94.1%	10344
別居している	いる	7.4%	817
	いない	92.6%	10181
合計		100.0%	10998

有効回答サンプルの職業属性

		%	N
業種	農林漁業、鉱業、採石業、砂利採取業	0.4%	44
	建設業	5.8%	634
	製造業	25.1%	2762
	電気・ガス・熱供給・水道業	1.7%	189
	情報通信業	8.2%	905
	運輸業、郵便業	5.6%	616
	卸売業、小売業	10.0%	1096
	金融業、保険業	5.8%	633
	不動産業、物品賃貸業	2.4%	261
	学術研究、専門・技術サービス業	2.3%	253
	宿泊業、飲食サービス業	1.8%	195
	生活関連サービス業、娯楽業	2.4%	261
	教育、学習支援業	4.1%	450
	医療、福祉	7.0%	775
	複合サービス業	0.7%	82
	その他サービス業	7.7%	850
	公務	5.7%	631
	その他	3.3%	361
従業員規模	9人以下	7.0%	772
	10〜99人	25.4%	2793
	100〜499人	21.1%	2325
	500〜999人	8.7%	956
	1000人以上	32.3%	3551
	わからない	5.5%	601
職種	管理的職業	17.8%	1958
	専門的・技術的職業	19.2%	2115
	事務	27.3%	3003
	販売	9.9%	1088
	サービス職業	7.4%	811
	保安職業	0.7%	81
	農林漁業	0.1%	14
	生産工程	9.6%	1061
	輸送・機械運転	1.7%	183
	建設・採掘	1.5%	166
	運搬・清掃・包装	2.2%	244
	その他	2.5%	274
合計		100.0%	10998

有効回答サンプルの職業属性（続き）

		%	N
職位	一般社員	61.7%	6790
	主任・係長相当	13.9%	1533
	課長代理相当（ライン職）	2.3%	256
	課長代理相当（スタッフ職）	1.8%	193
	課長相当（ライン職）	5.5%	609
	課長相当（スタッフ職）	4.7%	519
	部長相当（ライン職）	3.1%	342
	部長相当（スタッフ職）	3.0%	335
	支社長・事業部長相当	1.0%	111
	役員相当	2.8%	310
勤続年数	0～5 年未満	26.9%	2955
	5～10 年未満	20.4%	2239
	10～20 年未満	25.1%	2762
	20～30 年未満	14.7%	1616
	30～40 年未満	10.5%	1150
	40 年以上	2.5%	276
契約上の地位	正社員・正規職員	85.7%	9426
	パート・アルバイト	0.8%	89
	契約・嘱託社員	8.9%	979
	派遣労働者・請負労働者	4.1%	451
	その他	0.5%	53
勤務時間制度	通常の勤務時間制度	69.3%	7623
	フレックスタイム制	14.7%	1617
	変形労働時間制	3.1%	338
	交替制	5.9%	645
	事業場外労働のみなし労働時間	0.7%	73
	裁量労働制	1.9%	205
	管理監督者扱い	3.3%	358
	その他	0.2%	17
	わからない	1.1%	122
労組の有無等	ある	41.6%	4575
	ない	44.0%	4844
	わからない	14.4%	1579
合計		100.0%	10998

208

索　引

【執筆者】

池添　弘邦（いけぞえ　ひろくに）（序章、第4章、終章）
　　独立行政法人　労働政策研究・研修機構
　　多様な働き方部門　副統括研究員（法律学専攻）

小倉　一哉（おぐら　かずや）（第1章）
　　早稲田大学大学院　商学学術院　教授（経済学専攻）

高見　具広（たかみ　ともひろ）（第3章、第5章）
　　独立行政法人　労働政策研究・研修機構
　　労働市場・労働環境部門　主任研究員（社会学専攻）

藤本　隆史（ふじもと　たかし）（第2章、第4章）
　　独立行政法人　労働政策研究・研修機構
　　多様な働き方部門　リサーチアソシエイト（社会学専攻）

＊執筆章が重複する場合は共著である。

JILPT 第 4 期プロジェクト研究シリーズ No.7

働き方改革、働き過ぎの、「今」
－ 課題解消の手掛かりを求めて

2023 年 3 月 30 日　第 1 刷発行

著　　　者　池添弘邦・小倉一哉・
　　　　　　高見具広・藤本隆史

編集・発行　独立行政法人 労働政策研究・研修機構
　　　　　　〒 177-8502　東京都練馬区上石神井 4-8-23
　　　　　　電話　03-5903-6263　　FAX　03-5903-6115

発 行 者　理事長　樋口美雄

印刷・製本　株式会社キタジマ